i..........n.....t.....e....l....l...e...ctual

知識分子
與人文

邵建 著

代序

一個需要不斷闡釋的對象——知識分子

　　「知識分子」一詞由於容易產生歧義，因而是一個需要不斷闡釋的對象。比如到底什麼叫知識分子，不同的人顯然會有不盡相同的指認，甚至彼此的指認大相逕庭。到今天為止，恐怕也沒有誰給它做出一個嚴格的定義，或者說，已經有一個滿意的說法為人們普遍接受；也正因此，知識分子問題有著較為豐富的闡釋空間。而本文的闡釋亦無力定義知識分子，它試圖圍繞這樣三個問題而展開並以此作為本書的代序：

　　一、知識分子源起及其中國流變。
　　二、何為知識分子。
　　三、關於知識分子的公共性和批判性。

一、知識分子源起及其中國流變

　　對漢語知識界來說，「知識分子」是一個舶來詞，它不出自中土而是歐洲；轉從時間一維，又是近代以來形成的詞，與古代和中世紀無涉。在余英時先生看來，「知識分子」源起有兩個版本，一個版本源自 19 世紀 60 年代的俄國，另一版本則源於 19 世紀末和 20 世紀初的法國。

　　源於俄國的「知識分子」概念，其英文為「Intelligentsia」，但該詞通常被譯為「知識階層」。作為特定的內涵，它是指由沙俄派到西歐去學習先進文化而後回國的那批青年貴族。還是在彼得大帝時

代，針對俄羅斯社會文化的蠻荒狀況，彼得改革心切，遂選派一些貴族青年前往法德，去學習近代以來的歐洲文化。這些貴族青年應召回國後，成了以賽亞‧伯林所謂的「半個俄國人、半個外國人」。由於他們所帶回的西歐科學文化、思想觀念、社會秩序乃至生活方式和當時的俄羅斯格格不入，而他們又欲以此改變之，因而，這一群與眾不同的新人就被稱為「知識階層」。當然，這個概念最初是描述性的，但它逐步向規範性發展。比如，至 70 年代，那些在哲學、政治、社會見解上抱持激進態度的年輕人，聲稱他們才有資格叫作「Intelligentsia」。90 年代更進一步，一個人僅僅受過良好教育並在公眾中扮演一定角色，已經不夠「Intelligentsia」了，它還必須從政治經濟上反對整個舊體制才行（據以賽亞‧伯林的《俄國思想家》）。

關於俄國「知識階層」，由美籍華人學者余英時先生所轉述的五個特徵值得注意：「一、深切地關懷一切有關公共利益之事；二、對於國家及一切公益之事，知識分子都視之為他們個人的責任；三、傾向於把政治、社會問題視為道德問題；四、有一種義務感，要不顧一切代價追求終極的邏輯結論；五、深信事物不合理，須努力加以改正。」[1] 在余英時看來，「以上五特徵是研究俄國知識階層的專家所共同承認的」（同上）。其實這五點可以合併同類項，除去道德感和求真本性外，最重要的，即第一、二條的並類：關懷公共事務，並視之為個人責任。

源於法國的「知識分子」概念，其英文為「intellectual」，它的出現，與 1898 年的「德雷福斯事件」有關，與作家左拉等人對這個事件的介入有關。德雷福斯是法國軍隊中有猶太血統的上尉軍官，1894 年他因被指控向德國出賣軍事情報，因而被軍事法庭判處終身監禁。事實證明，這是一起錯案，但軍方和政府卻拒絕對此重新審理，因為這會影響國家包括軍方的名譽和秩序。1898 年 1 月 13 日，

---

[1]　余英時：《士與中國文化》，3 頁注 1，上海，上海人民出版社，1987。

左拉率先在巴黎《曙光報》上發表檄文性質的信，即直接寫給共和國總統的〈我控訴〉。次日，該報又跟進一篇有眾人簽名的宣言書〈抗議〉，抗議軍事法庭對德雷福斯的判決違反法律程序。在該宣言書上簽名的，是一大批作家、藝術家、學者和教師（以作家為例，除左拉外，還有我們所熟悉的法郎士、紀德、普魯斯特）。這個宣言被稱為「知識分子宣言」，在這個宣言上簽名的知識分子，同時又被稱為「德雷福斯派」。正是作為「德雷福斯派」的知識分子對該事件的介入，才使這一冤獄得以重審並以平反終了。

　　「德雷福斯事件」實際上是一場「正義與秩序的衝突」，衝突的雙方，一邊是握有國家權力的體制，一邊是來自各種職業的知識人。後者所以走到一起，把這個案件變為一個事件，是出於他們胸中的正義理念和道德責任感。就左拉個人而言，他是放下手中正在寫作的小說進入這場鬥爭的，甚至一開始時他並不想參與這件事，因為他不願意他的小說被與己無關的事打斷。然而，不與罪惡合作，沉默意味著合謀，是這樣的價值信念使左拉放下了小說而拿起〈我控訴〉的筆。這一事件，嚴格地說，雖然不是「知識分子」這一稱謂的誕生，但卻使它第一次在這樣的價值內涵上被廣為使用並流傳開來：即知識分子在社會角色上是體制的反對者或批判者。

　　無論俄式的「Intelligentsia」，還是法式的「intellectual」，作為「知識分子」概念的兩個源頭，都有各自的歷史淵源。俄國的「知識階層」不妨可以追溯到 18 世紀的貴族階級，法國的「知識分子」也可以追溯到啟蒙時代的「文人」（就像中國知識分子的傳統可以前溯到中國古代的「士」）。比較之下，法式「知識分子」的傳統淵源更久，它甚至可以追蹤到古希臘的蘇格拉底。但就它們作為兩個新詞而言，伯林反對把它們混為一談，雖然伯林沒有具出原因，但原因是顯然的。如果說俄國的「知識階層」出身貴族，因而是一個「身份」概念；那麼，參與「德雷福斯事件」的法國「知識分子」因其吃的是不同的知識飯——比如有作家、有教師、有律師，故而在一

定程度上，它首先是一個「職業」概念。（當然，此概念的含義並不僅僅在於職業，它還有更為重要的內容。下詳。）

　　本文語境中所談論的知識分子，與當年法國的「德雷福斯派」血緣更近、譜系也更直接。但，無論俄國的「知識階層」，還是法國的「知識分子」，在我們討論我們的問題時，都可以成為我們可以從中汲取的有效的精神資源。總而言之，當我們試圖讓自己成為一個知識分子時，俄國知識階層給我們的啟示，就是對公共事務的關懷；而法國知識分子留給我們的遺產，則是它對權威體制的批判。

　　至於「知識分子」這一概念何時進入中國，筆者並不能作出確切的考證，但中國知識分子形成於20世紀而非以前，乃為筆者素所堅持。因為，按照美國華人學者林毓生教授廣有影響的劃分，中國第一代知識分子是19世紀末活動於中國社會舞臺上的康有為、梁啟超、嚴復等。筆者認為，不是他們，而是後於他們並活動於20世紀前期的胡適等方為中國第一代知識分子。（在林毓生那裏，他們已是第二代。）這裏，重要的問題不是誰是第一代，而是中國知識分子到底什麼時候形成。由於康梁等人都是科舉出身，因此，他們的身份是「士」，是中國士傳統中的最後一代。如果把他們稱為知識分子，則無以區分「士」與「知識分子」的界線。按照學術界的看法，中國士傳統的終結是1905年科舉制的取消。因此，後於康梁的胡適等已經沒有科舉背景，他們的背景則是海外留學。就像當年俄國把西洋歸來的那批「新人」稱為知識階層，我們也不妨把胡適等留洋歸來視為中國知識分子的誕生。所不同者，以胡適為代表的中國第一代知識分子雖然也是官費派出，但卻通過考試，且沒有貴族身份。至於康梁，筆者傾向於視他們為「前知識分子」，因為，他們正處在傳統之「士」向現代「知識分子」的過渡中，或者說，他們是士與知識分子的混合形態。

　　中國第一代知識分子和俄國「知識階層」的相似處倒並不僅僅在於他們的留學背景，更在於他們都試圖以新獲取的價值理念改變

他們所身處的社會與文明。五四新文化運動,胡適陳獨秀先發起「文學革命」,後又標舉「科學」「民主」,這可視為中國知識分子以他們的新思想改變中國傳統文明的第一次大規模運作。進而至 20 年代末和 30 年代初,以胡適、羅隆基為代表的「新月」知識分子在上海發起「人權運動」,其鋒矛直指當時力推「一黨專制」的國民黨。這不僅僅是俄式知識階層要改變社會文明的願望,而且同時具備了法國知識分子挑戰國家權力的批判品質。至此,中國知識分子已是比較成熟的一群,他們有自己的明確的價值指向,在各自的職業外,熱心關懷公共事務,關注中國社會發展道路,並不斷以批判姿態介入實際的社會政治活動。比如,如果說胡適 30 年代主辦《獨立評論》體現了知識分子對公共事務的正面關懷,那麼,40 年代儲安平的《觀察》顯然是以對當局的批判顯示了知識分子的社會擔當。因此,可以這樣說,20 世紀前期胡適們的所作所為,是俄國「知識階層」和法國「知識分子」的中國化,這一中國化過程又和本土的「現代化」運動同步。很難想像,沒有知識分子在社會公共領域中的價值傳播、觀念啟蒙、文化追求和問題批判,中國現代化運動會是一副什麼模樣。

然而,風流雲散,隨著歷史與時代的變化,中國知識分子從整體上也發生了一個根本性的變化。這一變化,我們不難從當時社會對知識分子的指認中看出。比如,1980 年出版的《現代漢語詞典》對「知識分子」的解釋是「具有較高文化水平、從事腦力勞動的人」。從這樣的釋義中,不要說已然看不見俄國「知識階層」和法國「知識分子」的身影,就連幾十年前中國第一代知識分子在中國歷史舞臺上所扮演的社會角色也被這一釋義所濾去,它剩下的只是一個「文化」和「腦力」的軀殼。對知識分子如此理解,應該說是上個世紀五十年代以來所形成的社會共識。如果把這種共識也稱之為知識分子的「中國化」,無疑是一種帶有歷史隱痛的「化約」。它僅僅留下了當然應該留下的「文化」與「知識」的公分母,但卻化約了本不

應該約去的知識分子自初始形成就具有的某種社會品質，或者說，它有意識把這種品質擋在了這一概念的應有內涵之外。本來，知識分子是一個具有雙重內涵的概念，假如一個社會對它的認同僅限於「職業」一維，那麼，知識分子所以為知識分子的更重要的價值維度就缺席了（從「名／實」角度，它不僅缺席於概念，更缺席於歷史）。因此，由《現代漢語詞典》所體現的這種長達半個世紀以來的社會共識，對「知識分子」而言，與其說是概念上的不完整，毋寧說是知識分子自身的一種歷史性的退步。

這種退步，如果是一個沉降型曲線，從上個世紀 40 年代末開始下行，到 60 年代和 70 年代已至谷底。反彈的開始，應是文革結束後的 80 年代。80 年代以前，按當時體制的說法，知識分子不是一個獨立的階層，而是附著於統治主體的「毛」——所謂「皮之不存，毛將焉附」。「皮毛」之喻，揭示了知識分子之於體制的依附性和御用性（相反，德國學者曼海姆恰恰將「自由漂浮」和「非依附性」視為知識分子的兩大特點）。由於知識分子在頻繁的政治運動中幾乎每次都是犧牲品，因而成為一個地地道道的賤民階層。在這種前所未有的社會重壓下，知識分子在 20 世紀前半期所形成的文化職能和社會職能喪失殆盡。直到 70 年代末，原有的社會狀況已經無以維持，政治體制為重新獲得統治合法性進行大規模改革，知識分子的命運才有新的轉機。當知識分子一旦重返社會廣場，人們立即就聽到了它的聲音——啟蒙與批判的聲音。整個 80 年代幾乎就是在知識分子的聲音中度過的。飽受劫難的知識分子以高漲的廣場熱情，自覺承繼起中國第一代知識分子的未竟之業。他們的作為，使停滯已久的現代化運動得以賡續並進入新的歷史階段。

問題是，歷史不是直通車，它經常走錯房間。1990 年代以來，尤其經歷了那場巨大的歷史災變，知識分子出現了新的蛻變。它大幅度地從廣場向學院退縮，學院成了知識分子的避身之堡。隨著市場經濟的跟進和意識形態的淡化，知識分子逐步轉變為專家、學者、

教授和顧問。這一形象原有的批判職能萎縮了，相反，它的專業性和技術性卻得到了空前突出。學界有人指出，90 年代是「思想淡出，學問凸顯」，這從一個側面反映了知識分子的工作重心與 80 年代已有很大不同。如果我們把視線拓開的話，不難發現，知識分子的「學院化」和「專業化」不獨是本土現象，作為趨勢，它在更早的時侯，即 60 年代以來，就成為歐美知識界的一種轉型。儘管原因各有不同，甚至大相逕庭（西方社會的後工業時代的因素遠大於東方社會的政治因素），但現象卻如此趨一：知識分子被體制收編，甚至自己就變成體制了（等級森嚴的學術體制），他們被聚攏在教授、導師、院士等各級學術職位上並以此作為自己的目標和價值衡量。於是，本來清晰的知識分子形象反而模糊了，知識分子的含義也變得曖昧不清了。到底什麼是「知識分子」呢，在我們這個時代，似乎又重新成為一個問題。

二、何為知識分子

　　美國學者布魯斯・羅賓斯在他的〈知識分子的根基〉一文中說：「『知識分子』這一術語在『德雷福斯事件』時期便被廣泛使用，並具有政治和職業兩層色彩。」[2]這「兩層色彩」就是我們理解知識分子的兩條基本路徑。本文以上也說，知識分子概念具有雙重性，所謂雙重，就是指職業和職業之外。因此，談論知識分子，既不能忽視職業，更不能離開職業以外，否則，都將造成知識分子概念上的偏差。

　　知識分子首先是一種職業，這從這個詞在法國誕生的那天起就是如此。左拉是一個小說家，是一個以賣文為生的人，因此，他的

---

[2]　布魯斯・羅賓斯編：《知識分子：美學、政治與學術》，8 頁，南京，江蘇人民出版社，2002。

職業就是寫小說。在這一點上,「知識分子」的概念不同於俄國的「知識階層」,貴族不是職業,是身份,它不需要以職業謀生,而是靠世襲吃飯。僅從職業一維,中國知識分子承襲的是法國傳統而非俄國。比如,胡適作為中國第一代知識分子,他從美國留學回來後,受聘於北大,拿的是教授薪水,吃的是教書飯,從職業上講,這是典型的知識分子了。

職業之所謂,乃謀生之方式。以謀生論知識分子,似乎缺乏「左拉」式的亮點。但,不必小看這一點,至少,知識分子則必須從這一點談起。因為,正是出於謀生,知識分子才可能作為一個獨立的社群而存在。只要將中國古代讀書人的唯一出路「仕」和現代讀書人的多種選擇稍作比較,職業化知識分子的獨立意義也就浮現出來。在現代知識分子職業分流以前,「士」作為古代知識分子與皇權體制沒有分流,只有合流,它們統統被整合到皇權體制的網路中。當年唐太宗看到應舉士子在考場上魚貫出入,情不自禁地說「天下之士入吾彀矣」。「入彀」說白了就是知識分子為體制所收編、豢養和御用。在那個時代,知識分子除了應試及第,委身體制,實在也沒有其他的社會空間可供選擇。在這個意義上,說知識分子與體制是依附性的「毛皮」關係,並沒有錯。1950 年代後,毛澤東要知識分子統統下鄉,並風趣地說:不下鄉就不「開飯」。這一細節很「生動」地表明瞭 1950 年代後知識分子與體制的關係又回到了現代以前。

現代知識分子的職業分化,儘管首先是一種謀生方式,但意義卻在於它啟動了知識分子對於體制的脫離,或者說它為知識分子擺脫體制而獨立提供了某種可能。現代社會和傳統社會的不同,就在於現代以來的社會空間大於體制空間,而傳統社會則是體制空間與社會空間完全重合。當體制空間縮小自己的權力範圍,從而騰出一個不受權力制約和干涉的社會空間時(用形象的說法就叫「小政府,大社會」),知識分子就可以在體制空間外自由地選擇自己的職業,

當然，它也可以自由地選擇進入體制。只有在這樣一種社會背景下，知識分子才可能具有曼海姆所謂「自由漂浮」和「非依附性」的特點。就像當年左拉們向體制挑戰時是完全獨立於它一樣，20 年代末，胡適、羅隆基在上海批判國民黨，也是外在於當時的黨權體制（胡時為私立性質的中國公學校長，羅則是私立光華大學教授）。那時他們是自由的，說他們自由，首先就是因為他們可以不吃國民黨的飯，因而也不（直接）受其宰制。知識分子沒有職業上的獨立則不足以言其他，可以設想 1950 年代的羅隆基還會有他自己 30 年代的作為嗎？正是在職業生成的意義上，筆者才傾向於把胡適等視為中國第一代知識分子，而把康梁還原為中國古代之士，儘管是末代之士。

五四時期，中國第一代知識分子面對的大都是處於文盲狀態的社會大眾，對比之下，它的文化面貌是很清楚的。可是，隨著時代發展和大學教育的普及，社會大眾一旦擺脫無文化狀況，情況就變得微妙起來。今天，像《現代漢語詞典》用「具有較高文化水平、從事腦力勞動的人」來解釋知識分子，是無論如何也不能說明問題了。假如今天有一個大學生，讀完了大學商學院，又在銀行的電腦前謀得一份文職，他同時滿足了上述兩個條件，但你能說他是知識分子？1990 年代，一位當時影響很大的作家（王朔）在談論知識分子時，說：「知識分子的概念不應該只局限於過去的內涵上。這個社會必將出現新型的知識分子。」什麼是這位作家的新型的知識分子呢。他沒有直說，卻舉了一個例子：「比如許多從商的人都受到高等教育，也有研究生畢業的，碩士博士的。」言下之義，這樣的人就是新型的知識分子。可是，這種新型卻不通。讀過大學的人去做生意，從職業上講，應該是商人，而不是知識分子，哪怕他是碩士或博士。就像我們今天的國家領導人，大都有大學背景，但他們是知識分子嗎？按照以上邏輯，在一個知識有所普及的社會，我們面臨的尷尬可能是，不是「誰是知識分子」，而是「誰不是知識分子」。

　　職業意義上的知識分子有一個前提性的條件，即「以知識為業
（包括文化）」。所謂以知識為業，主要不是指一個人擁有知識和運
用知識，而是指一個人以教授知識、傳播知識、研究知識、生產知
識乃至創造知識作為自己的謀生方式。因此，以上例舉的銀行職員
所以不是知識分子，不是因為他沒有（專業）知識，而是因為他只
是將他所掌握的知識純粹向實用方向發展，他之運用知識，僅僅是
對知識的消費。如果以研究知識、傳播知識、教授知識為職業衡量，
那麼，知識分子的職業取向，大而類之，可以分為這樣幾種形態：
進行自然科學研究或工程技術研究的泛屬「科技型知識分子」，在各
種新聞傳播媒體中就業的則為「傳媒型知識分子」，從事社會科學和
人文學科研究並長期據守學院和研究院的又叫作「人文型知識分
子」。比較難以稱謂的可能是作為「精神生產者」的作家、藝術家了，
是不是可以權宜性地稱為「文人型知識分子」？

　　從職業談知識分子，僅僅是問題的一半，而且，是並非重要的
那一半。知識分子所以為知識分子，更重要的是指它職業以外。依
然從這個詞的誕生說起，左拉及其盟友被稱為「知識分子」，肯定不
是因為他們是作家和教授，而是因為，作為作家和教授的他們承擔
了另外的角色。這一角色，並非人人認同，反對者也大有人在。也
就是說，「知識分子」這一稱謂在它誕生的那個時代其實是貶義的，
並為另一撥知識人所拒絕。比如，當時一位著名的文學批評家這樣
批評左拉：「這位小說家干擾軍事審判，在我看來，比一個憲兵隊隊
長打斷一個句法學或是詩韻學方面的提問更為愚蠢和放肆……這份
請願書正在『知識分子』中流行。『知識分子』這個詞最近被杜撰出
來，目的是抬舉那些在實驗室和圖書館打發日子的人，這個事實是
我們這個時代最荒唐可笑的怪病之一。」[3] 可見，「知識分子」一詞

---

[3]　路易斯・科塞：《理念人》，245 頁，北京，中央編譯出版社，2001。

在這位同樣是「以知識為業」的人眼中卻甚不以為然，它甚至是擾亂秩序的一個詞。

這種反感是一重要提示，因為這種反感並非緣於職業；反過來，僅僅就職業而職業已不足言知識分子。根據左拉個案，知識分子在職業這一必要條件外，還須對社會事務有所擔當，儘管有人反對這種擔當。假如左拉始終埋首書齋，是不必稱知識分子的，知識分子的稱呼是指他對「德雷福斯事件」的介入。這種介入不但與職業無關，而且不計個人利害。正是在這一點上，知識分子概念方才呈現它應有的亮點。不妨聽聽余英時先生的看法：「在現代社會中，一個知識分子必須靠他的知識技能而生活，因此他同時必須是一個知識從業員。相反地，一個知識從業員（無論他是教授、編輯、律師、或其他知識專業）卻不必然是一個知識分子，如果他的興趣始終不出乎職業範圍以外的話。」[4]那麼，什麼叫「職業範圍以外」？針對20世紀末世界性的知識分子「學院化」和「專業化」傾向，美國學者薩義德「堅持主張知識分子是社會中具有特定公共角色的個人，不能只化約為面孔模糊的專業人士，只從事她／他那一行的能幹成員。」[5]顯然，在社會中出任「公共角色」，在薩義德看來，就是「職業範圍以外」，具言之，除了專業或職業，「知識分子是具有能力『向（to）』公眾以及『為（for）』公眾來代表、具現、表明資訊、觀點、態度、哲學或意見的個人」（同上）。請注意薩氏話語中的「向（to）公眾以及為（for）公眾」，這就是知識分子在公共領域中的表現。如果知識分子沒有這一層面上的表現，不妨就是謀生意義上的「知識從業員」。

也許，需要修改一下職業意義上的「知識分子」概念了，或者說，僅僅就職業談論知識分子，還不如稱其為「知識者」。當然，「知

---

[4] 余英時：《歷史與思想》「自序」3頁，臺北，聯經出版事業公司，1985年第十次印行。

[5] 愛德華·w·薩義德：《知識分子論》，16-17頁，北京，三聯書店，2002。

識者」只是余英時先生「知識從業員」的便當說法。它與「知識分子」的不同在於，知識者外延大於知識分子，後者只是其中一部分，而且更多還是「可能存在」的部分。也就是說，知識分子是出於知識者個人的自我選擇。可見，這兩個詞是有區別的：一是「者」，一是「分子」。「者」者，「人」也，人人都可以成為知識者，這可能並不困難。難的是那個「分子」。試想，人人都可以成為「德雷福斯事件」中的左拉嗎？人人都願意像左拉一樣把社會事務視為個人責任嗎？須知，左拉在「德雷福斯事件」中付出的代價不小，他被法庭宣判有罪，只好離鄉背井，逃亡英倫；但他依然義無反顧。因此，正是在職業以外的層面上，英國社會學家齊格蒙‧鮑曼說：「『知識分子』這一術語並非是對於一個業已存在的種類的描述，而是『一種廣泛開放式的邀請』」。[6]

如果說「知識者」和「知識分子」，前者的重心是在「知識」上，它可以和職業形成一種對應，亦即不同的專業知識可以獲得不同的知識職業，由此形成知識人的不同職業分流；那麼，「知識分子」的重心則顯然不在「知識」而在「分子」，作為一個功能型概念，「分子」已使我們不能用職業眼光去看，而要超越職業。那麼，超越職業的又是什麼呢？能否給它一個對應詞？這裏，德國社會學家馬克斯‧韋伯給了我們很好的啟示，他說：「在德語的 Beruf（職業、天職）一詞中，以及或許更明確地在英語的 Calling（職業、神召）一詞中，至少含有一個宗教的概念：上帝安排的任務。」[7]這個任務，與職業無關，更高於職業。就像左拉介入「德雷福斯事件」，非但不是出於職業需要，甚至反過來形成了妨礙；但在左拉心中，他未必沒有一種來自上帝般的神聖感召。由於中國是一個無神論國家，缺

---

[6] 轉引布魯斯‧羅賓斯編：《知識分子：美學、政治與學術》，17頁，南京，江蘇人民出版社，2002。

[7] 馬克斯‧韋伯：《新教倫理與資本主義精神》，58頁，北京，三聯書店，1987。

乏宗教背景的我們不必把「職業」中超越世俗的層面視為「神召」，因此，它不妨是一種「志業」。「職業」與「志業」彼此因應，前者如果是謀生，後者則更多是信念。

　　這就是「知識分子」的雙重性：職業與志業。雖然，本文並不企圖給知識分子下一個嚴格定義，這既無必要，也不可能。但，如果我們試圖解釋何為知識分子，則不妨從這兩個角度分別展開。這裏，「志業」顯然更重要，它是知識分子所以為知識分子的關鍵所在。這個「志」，不是別的，也正是上述俄國「知識階層」和法國「知識分子」留給我們的風範：對公共領域的深切關懷和對政治事務的批判介入。

三、知識分子的公共性和批判性

　　歐美學界，尤其美國，「公共知識分子」的討論不絕於耳，波及中國，有關「知識分子公共性」的議論也日見其多。這個問題如此被關注，與全球性的知識分子「學院化」和「專業化」趨勢直接因果。如果說，左拉時代及其以後，知識分子的主體主要是作家或作為自由撰稿人的專欄作家（這種狀況，一直維持到美國的 60 年代），那麼，二戰後，或 1960 年代以來，因其大學普及，知識分子主流已由作家過渡到大學教授了。隨著知識分子大批進入學院，以前的知識分子為大眾寫作也一變為知識分子的專業寫作。對此，美國學者拉塞爾‧雅各比曾作過這樣的表述：「在過去的 50 年裏，知識分子的習性、行為方式和語彙都有所改變。年輕的知識分子再也不像以往的知識分子那樣需要一個廣大的聽眾了：他們幾乎無一例外地都是教授，校園就是他們的家；同事就是他們的聽眾；專題討論和專業性期刊就是他們的媒體。不像過去的知識分子面對公眾，現在，

他們置身於某些學科領域中。」[8]為什麼會出現這樣的情況呢？雅各比分析道：作為知識分子，「他們的工作、晉級以及薪水都依賴於專家們的評估，這種依賴對他們談論的課題和使用的語言毫無疑問要產生相當的影響。」（引同上）根據雅各比的言述，知識分子的專業化就是職業化。當知識分子充分職業化以後，其「志業」空間相對萎縮，公共角色的使命也逐步淡出。正是在這樣一種趨勢下，「公共知識分子」（或知識分子「公共性」）的衰落就被那些反學院化和專業化的知識分子提了出來，並由此獲其新的時代意義。（由於在筆者論述語境中，知識分子「志業」所在本來就是超越個人以上的公共事務，這就不必在知識分子前加上「公共」二字，因此，「公共知識分子」問題，在筆者這裏便成了知識分子的「公共性」。）

所謂知識分子公共性，大而言之，就是指知識分子在公共領域中的表現和對公共事務的介入。公共領域是和私人領域相對的概念，它指的是人與人在各自的私人生活之外所形成的一個社群空間。這個空間意味著，人除了私人生活的衣食住行外，還需要彼此間的交往與共和，這就構成了人類的公共生活。至於它的性質，德國學者哈貝馬斯在研究古希臘城邦制時指出：「在高度發達的希臘城邦裏，自由民所共有的公共領域和每個人所特有的私人領域之間涇渭分明。公共生活（政治生活）在廣場上進行，但並不固定。」[9]同樣，美國學者漢娜‧阿倫特也認為：「私人生活領域與公共生活領域的區別相應於家族領域和政治領域的區別」，[10]可見，公共領域問題，主要就是政治問題，政治是對公共事務的治理，反過來，公共事務天然就具有政治性。那麼，作為政治性質的公共領域，其問題大致包括：何為公共事務，這個事務由誰治理，這個「誰」又從何

[8] 拉塞爾‧雅各比：《最後的知識分子》，4頁，南京，江蘇人民出版社，2002。
[9] 哈貝馬斯：《公共領域的結構轉型》，3頁，上海，學林出版社，1999。
[10] 漢娜‧阿倫特：《人的條件》，22頁，上海，上海人民出版社，1999。

產生，用什麼方法產生，產生後的權力有多大，合法性如何，怎樣
制約又如何更替等。（當然公共領域還有其他方面的問題，如公共理
性的形成和非政府組織的運作……）知識分子對這些問題的關心與
介入，就具備了所謂的公共性；如果一個人僅止埋首於自己的職業
與專業而不關注上述，按學界說法，他就不是「公共知識分子」，而
按筆者本人，因其「公共性」的缺席，則他就不是知識分子而是一
個知識者。

　　根據上述，公共領域的問題，就其最主要者，不外民主、自由、
公正、法治、憲政等，這是人類群體生活得以構成的「維生素」──
這顯然是一種理想的說法。因為，缺乏這些維生素的社會形態並非
沒有。也就是說，今天的人類社群生活大致有兩種狀況，一種是上
述因素已經成為一個社會的基本構成，這個社會就是民主社會；一
種是上述因素尚待構成，這種社會則是前民主社會。社會形態不同，
知識分子在其中的任務、使命、職能和表現也就有所不同。在一個
成熟的民主社會，像憲政、法治等問題已經大幅度地專業化，它並
不需要當年左拉那樣的作家振臂一呼，應眾雲集，而更需要專家們
細緻地從技術層面修補漏洞解決疑難。在這一點上，美國社會中的
知識分子作為公共角色的確存在著某種程度上的危機（但並非無所
作為），這從美國學者波斯納《公共知識分子：衰落研究》一書可見
一斑。但，對另外一種社會形態來說，由於自由民主憲政還是一個
未曾實現的夢，因此，知識分子在公共領域中有著更大的工作空間
和責任。

　　令人感到不安的是，1990 年代以來的中國知識分子，似乎和美
國知識分子一樣，也面臨著「公共性」的衰落。當然，這是兩種性
質不同的衰落，比較之下，彼地知識分子如果多少是有點「勢無可
為」的話，本土知識分子則更多是因其自律而「有所不為」。中國知
識分子，作為作家，他們在體制內一邊拿工資、一邊寫小說（自由
作家、藝術家不在此列）；作為科研人員，他們身居各種科學院，終

日周旋於各種項目的申報、審批和揭題；作為教授，他們一邊在課堂上高頭講章，一邊穿行於各種學術會議。所有這些，都是職業層面上的工作，這很正常，也無可指責。但，除了這些，我們是否還能看見知識分子作為公共角色的表現？「德雷福斯事件」並不僅僅發生於法國，但「左拉」卻是僅見的。似乎可以這麼說，知識分子如果不是集體出離公共領域，至少它在其中的表現也令人遺憾。原因當然很多，既有體制方面的，也有知識分子自身的，兩者緊緊糾纏在一起。因此，寬容地說，知識分子公共角色意識為專業意識所取代，固然因為專業可以和利益通兌；更重要的是，知識分子出於「志業」的公共擔當，如果在成熟的民主社會，不會有任何危險，而在前民主社會，代價大得往往難以計算。

然而，從「志業」角度，也正因此，才需要知識分子有所擔當，而不是將上述原因僅僅視為回避的遁詞。這並非唱高調，至少，20世紀中國第一代知識分子在這方面作出過榜樣。20年代末，國民黨一統天下，以「訓政」為名，大力推行「以黨治國」的一黨專政，面對這種繼「軍權政治」而來的「黨權政治」，以胡適、羅隆基為代表的人文知識分子在他們主辦的《新月》雜誌上連續發表文章，責難國民黨。1929年4月，國民黨政府頒佈一道保障人權的命令，嚴禁個人或團體「以非法行為侵害他人身體，自由，及財產」。對此，胡適立即作〈人權與約法〉以駁詰，他以當時安徽大學校長劉文典為例（劉因蔣介石視察該校時用語言頂撞，因而被非法拘禁），明確指出：今日我們感覺最痛苦的人權侵犯不是來自一般的團體和個人，而是來自「政府機關或假借政府與黨部的機關」，從而把人權侵犯的問題指向國民黨。在批評國民黨政治「這是人治，不是法治」時，又呼喚政府立即著手制定憲法或臨時約法，以對黨本身有所約束用以從根本上保障人權。這篇文章立即在社會上引起了強烈反響，讀者來信和圍攻文章紛至遝來，胡適一邊緊緊抓住時機在雜誌上組織「人權與約法」的討論，一邊再接再厲，和羅隆基等連續推

出〈我們什麼時候才可有憲法〉、〈論人權〉、〈告壓迫言論自由者〉等文章，把這場在社會上掀起來的「人權熱點」推向高潮。以至短短幾個月，胡適他們就發表了十篇標舉憲政與人權的文章，並以《人權論集》為名迅速出版。

這就是知識分子公共性的典型表現。他們完全是從信念出發投身公共領域，利用自己掌握的傳播媒體就人權和憲政等問題展開討論，既向國民黨聲張權利，又對社會問題發表具體意見，同時也對民眾闡發自己的觀點，並在社會輿論中往復爭辯弄清問題。對胡適們來說，他們所作的這一切，沒有任何職業上的考慮，尤其就胡適本人言，作為杜威弟子，其師本來就是美國極具影響的公共知識分子，因此，胡適回國後的一系列表現，與其說是受濡染，毋寧說是自覺師承。作為有歐美留學背景的大學教授和校長，胡適們本來可以從容優遊於他們的學術圈內，不必越界為公共問題向體制挑戰；因為他們身之所處，畢竟不是美國那樣的民主社會，而是專制社會。挑戰意味自找麻煩，果然，來自體制的打壓接踵而至。國民黨各省黨部紛紛致信國民黨中央，要求嚴懲「反黨分子胡適」，胡適不僅在媒體上備受圍攻，而且最終受到政府教育部的警告。羅隆基先是被抓，後則被迫辭去大學教授的教職。從他們兩人的後來作為看，他們對此無所怨尤，因為這是出於「志業」的選擇，所謂「士志於道」是也。這個「道」，在他們那裏，就是由民主、自由、憲政等理念構成的價值系統，而把這一套價值系統作為自己的信念之業，他們願意為此有所付出。

今天，就像這一套價值系統依然是我們的價值追求，當年胡適等人的作為也應成為我們追求這一套價值系統的可汲取資源。問題是，我們是否願意像胡適們那樣有所付出呢？不妨重溫以上齊格蒙·鮑曼的話：就其社會關懷而言，知識分子這一術語意味著「一種廣泛開放式的邀請」。

那麼這是一種什麼樣的「廣泛開放式的邀請」呢，不妨請聽一組來自西方社會知識分子的聲音：

「知識分子最大的貢獻就是保持異議。」

「知識分子的責任就是說出真理、暴露謊言。」

「知識分子從定義上講是處於對立面的。」

「知識分子是否定性的傳播者。」

「知識分子扮演的應該是質疑而不是顧問的角色。」

「知識分子在某種程度上仍然認為自己所持的是准政治的對抗立場。」

「知識分子必然被看作是邊緣化的批判者。」

「知識分子是支持國家的理念重要，還是批判更為重要？我的立場是批判更為重要。」

「知識分子具有先鋒的使命，應該逃離加之於它的法則、實踐與制度而追求某種具有可能性的東西，即『真正的批判』。」

「大學之所以為大學，只有一個理由，即他們必須是批判的中心。」[11]

以上聲音大致來自薩義德、喬姆斯基、鮑德里亞、羅蒂……，它們不斷迴旋出一個相同的詞——「批判」。批判已成為知識分子的自我體認，也成為它自身的辯識標誌。知識分子之所以是一種批判性的存在，乃因它原就在批判的聲音中誕生。「德雷福斯事件」中，無論左拉〈我控訴〉（包括法郎士等人的〈抗議〉宣言），還是他（們）的實際行動，無不是知識分子在社會事務中的批判介入。因此，從這一初始性事件可以看出，知識分子從它誕生那一刻就鎖定了自己的批判宿命。不妨以譬而喻，如果社會是一個有機體，知識分子就是它的批判器官。

---

[11] 轉引賀雄飛主編：《今日思潮》，351 頁，長春，吉林文史出版社，2000。

　　那麼，知識分子的批判性和公共性是什麼關係呢？公共性如果是一種社會關懷，那麼，批判則是它的具體方式，亦即知識分子的公共性大體通過它的批判性得以表現，這種表現雖不是唯一的，但卻是最重要的。無論左拉之於「德雷福斯事件」，還是胡適之於上述的「人權運動」，都是因其批判──對國家權力的批判──顯示他們作為知識分子的公共特點。這正如哈貝馬斯所說：「公共領域說到底就是公眾輿論領域，它和公共權力機關直接相抗衡」。[12]那麼，活動於公眾輿論領域中的知識分子為什麼經常用批判來抗衡國家權力機關呢？公共事務並非知識分子專職，知識分子不需要也不可能就所有的事務發言；當且僅當公共事務中的權力領域出現問題時，它才需要站出來說話。此即，社會體制正常運作時，知識分子毋寧專注於自己的專業──所謂天下有道，知識分子不議；天下無道，則知識分子必出議論之聲。這就決定了知識分子在公共事務上發出的聲音往往是批判的聲音，它的批判所指，就是國家體制。因此，簡捷地說，知識分子的公共性，主要就在於它的批判性；知識分子的公共角色，大致是一個批判角色；知識分子在公共領域中的作為，更多也是批判作為。批判不是別的，它是一種關係，是知識分子和國家特意構成的一種緊張關係。這種必要的緊張，來自古希臘著名的「蘇格拉底之喻」。蘇格拉底曾把國家喻為一個巨大的牲口，而把自己視為這個牲口上的「牛虻」。牲口由於太大，行動遲緩不便，因而需要一隻牛虻來叮它、刺激它，以使其煥發。因此，在與國家構成的關係中，知識分子自覺充當了這樣一隻緊叮的「牛虻」，而「叮」之所謂，即「批判」。

　　對任何一個社會來說，知識分子批判都是一種「解毒劑」。但，如前謂，人類社會有兩種形態，民主社會和前民主社會。相比之下，前民主社會，因其民主憲政作為一個體制尚未確立，而所以未能確

[12] 哈貝馬斯：《公共領域的結構轉型》，2頁，上海，學林出版社，1999。

立，又與民眾的文化政治素質和體制本身鉗制不無有關；因此，這種社會形態中的知識分子，其批判責任就更艱鉅，因為它需要對大眾啟蒙，同時也更危險，因為它必然觸碰體制權威；也因此，知識分子批判往往需要付出職業、安全、健康乃至生命的代價。如果說一個美國的語言學教授（比如著名的喬姆斯基）可以在任何場合公開批判他的國家，而不必有任何後顧之憂；那麼，一位前蘇聯的自然科學家（比如著名的薩哈羅夫）雖然做的是和喬姆斯基相同的事，他肯定面臨的是和喬姆斯基不同的命運。因此，「知識分子」一詞在不同的社會有著不同的吃重。這樣說並非意味民主社會無所謂知識分子，而是說前民主社會對它更需要；相應地，在前民主社會，知識分子也更能體現「士志於道」的精神人格。

前蘇聯物理學家薩哈羅夫是這個國家中的最重要的核武器專家，他不僅是前蘇聯原子彈的創造者之一，甚至被稱為「氫彈之父」。由於他在這方面的卓著貢獻，政府給予他以極大榮譽，比如他兩次被授予列寧勳章，一次史達林獎金，三次提名社會主義勞動英雄，一個人的工資就是這個國家最低工資的幾百倍。這樣一個優秀科學工作者，當他逐步意識到自己的工作會給人類帶來災難時，也就同時意識到了自己的責任。於是他和體制發生了衝突，他要求政府停止核子試驗，理所當然地遭到了拒絕。最終，他走上了與體制離經叛道的不歸路，成了一個專門對國家說「不」的人。1968 年，他發表了他自己的宣言〈進步、和平共處與知識分子自由〉，這篇文章所引起的反響被稱為「薩哈羅夫氫彈」。1970 年，他和一些朋友組織了民間性質的「人權委員會」，要求國家進行一系列保障人權的政治改革。1980 年，他的國家出兵阿富汗，他立即對此提出強烈抗議。從研究核子試驗到捍衛人權，這是一個多麼大的人生拔轉，薩哈羅夫出於道義，作出了他自己的選擇。然而，當他一旦選擇時，厄運也就隨踵而至，他受到了克格勃的迫害。所有特殊利益都被取消，護照被沒收，權利大幅度被剝奪，有病得不到治療，行蹤被監視，

流放，監禁、絕食。1975 年，他被授予諾貝爾和平獎，但他的國家卻不准他出境。來自奧斯陸的頒獎公告給了他這樣評價:「薩哈羅夫對真理所承擔的義務，對人類不可侵犯性的堅定信念，他對暴力與野蠻的鬥爭，他對精神自由的堅定捍衛，他的利他主義和強烈的人道主義信念使得他成為我們這個時代的良心代言人」。[13]

　　如果把話題轉入民主社會，那麼這個社會形態中的知識分子批判，和前民主社會有著根本的不同。前民主社會，如中國的胡適和前蘇聯薩哈羅夫，他們的任務是傳播自由、民主、人權、法治等觀念，並使其制度化。這種制度建構，是用一種體制取代另一種。而民主社會，則不存在這方面的問題。儘管這個社會依然需要批判的穿刺，但，這種批判是針對體制的不完善，而不是推翻。因此，知識分子不能以顛覆體制為目的，它的批判不能逾越體制的底線（因為，知識分子慣有的烏托邦衝動常會使它朝聖一般走向紅色政治的烏托邦）。當然，正如前民主社會是把權力體制作為自己的批判對象一樣，民主社會，其實也是在批判體制權力。前民主社會的國家權力沒有合法性，它不是來自真正的選舉，因此自然應該批判；民主國家的權力雖不存在合法性問題，但因權力本來就是對權利的干涉，因而自具「惡」的本能，也須以批判對其作必要的遏止。在這個意義上，民主社會與極權體制相比，不是最好（也沒有最好），而是「最不壞」。當年古雅典城邦中的蘇格拉底就是被這種最不壞的體制判處死刑。對蘇格拉底個人來說，這個最不壞的體制帶給他的卻是最壞的結果（「德雷福斯案」類同於此）。因此，知識分子的批判運作，就是針對這「最不壞」的權力，並和體制自身的彼此制約一道，防止它從「最不壞」走向「最壞」。

---

[13] 參見《諾貝爾獎獲獎者演說文集·和平獎（1971-1995）》，109 頁，上海，上海人民出版社，2000 年。

　　由於知識分子批判在其性質上大都屬於「道義批判」，比如左拉當年就是激於道義才挺身而出，因此，有一個問題需要注意，即激情有餘而知識不足。仍以左拉為例，他在法庭上慷慨陳詞時，居然理直氣壯地說「我不懂法律，也不想懂法律」。這句話給當時的反重審主義者以把柄，即知識分子自以為是，缺乏起碼的專業知識就敢過問公共事務。今天，我們所面對的是一個專業分工更趨細化的時代，它需要知識分子批判不僅從道義出發，而且還需要從專業角度盡可能把它同時轉化為知識批判。然而，今天的知識分子卻依然帶有當年的「左拉病」，甚至更加自以為是。當他們在專業以外試圖表現自己的公共關懷時，經常顯得力不從心和捉襟見肘，最後只剩下徒然的道德姿態。美國麻省理工學院的喬姆斯基似乎可以是這方面的例子。作為一個語言學教授，他在自己的專業領域內有極高的造詣。而作為一個知識分子，他的公共關懷使他就國際政治發表言論時屢犯專業上的錯誤，甚至不顧常識，比如他可以否定柬埔寨「紅色高棉」的大屠殺，可以把越南說成是最民主的國家，與此同時，則把美國和納粹法西斯相提並論。鑒於左派知識分子自己「慣」出來的毛病，筆者認為，知識分子批判應該是一種「負責任」的批判，它不能出於一己之快，也不能僅僅滿足道義激情，更不能出風頭一般搶佔道德制高點。知識分子作批判發言時，需要清明的理性、知識的底子、專業的水準，如不具備，寧可閉嘴。否則，知識分子批判不僅談不上知識質量（從而使批判力度縮水），反而給社會帶來不必要的誤導，甚至反作用。

目錄

代序　一個需要不斷闡釋的對象——知識分子.............................i

上編　知識分子論

第一章　走向那誘人的地平線

　　　——「知識分子社會」的形成.............................1

第二章　「政統」與「學統」之間

　　　——「知識分子文化」的難局.............................21

第三章　「把人從奴役中解放出來」

　　　——關於「知識分子批判」.............................39

第四章　專業、職業與志業

　　　——知識分子的存在形態.............................57

第五章　於「後學」與「人文」之外

　　　——「知識分子立場」問題.............................75

第六章　「知識分子死了」

　　　——批判知識分子的自我批判.............................91

第七章　從柏拉圖的「洞穴敘事」開始

　　　——索問「知識分子倫理」.............................109

第八章　「這裏就是羅陀斯……」

　　　——知識分子的「理想主義」終結.............................131

下編　人文論

第九章　「一分為三」的文化地圖

　　　　──意識形態 意象形態 意義形態 161

第十章　作為一種「權力修辭學」

　　　　──「意識形態」說略 179

第十一章　「現實幻像」的眩暈

　　　　　──「意象形態」描述 193

第十二章　「沒有終極的追求」

　　　　　──「意義形態」勾玄 207

第十三章　話語權利，還是權力話語

　　　　　──意義形態與意識形態 221

第十四章　精英「下課」以後……

　　　　　──意義形態與意象形態 237

第十五章　數字化背景中的「第三種批評」

　　　　　──意義形態與「個人話語」 253

第十六章　天之下、地之上、神之前

　　　　　──意義形態與形而上學 269

結　　語　跨世紀的文化選擇

　　　　　──籲請「子學時代」 289

後　　記　..................................... 307

上編

知識分子論

第一章　走向那誘人的地平線

——「知識分子社會」的形成

　　「知識分子存在」之顯示至少是在這樣兩個方面「知識分子社會」和「知識分子文化」。前者應當體現知識分子作為一種社會存在的獨立性，後者則主要體現知識分子作為一種話語存在的獨立性。就這二者關係言，知識分子的社會存在先於它的話語存在，話語首先需要一個能夠自由說話的主體，否則言由誰說？又言為誰說？考之以歷史，長期以來，知識分子因「代言人」身份而造成的話語缺失，蓋在於它沒有一個獨立的社會存在之根基，「幫」與「傭」是不可能擁有自身話語權利的。而語言作為存在之表徵，話語的缺失也就反證了存在的非本真，在此意義上，我們雖然早就擁有「知識分子」的稱謂，但這個稱謂的內涵卻是空洞的。事實上，中國知識分子長期面臨的是「社會存在」和「話語存在」的雙重失落。從失落返向存在，也只有從上述兩個方面同時努力。以「重建人文」的方式構成知識分子自己的話語，這是在文化學層面上的努力（此問題當在另一個篇幅涉及）；與此同時，更重要的是確立知識分子作為一支獨立社會力量的存在合法性，並在這個基礎上，構築一個自立的「知識分子社會」，這，乃是在社會學層面上的努力。

一、一個「空洞的能指」

　　「知識分子社會」是知識分子存在的社會構成，是知識分子在社會關係網路中的一個獨立存在的空間，也是社會作為一個大系統

中不可或缺的文化子系。所謂社會是各種社會力量所組合的有機共同體，也是這些力量之關係的總和。各種社會力量在構成一個具有分工關係的大社會的同時，因其社會的運行本是依靠各種社會力量的自作用和彼此之間的互作用，因而，它們自身又構成了一個個獨立的小社會。小社會與大社會主要不是從屬關係而是組構關係，就像大樓是由一個個單獨的房間構成，小社會或曰各種社會力量正是以其自身的存在方才綜合體現了一個大社會的整體的存在。小社會雖然小於大社會，但它也是某一種社會力量的關係的總和。「總和」在此是一種意味，它意味著這種社會力量除去交往的意義外乃是一個不傍不依的相對獨立的社會結構。這種結構必須具有它自身的動力學意義上的主體性和自為性。否則，它非但無以構成一個「總和」，而且勢必被總和到其他社會力量的關係中去。這裏，將「知識分子社會」作為一個問題提出，其現實依據和歷史依據則在於無論歷史還是現實，知識分子從未作為一支獨立的社會力量存在過。因此，提出這個問題的意圖，當是在當代社會的大系統中，或者說在當代政治社會的大一統中，分離出一個完型的以知識分子為主體的小社會。這個小社會即知識分子個體關係之總和，乃可在社會實體的層面上確定知識分子作為一支獨立的社會力量而存在。

然而，「知識分子社會」的問題雖然被推到了歷史的前臺，但它並不單純是知識分子自身的問題，就知識分子而知識分子往往不能從根本上解決它。作為一個社會學視野中的問題，「知識分子社會」的理論背景乃是社會在整體性結構上的「構成與劃分」，只有在解決此一問題之後，「知識分子社會」才能進入一個合適的理論框架，並從中得到有效的闡釋。

社會是一個大有機體，這就是說社會是由各種具體力量作為它的「器官」有機構成。這些器官是在什麼意義上「有機」，也即它們以什麼樣的方式構成一個有機的社會結構；這就是社會的「構成／劃分」問題。劃分作為構成的結果形態，過往我們只是慣於一種劃

分模式：縱向兩分式。這種模式是把社會從整體上劃出了上下兩大塊：經濟基礎與上層建築。其中上層建築又可分為縱向的兩塊；機構性上層建築和觀念性上層建築，後者作為意識形態又是一種更高的懸浮的領域，因此，這樣一種社會結構又可以由二而三：經濟基礎—上層建築—意識形態。這三者之間關係並非並列，而是漸次遞進向上，因而作為一個「寶塔型」的社會結構，它典型地體現了自身的權力關係的性質。經濟基礎是為社會關係尤其是經濟關係的總和，它處於社會結構的最底層，上層建築是社會的統治機構，自然位居其結構之中心，意識形態的微妙在於它雖然位居形式上的最高層，但它的非實體性使它有似於一種脆性構成，其存在本身就是為機構性的上層建築服務的。但意識形態本身也是一種建築，甚至是更高級更精緻的上層建築，而且在實際上，任何一個東方陣營的國家在獲其機構性的上層建築之後，無不傾其最大的精力牢控意識形態，用以獲得一種最集中的思想，在維護實體的上層建築的同時，亦對其予以思想上的範導。因此意識形態既在上層建築之中，又在上層建築之上。以前蘇聯為例，上層建築是「國家」，意識形態就是「黨」（因為黨所信奉的是馬列，它正是以此才成為領導的核心力量），由黨而國家而社會，這就是一種自上而下的「豎式」社會有機構成。它意示著所有的社會力量都必須在一個縱向關係式上去尋找自己的位置。縱向關係式使所有的社會力量都化約為最簡單的兩極關係：統治與被統治，儘管其中有一連串的過渡環節，如黨領導國家、國家控制社會、社會支配個人。這樣一種社會懸垂體，其結構的系統質也就是「統治」兩個字。所有的社會力量都必須在服從其系統質的前提下，才能發揮各自的有限的功能，甚至它的功能的發揮，也是為了滿足系統質的需要，而非首先是自身的需要。如此之社會乃是一種性質單一的社會，它的一維性與一元化使整個社會只能以「政治」的面貌而出現。統治即政治，統治是政治的靈魂，也是政治的實現。然而，在政治無所不至的單一統治下，小社會的生

成可能性便不復存在，因為小社會要求它自身的主體必須是一支獨立的自為的社會力量，而現在所有這些力量都被排隊進入政治統治的關係總和中，並且被政治一體化了。像這種縱向立體式的社會，無論從構成還是劃分來講，它都是一個清一色的「政治社會」，或曰它只有政治社會，而沒有其他社會。

單一的政治社會是典型的傳統社會，中國自周秦以來，兩千多年始終未能突破這種社會的慣性狀態，以至中國人竟被目為「政治動物」（相應於日本人是經濟動物而言），可見作為社會的人受其浸染之深。然而，除其專門搞政治的人在比喻的意義上可以稱為政治動物，如像遠離政治的商人、文人以至全民，統統成了政治動物，那麼這個社會只能是高度集中的、也是高度僵化的。就其職業角度而言，不同的人本是分屬不同的社會領域，人的政治化也就連鎖地反映了它所處在的社會領域的政治化。於是，自然的分工消失了，存在的只是政治上的社會分工，各個社會部門的運行，只是成為政治操縱桿的延伸。這樣，經濟成了政治，教育成了政治，文藝成了政治，甚至連日常生活也成了政治。這樣一種情景我們其實並不陌生，「抓革命，促生產」，生產本是經濟之事，卻要靠革命來促，「廣積糧」的純粹經濟行為也被納入「高築牆」、「不稱王」的政治策略之中。甚至還流行過這樣的說法「搞好經濟，就是最大的政治。」此語足可見經濟本身不是自立的，它僅僅是為了滿足政治的需要亦即統治的需要而被需要的。同理，教育也曾賦予過「培養無產階級革命事業接班人」的政治內涵，它所針對的乃是帝國主義關於第三代或第四代和平演變的預言。而文藝更是為政治服務的重災區。就是遠離政治的日常生活領域，都開展過所謂「資產階級生活方式」的討論，更遑論當年文革絞髮剪褲腳的荒誕行徑了。社會的政治化使政治成為該社會唯一的合法存在。它雖然可以在「統治」上獲得極大的成功，但也須付出與成功等價的犧牲。一種功能的膨脹導致了其他功能的衰退，如經濟遲滯、教育落後、文化單調。因此，有

機體的平衡被打破之後，社會運行機制的內在矛盾最後勢必以危機的形式表現出來。

很顯然，在上述縱向單一的社會框架中，「知識分子社會」只能是一個理論的泡影，或者說任何一種分立型的社會都不可能存在，它只有大社會，沒有小社會，小社會只是作為大社會即政治社會的統一需要以「領域」的職能面貌而出現，如商業領域、文化領域等。但領域不是社會，它沒有自治性，只有服從性。當知識分子不能自治為一個獨立的社會時，它也就只能進入被排定的領域，這個領域不是別的，就是「意識形態」。知識分子工作之所在，幾乎都是意識形態的有關部門，它也可以叫做思想領域，思想領域的政治屬性，決定了知識分子的工作首先必須服從意識形態的需要。不僅如此，知識分子本人也必獻身為意識形態機器上的螺絲釘。知識分子進入意識形態，而意識形態又是豎型社會結構的尖頂，因此在外觀上，知識分子的地位很高，它高於工人、農民、商人，所謂「古有四民，士農工商」，士所以在被統治對象的排行榜中列位榜首，就因為它可以「榮幸」地進入以意識形態為標誌的統治階層，在古代是以「科舉」的方式，現代則是「分配」的方式。然而「進入」並非「入主」，知識分子從來就不是意識形態的主體，而是被其利用的工具。所謂「高位」僅使知識分子獲得了一種「話語中心」的幻象，並且這裏的話語根本就不是知識分子的話語，而是意識形態的話語。意識形態本身就是一個巨大的話語場，也是唯一的話語場，處於其中的知識分子，其職能就是為意識形態說話，喋喋不休地說、滔滔不絕地說、唾液四濺地說，因此知識分子只不過充當了意識形態的「代言人」而已。然而，一個「代」字，也就消解了它自身的存在性。

因此，在社會學的框架內，不妨再一次提及所謂的「毛皮之喻」。就知識分子與統治階級的關係而言，這個比喻準確無比，知識分子一旦不能形成自己的小社會，或一旦不能成為一種自由的存在，那麼它的命運就只能是「毛」，無根的毛。在這一點上，它甚至不如農

工商，後者至少不是以「毛」的身份而存在，儘管它們也僅僅是在理論上而非事實上被認作社會的主體——空洞的主體；但知識分子被遙遙送上政治社會的頂端時，卻連理論上的主體性都被取消了。就「毛皮」而言，毛不是主體，皮卻是主體，毛只是皮的附屬和保護，因此它具有依附性和御用性。「毛」的歷史可謂久矣，上溯可至春秋戰國時的養士之風，那是私養，自秦以下，知識分子由私養轉為官養，歷沿成習，遂習以為然。因此，當農人與匠人之間尚可以各自的產品作互相交換時，知識分子卻無法以自身產品之主人的身份介入任何一種交換，因為它沒有自己的產品。「學成文武藝，貨與帝王家」，它已經一次性地將身家之藝給出賣了，以後只是以此身此藝純粹地為帝王家效力了。如果說農人與匠人交換的對象是產品，它們作為交換的主體也即生產的主體，其地位是平等的，那麼知識分子與帝王家交換的則是人身而非產品，這就意味著知識分子沒有自己的獨立生產權和產品權，一旦有產品，其所有權也不屬知識分子而屬帝王家，因為它是奉命生產，後者已以「俸祿」的形式按期預付給知識分子了。這種交換是一次性的也是終身性的，它取消了知識分子作為產品主人的交換主體性和生產主體性，並且直接構成了知識分子與帝王家之間的「雇用關係」的基礎。雇傭關係即我給你飯吃，你給我做事。而你給我做事，是因為我在養你，你是被養。養與被養，活畫出知識分子對於帝王家的依附狀態。

當然，「毛」依附於皮，也是出於皮對毛的需要。統治階級對社會的統治，　意識形態是一個相當重要的方面，法律等制度只施及人身，意識形態作為觀念領域則直指人心（思想），它有效地支配和規範著人的意識、言語乃至行為。意識形態是一種集權性的知識形態，它必須以某一種知識系統作為自己的主導思想，同時也必須有一大批知識人員來闡發、推廣這種思想，這就決定了統治者對知識階層的需要。在中國歷史上，儒學自漢武帝欽定為意識形態之後，統治階級以孔孟為經、以科舉為餌，誘取了天下無數的讀書人。當知識

分子作為群體被吸納或準備吸納進意識形態之後，一則保證了政治
社會中意識形態機器的運轉的需要，二則也有效地箝制了知識分子
的自由思想。統治的大敵是思想的自由，意識形態的功能正在於以
某一種思想去控制其他思想。知識分子的思想一旦被控制之後，便
只能在意識形態的框架內進行知識運作，這時它所滿足的已不是自
我思想的需要，而是政治社會在思想上統治的需要。可見，作為「毛」
的知識分子，除其依附性外，更重要的是它的御用性。依附是知識
分子作為社會存在的淪喪，而御用所淪喪的則是知識分子的思想存
在。雙重淪喪使知識分子成為一個「空洞的能指」而不復有自身應
有的獨立性和自由性。

二、從「兩層分立」到「三元並立」

　　1990年代經濟市場化以來，中國社會面臨著一個深刻的轉型，
它從以往一維性的政治社會逐步開始轉變為多維性的功能社會。政
治也是一種功能，但它作為統治功能，乃是傳統社會功能形態的唯
一，因而帶有「大全」的性質，也因而壓抑和遮蔽了社會的其他功
能形態。導致的結果便是政治的價值標準成為全社會的極值標準，
社會的各個領域全面地泛政治化。然而，社會是一個「活體」，它的
構成是鏈動組合的，其功能形態也是彼此互動的，以一種功能取代
其他功能，那麼這個「活體」便會萎縮。因此，轉型的必要性和現
實性十分具體地體現為「單一政治社會的解體」。它根據社會活體的
基本功能的需要，由以往大一統的社會相應地分解為若干相對獨立
的小社會。小社會是過去政治社會中有關領域的擴升，如經濟領域
擴升為經濟社會，文化領域擴升為文化社會。從「領域」到「社會」，
改變的是社會活體之間的有機的關係。這種關係在過去是「統治式」
的，領域服從社會；而現在則是「交往式」的，它體現了各個相對
獨立社會之間在主體地位上的平等。從理論上來說（現實滯後於理

論），隨著單一政治社會的解體，整個社會結構形態都為之改變：縱向社會變成了橫向社會、立體社會變成了平面社會，一元社會變成了多元社會。社會實際形態的改變，必然要求我們相應地更改原有的社會劃分模式，上層建築與經濟基礎的兩分模式應當適當地更之以政治、經濟、文化的三元模式。這個模式不但宏觀而準確地將社會劃分為不可或缺的三個基本板塊，而且只有在這個平等的板塊結構中，或者以這三元模式為框架，「知識分子社會」才能在理論上得以確立。

　　政治、經濟、文化是一個社會的三項基本構成，如果把社會視為一個大系統，它的耦合便是上述三個子系的互動。執掌政治的是國家政府，發展經濟的是農工商，從事文化教育的則是知識分子。就社會這個有機體而言，在比喻的意義上，作為農工商的大眾是社會的「感官」，國家機構是為社會的「心臟」，知識分子則就是社會的「大腦」了。由此一個大社會可以相應地分為三個小社會，從事公共事務管理的政治社會、從事經濟生產的大眾社會（黑格爾馬克恩謂為「市民社會」）和從事精神文化的知識分子社會。就上述這種劃分情況來看，「知識分子社會」只有在一個「三元社會」中才能獲得存在的可能。因為以上「三元」或「三分」之間，它們的關係是橫向的、聯合的；而過去的三者之間的關係則是縱向聚合的。由政治為龍頭把經濟與文化聚合在一起，亦即捆綁在一起，經濟與文化無以自立，自然不得伸展身腰手腳。從縱向到橫向，哪一種社會結構更為合理？很顯然，縱向社會是一元社會，它由政治掛帥，牽住經濟與文化的兩頭，使其為自己的統治服務。橫向社會的多維性，使經濟與文化彼此分離為獨立的「元」，它體現了社會的合理的分工。在分工的基礎上，經濟與文化不再為政治服務，而是盡力完成自己的職事，與政治一道服務於整個社會。另外，一元化的政治社會，運行的只能是單一的政治邏輯，它延紳到經濟領域，勢必會「合理」地推導出「寧要社會主義的草，不要資本主義的苗」的荒謬之

論；而延紳到文化領域，把「專」當作「白」來批的所謂白專道路，自然也是題中應有之義。相反，當經濟與文化從政治中解禁，它們就無須以政治邏輯作為自己的邏輯，在它們各自的範圍內，存在著彼此不同、甚至不可通約的價值標準、理性法則和衡量尺度。不能用政治要求經濟與文化，就像不能用經濟與文化去要求政治：此一標準之成立，乃是一個社會多維性構成和多向度發展的成熟的標誌。

用橫向的「三元並立」取代縱向的「兩層分立」並非一味否定後者的歷史合理性。經濟基礎與上層建築之二分是馬克思的學術理論，馬克思是根據他的階級鬥爭理論來建構他的社會結構學的，它的解釋的有效性主要是針對階級鬥爭的社會。上層建築是階級社會的產物，它的核心是政治國家，國家作為階級鬥爭和壓迫的工具，「統治」是它最重要的職能。在任何一個階級存在和階級鬥爭大規模存在的社會形態中，以政治為統帥的上層建築與其經濟基礎的關係只能是垂直的統治關係。但上述關係並非一成不變，它隨著階級鬥爭理論的淡化和時代自身的變化會發生相應的轉換。就近一個歷史時期而言，以「階級鬥爭為綱」的時代顯然已經過去，尤其世界冷戰格局打破之後，經濟的重要性業已成為這個時代的首席，國內也相應從計劃經濟（即政治性經濟）逐步轉軌為自由的市場經濟。面對這樣一種新的語境，政治國家的職能必須作出相應的變化，它須由過去對社會的階級鬥爭式的統治更多地轉化為對社會的管理、服務與調節。儘管它的統治職能依然必要，但畢竟不是唯一的，而且本身也有所減弱。這樣，過去一統天下的政治社會不復作為整個社會的霸主而是作為社會整體的必要構成而出現。由是可見，社會結構的劃分，從縱向兩分模式到橫向三元模式，體現的乃是一種時代合理與需要。

以上從社會構成與劃分的角度談論社會的分化，它只是在理論的範圍內展開，這種展開在邏輯上是共時的，然而一旦進入實踐領域，三元社會不可能一併形成，它勢必表現為一個預期性的歷時過

程，具體言，從政治社會中率先形成一個經濟社會，待這條腿邁出之後，在它的策動下，再度形成知識分子社會。知識分子社會與其說是從政治社會中直接產生，毋寧說它借助了經濟社會的東風，沒有經濟社會的分離導致傳統政治社會結構的鬆動，「知識分子社會」幾乎難以想像，或者僅僅是一個想像。兩個社會相較，文化與政治無疑比經濟與政治在豎形社會結構內要挨近得多。位居頂端的意識形態直接控制的就是文化，甚至大幅度地與文化重合（即文化意識形態化），而經濟則非它直接控制的對象。並且從職能角度言，經濟領域所從事的物質生產為任何一個社會形態所必須，即使站在統治立場，搞好經濟也是其策略之舉。因此相對說來，經濟領域總是比較寬鬆的，中國改革從經濟開始而非從文化或政治開始，不是沒有這方面的道理。儘管經濟改革的初衷也可以是出於政治的需要，但一旦改革成勢，尾大不掉，那不以人意志為轉移的經濟大潮完全可以違背始作俑者的初衷，這是別話。文化與經濟不同，作為知識分子的活動領域，它所從事的乃是不同於物質生產的精神生產，人類精神的無限豐富性決定了精神的自由的本質，而這一本質又恰恰與意識形態相齟齬。正如馬克思所說：統治階級的思想是每一時代佔統治地位的思想，意識形態作為統治思想的集中體現，它必然要對精神的自由預以本能的限制，通常是以某種「主義」為「一律」，用以規範和駕馭其他思想。因此，精神文化歷來是意識形態的敏感地帶，在沒有外力作用的推動下，「知識分子社會」是很難從這塊領地自足構建的。以經濟為先導，以市民社會作前提，於是便成為「知識分子社會」作為一個目標過程的有機步驟。

我們不妨來看這個步驟的第一步，即市民社會的形成。經濟社會在馬克思那裏又叫市民社會，二者義同。經濟社會是就這一社會的內容構成而言，市民社會則指這一社會的主體構成，它們落腳點有異，但實質無別。由於市民社會以日常生活為主要內容，因而它是人與人之間經濟關係和物質利益關係的總和。按馬克思的見解，

市民社會十六世紀以來就進行準備，直到十八世紀法國大革命後才大步走向成熟。為何？因為這時的「財產關係已經擺脫了古代的中世紀的共同體」。請注意這裏的「中世紀的共同體」，在馬克思看來，依然具有人身依附關係的「中世紀的各等級的全部存在就是政治存在」，因而這個共同體不言而喻是指政治性質的共同體，用我們今天的語言即政治大一統。十八世紀的財產關係正因為突破了當時政治大一統的控制，因此它才成為市民社會誕生的時代。由此可見，所謂市民社會的形成與生長，實際上就是它與政治社會的分離過程，用馬克思的話則「市民社會和國家彼此分離」。形成即分離，它由一個社會共同體變成兩個社會共同體，它由政治對社會的一木獨撐變成政治和經濟的兩腿並列。一木獨撐，大廈將傾，兩腿並列，穩固平衡。市民社會形成的意義，不僅使自身從此作為一種獨立的而非依附的社會形態自立於世；而且由於它有效地打破了以往政治對社會無所不能的壟斷，因此它還獲得了一種與政治國家並列抗衡的社會制動功能。政治與經濟固然在本質上是應當平等的，但由各自所構成的社會顯然在現實比較的意義上還有諸多區別，大率而言，政治社會是權力社會，市民社會是契約社會，政治社會是統治社會，市民社會是自治社會；政治社會是等級社會，市民社會是平等社會（就形式而言）。

　　這裏並非為市民社會高唱讚歌，它的進步性僅存在於與單一性的政治社會的比較中，而且它自身也存在著許多反題性的內容。它的最大的歷史功績，便是打破了以往政治社會的大一統。但「打破」並非意味著「取消」，政治社會無論於歷史、現實、還是相當遠的將來，都是一個「合法性的存在」。政治的內在功能當然應當隨其時代的需要而變換，但政治本身卻不會隨著時代的變遷而淘汰。因此當我們張揚市民社會的誕生，並不意味著由它取代政治社會，那樣等於輪流做莊。我們需要的是以市民社會為契機，由此達成政治社會和經濟社會的分立，它們共同存在而彼此制約。就我國目下狀況而

言，市場化的推行——這本身就是一種含政治性的政策行為——無疑刺激了市民社會的生長，經濟與政治逐步分離，甚至倒過來，政治向經濟傾斜，也已成為一種觸目可見的現象（一個內在的隱憂，中國市民社會不是自發生長起來的，而是由政府行為「推」出來的、其推出儘管適應了時代的需要，但在政治權力的範圍內，它為什麼不可以輪流打「推」與「收」的兩張牌）。然而這種現象事實上導致了另一種危機，即經濟對政治權力的侵蝕。政治一旦腐蝕於經濟，或混同於經濟，它表現為以權力兌換利益，那麼勢必造成政府和政黨的日甚一日的腐敗。因此，從歷時的觀點看，市民社會的生長固然是一個歷史的進步，它的進步意義將在我們的社會生活中日見其彰；而從共時觀點看，我們卻必須注意市民社會的自身膨脹，防止它作為一個新的單一性社會而出現，我們有必要把握好市民社會與其他社會形態之間的制衡關係，力圖形成一個各種社會有機力量有序並存的公共空間。

三、雙重分離的難題與困境

以上對市民社會的兩重分析，本身就體現了一個尚未形成的「知識分子社會」對自身命運的清醒。討論市民社會的形成，並非偏離知識分子社會的本義，而是必要的闡釋前提。這個前提不僅是邏輯的，而且也是歷史的，其歷史性表現為知識分子從政治社會的分離中，總是率先投身於市民社會的形成。它並非首倡自身之知識分子社會，而是反過來與市民一道致力於異己性的市民社會。十八世紀的啟蒙運動，實際上就是啟蒙知識分子用自己的理論為市民社會鳴鑼開道。所謂自由平等博愛，無一不是針對中世紀的政治等級制而言，它直接成為催動市民社會形成的思想力量，知識分子從當時的市民化實踐中汲取理論營養，並將之超驗為理想化的知識形態，在知識分子的大力闡揚下，這種知識形態為廣大市民所接受並轉化為

普遍的市民精神。從精神到物質的再度轉化，便是資產階級性質的
市民社會的最後確立。返觀當今中國社會，出現了一幕和十八世紀
有所相似的情景。中國知識分子亦熱衷於中國市民社會的理論建
設，近年來，各理論報刊多有這方面的討論文章，它們傳播黑格爾
馬克思關於市民社會的理論，剖析西歐市民社會的發展，總結建設
中國市民社會的實踐經驗。在一個市場時代到來之際，知識分子充
分地顯示了自己的鼓吹熱情和理論幹勁。知識分子為什麼如此投入
一個本質上與己相異的社會？這除了解釋為知識分子的普遍的社會
關懷外，更重要的原因則在於這是一條歷史之路，儘管迂遠。思想
固然可以推動歷史發展，但精神力量必須作用於物質力量，這種力
量即經濟力量才是歷史發展的最根本的動力。因此知識分子必須率
先置身於經濟社會對政治社會的分離，只有借助經濟力量完成這一
歷史的進步之後，在市民社會「沒有政治意義的私人生活差別」（馬
克思）的基礎上，才能進一步完成自己的分離。實際上，知識分子
的分離與市民社會對政治分離一道起步，它把市民社會的形成作為
與政治分離的第一步，這樣，市民社會的實踐便可視作「知識分子
社會」形成的必要的步驟、環節和前提。

　　問題是不能滿足於這一前提。當政治與經濟獲得二元並列時，
這的確是時代的進步，但這個社會仍未獲得更穩固的支撐。物理學
所揭示的三點穩定性，同樣適合於此處的社會學領域。然而我們並
非為三點而硬找三點，事實上，任何一個文明社會都必然劃分為政
治經濟文化三大塊。問題在於，構成這第三塊的文化是否能或有必
要作為獨立的「元」與前二者並列？答案當然是肯定的，因為設若
文化尤其是精神文化失了自己的獨立品格，就譬如一個社會失去了
它的大腦。你無法想像文化依附政治或依附經濟時，這個社會的精
神面貌會是一種怎樣的情形。其實我們曾經這種情形，甚至現在又
在經歷。因此為了文化第三元的獨立、亦為知識分子作為第三支力
量的獨立，必須構建一個自己安身立命的新的社會空間：知識分子

社會。市民社會尚未完全形成，它還需要知識分子和市民階層一道努力，但我們的眼光必須走向歷史的深邃。因為至少有兩點應當引起我們的注意和警思；就知識分子自身言，如上述，市民社會是知識分子社會的歷史前提，但知識分子是否有可能抓住了前提，卻忘了結果。另就當下社會狀況言，市場經濟雖然給意識形態帶來了表面上的鬆動，但知識分子尚未從體制分離出來之時，又嚴峻地面臨著對市民社會的分離。這雙重分離如此複雜地糾纏在一起，遂構成知識分子在當下的難題與困境。

誠然，為市民社會搖旗吶喊、為市場時代振臂高呼，體現了知識分子自覺的歷史責任感；但如果把市場時代當作自己的時代，那麼它馬上就會感到新的困惑、產生新的壓迫。同政治一樣，經濟之於文化，亦是一個強大的異己性的權力之物，由它所導致文化上的異化，其程度並不會亞於政治。這就要求知識分子在走歷史的必由之路時，應該擁有一種更超前的歷史目光，它必須把歷史的視線定位於更前方的「知識分子社會」，而把眼下所做的一切，視為時代提供給知識分子的最好的歷史契機。有一種說法令人感到不安，它以「歷史之手」的名義，填平了知識分子與市民大眾的鴻溝。這種理論以令人信服的描述揭示了精英與大眾殊途同歸的文化潮流——這正可以看作是雙方在疏離政治社會的意識形態上所達成的歷史性合作；然而，給知識分子冠以「後個人主義」的帽子——或許這樣的知識分子在他們那裏叫「後知識分子」——以此來混同「大眾面孔」，這就消泯了知識分子與大眾的本質區別。在對意識形態的顛覆上，它們確可殊途同歸，而當大眾取得「庶民的勝利」之後，它們勢必又走向新的殊途，這兩者之間的鴻溝是無以填平也不需要填平的。最後的分野就是「市民社會」和「知識分子社會」的各自分立。同理，另一種不太明晰的「回到民間」之說，把民間視為知識分子的集體走向或價值取向，則與上述主張有異曲同工之處。固然這裏的民間是對政治社會的分離而言，但把知識分子定位在民間，還是沒

有找到知識分子自己的「家」。現代民間社會本身就是一個市民社會，它只能以市民階層為主體，這個社會不僅與政治對立，同時它在本質上也與知識分子不同；而且知識分子位居民間，其社會格局依然是二元的，在這樣一種社會格局中，知識分子同樣難以獲得自己的獨立形態。因此，知識分子的問題不是在民間尋找自己的定位，而是走出民間建立一個自己的社會。在這層意義上，民間只是知識分子社會在自身形成過程中的一個驛站，而非目標。真正的目標乃是在自身的知識分子社會形成之後，與業已在場的政治社會和經濟社會一道，形成三者之間互為交往的「公民社會」。

　　由此可見，知識分子目前面臨的是兩種分離和兩種抵抗，前一種分離遠未完成，後一種抵抗卻又接踵而至。目下知識分子的話語興奮點幾乎全集中在知識分子與市場的語題下，這說明知識分子從中感受到嚴重的危機。所謂「市場經濟了，文藝怎麼辦」之類的話語，表面上是尋找對策，骨子裏卻透著手足無措般的惶惑和茫然。各種應對之策紛紛揭櫫而出，但一種傾向掩蓋著另一種傾向，現實的危機使我們忘卻和回避了依然潛在著的歷史危機。殊不知，現實困境也是尚未能解決的歷史困境在現時代中的另一種表現或折射。政治話語支配文化話語的歷史是謂漫長，現在不過是它把手中的權力移交給了經濟，而經濟在市場化的轉型中，目前仍然襲有以往政治的痕跡，當政治與經濟幕間交接時，便把對文化壓迫的接力捧一併傳了過去。這便足以說明現實危機乃是歷史危機的慣性和伸延。因此對歷史遺忘是危險的，有意回避則更糟糕。讓知識分子從政治社會分離，讓知識分子話語從政治社會的意識形態中分離，作為沒有完成的歷史作業，顯然是當下知識分子格外重要的任務。又由於這個任務是在市場經濟和市民社會的大背景下展開，所以，與市民社會的分離便和與政治社會的分離成為同步兩面的工作。現代市民社會是一個經濟消費型社會，它對文化具有天然的吞噬力，尤其國家現行政策向經濟傾斜，「發展才是硬道理」，使經濟發展成為劃時

代的主題，作為一種新的集權，經濟把文化直接作實現自己的工具，所謂「文化搭台，經濟唱戲」，淋漓盡致地揭示了文化在經濟社會中的地位，也揭示了從事文化的知識分子在市民社會中的地位。面對這樣一個政經合一的時代狀況、知識分子對市民社會的分離也就邏輯地內含了對政治社會的分離。只有完成這種分離，方才有望抵達「知識分子社會」的彼岸。

我們經過了一個漫長的政治時代，它從中世紀就開始了的，我們當下又經歷著一個突飛猛進的經濟時代，但我們還未曾遭遇一個文化的時代。以未來學和預測學的觀點看，二十一世紀有望作為一個文化的時代來到我們中間。在一個全球性的範圍內，當經濟的增長臨近到自然生態的極限時，經濟發展從對自然資源的依賴便轉向為人自身的文化資源和智慧資源。這種新的發展在不排斥經濟動力的前提下，更著重社會整體的文化發展，文化將取代經濟成為衡量一個國家進步水平的一個綜合性指標，因此文化時代的到來不難從這裏找到它的根據。美國學者亨廷頓的「文明衝突論」，斷言二十一世紀的世界衝突，其根源不在政治性的意識形態、甚至也不在經濟，而在於不同性質的文化之間。在他看來，冷戰結束之後和經濟高熱的過去，對世界的劃分，以文化或文明為尺度，「遠比按政治、經濟制度或經濟發展水平來劃分有意義」。亨氏的理論實際上從反面參證了二十一世紀可望成為一個文化世紀的時代。一個時代有一個時代的命名，命名的根據或許在於當時的社會結構中某一支社會力量是否佔據了時代主要地位，當統治階級、國家元首在社會結構中占主要地位，它表現為政治時代；當市民社會佔據了時代的主要地位，這就是經濟時代；而文化時代的到來，只能是「知識分子社會」成為時代的主導。然而，沒有一個獨立形態的「知識分子社會」，文化作為一個時代之到來是不可思議的；而當政治時代和經濟時代輪番過去之後，文化時代的到來又是不可避免的。這裏便存在著衝突，一種未來性的國際趨勢和當下性的國內狀況的衝突，這種衝突同時

又使「文化時代」和「知識分子社會」成為一個二而一的問題：文化時代呼喚著「知識分子社會」，知識分子社會又必然對「文化時代」形成促動。我們所以力主知識分子從政治社會和市民社會中分離，蓋在於以一個自足形態的「知識分子社會」迎接新世紀作為文化時代的到來，「知識分子社會」的理論也正是為未來的文化時代進行社會形態學上的準備。現在這種準備應該進入實踐狀態，實踐，只有實踐，才是「知識分子社會」的通達之途。它發端於理論，終端於實踐，我們現在正處在這兩端之間的微妙的發展過程中，好在「知識分子社會」作為一種社會形態的新大陸正逐步向我們展現出它那誘人的地平線。

第二章 「政統」與「學統」之間
——「知識分子文化」的難局

　　「知識分子文化」是體現「知識分子存在」的另一重要方面。當知識分子作為一種獨立的社會存在即「知識分子社會」被確認之後，它的存在顯示便集中地體現在它自身的「文化」建構上。文化成為知識分子的最後的自我確證。就知識分子的「社會存在」和「文化存在」言，在比喻的意義上，它們之間是一種「身心」關係。知識分子的社會存在是它的文化存在之「身」，而這種文化存在又是其社會存在之「心」。在知識分子尚未獲得獨立的社會形態之前，即，尚未「安身」之前，它是無以在文化上「立命」的，身是心的承載，此身非吾有，心則無所驥，這是前提。然則一旦獲此前提，卻又並非「知識分子存在」的完滿，由身及心，必然對知識分子提出文化建設的要求。沒有這一要求，知識分子的社會存在不僅是徒勞的、無意義的，而且勢必反過來使知識分子蛻變為徒具形態的「空心人」。故此，在討論過知識分子存在的社會形態之後，也就需要邏輯地面對其文化形態。

一、文化劃分的依據

　　知識分子的文化形態是知識分子的一種話語表現。這裏的文化並非人對自然的作用，亦非人類後天習得的行為模式，更非日常意義上的讀書識字，人格教養之類。在本文語境裏，文化主要被視為一種知識形態，它表現為知識分子不同於體制文化和大眾文化的獨

立的精神話語。換言之，具有獨立存在形態的知識分子話語，也就
是所謂的「知識分子文化」了。

　　「知識分子文化」正如「知識分子社會」並非一個孤立的對象，
這一概念首先是針對非知識分子文化而言；文化從來就不是鐵板一
塊，它和一個整體性的社會構成一樣，也是可以按照其構成成份進
行分類學意義上的劃分。因而「知識分子文化」實乃是一個社會文
化學視野中的問題。在這裏，社會文化學最顯豁的解釋，就是以社
會劃分文化。任何一種獨立的社會形態都必然會產生與自己需要相
適應的文化，反過來，任何一種文化也都有一定的社會歸屬。德國
社會學家曼海姆針對階級社會的構成，曾描述過這樣兩種相反形態
的文化：意識形態與烏托邦。前者指的是政治衝突中占統治地位一
方圍繞自身利益所形成的一種知識體系；烏托邦作為另一種知識體
系則屬於階級衝突中的反對派，它表現為那些被壓迫者的群體意
識，由於它堅決地反對現存秩序，因而用另一種知識話語在想像中
改變了現存的一切。意識形態與烏托邦是一對共時的然而又是對立
的文化形態或話語形態，「周雖舊邦，其命維新」與「誓將去汝，適
彼樂土」不妨權宜性地看作是這兩種話語形態的對立表現。應該說，
越來越多的學者已經注意到文化研究中的文化劃分，儘管劃分的路
向與曼海姆未必一致。比較典型的是美籍華裔學者余英時先生，他
在研究漢代循吏與文化傳播的問題時，走的就是文化劃分的路子，
並設專章，對自己這一研究取向加以說明。這裏不妨將其開篇文字
節錄如下：

　　「近幾十年來，許多人類學家和歷史學家都不再把文化看作一
個籠統的研究對象。相反地，他們大致傾向於一種二分法，認為文
化可以劃分為兩大部份。他們用各種不同的名詞來表示這一分別：
在五十年代以後，人類學家雷德斐的大傳統與小傳統之說曾經風行
一時，至今尚未完全消失。不過在最近的西方史學界，精英文化與
通俗文化的觀念已大有取代之的趨勢。名詞儘管不同，實質的分別

卻不甚大。大體來說，大傳統或精英文化是屬於上層知識階級的，而小傳統或通俗文化則屬於沒有受過正式教育的一般人民。」(《士與中國文化》P.129)

余英時先生正是根據以上的文化兩分對中國文化的大小傳統尤其是在漢代循吏作用下大傳統對小傳統的影響進行了頗有見地的研究。由是可見，打破文化的一統狀態，把握文化的不同歸屬，探究文化對象的各自屬性及弄清它們之間的交往，乃是一條文化研究的新思路。

這一思路的長處顯而易見，社會文化作為一種混合複雜的知識構成，要看清它的多方面貌，應該採取一種分而析之的方法。混沌的研究方式不但遮蔽了對象，也模糊了自己。比如只單單說一個「封建文化」，它到底是封建農民文化、還是封建官僚文化？這兩種文化雖然同頂「封建」之名，在本質上卻是不同構的。然而，當文化劃分越來越成為學者們所共識的方法論時，一個更重要的問題便推現出來：「如何劃分」。實際上劃分問題也不僅僅是個方法論，在它背後明顯有著一個「認識論的承諾」，這個承諾又直接關聯著一種社會元構成的本體論。以上從曼海姆到雷德斐以及余英時，儘管劃分的概念各自有異，但其方法論卻無二致，都是一種上下兩開的「二分法」。也儘管余英時先生以為二分法只是一個粗略的輪廓，各自還都包含著許多複雜的成份，但這些成份的複雜無疑都統攝於上述簡單的二分概念架構內。正是從這個二分法的方法論本身，可以看到一種社會二元構成的認識論。文化所以二分，乃在於由它所體現的社會構成是「二元」的：它或者是統治階級與被統治者，或者是知識精英與人民大眾。可見，從「二分法」到「二元論」，走的依然是「豎形社會結構」的路向。整個社會結構大幅度地化約為上下對立的兩元，作為與其對應的文化形態，意識形態與烏托邦就是統治與被統治的文化之二分。雷德斐的大傳統顯然與意識形態在內涵上有較多的一致，小傳統儘管未必具備足夠的烏托邦的內容，但它對應於通

俗文化則十分吻合。於是，文化的構成便隨其社會的化約亦化約為一道簡單的二元一次方程。

如果我以當下的文化視野檢視上述的方程，不禁要問的是「知識分子文化」在哪裡？就曼海姆的劃分而言，知識分子文化應當定位於意識形態、還是烏托邦、抑或壓根就沒有它的位置？雷德斐的大小傳統，知識分子文化是大傳統呢、還是小傳統？依余英時解釋，上層知識階級的精英文化屬於大傳統，那麼，知識分子文化卻又搖身一變為占統治地位的文化，並且這種文化經由官吏傳播，又發生了巨大的移風易俗的教化作用。若以余英時的說法去套曼海姆，知識分子文化豈不與作為體制文化的意識形態相榫合？如是，這還是知識分子文化嗎？竟或謂之什麼叫知識分子文化？知識分子又為何要有自己的文化？進入體制，發揮意識形態的作用，難道不可以視為知識分子的文化職能？不幸，歷史事實正是如此。余英時謂漢代文化大傳統的主要代表是「陰陽儒墨名法道德」，此六者看似春秋戰國時遺留下來的學術流派，是各派學術思想在漢代的一種綜合體現，但正如司馬談論六家要旨時一針見血所說的那樣：它們「同歸而途殊，⋯⋯此務為治者也」。一句話道破了它們在學術分歧之後的共同的意識形態的性質。當然余英時先生又進一步指出：漢代思想界已趨向混合，在這學術混合的大背景中，儒家思想佔據了主流地位。這顯然指的是武帝之後，漢武「廢黜百家，獨尊儒術」，儒學從此正式成為「經學」，即統治階級的「經世致用」之學。儘管在其後的各朝各代中，儒學自有其歷史浮沉，但它業已成為思想統治之術的統治階級文化則是毫無疑義的了。這才是所謂「大傳統」的內在實質。

正如同對社會組織的構成作二元劃分是粗陋的一樣，據以這種劃分對不同社會組織的文化構成作二分法的處理，不過是機械地重複了上述的粗陋。然而這種二分法的不合理是顯而易見的，它不僅在理論上無以安置「知識分子文化」的獨立在所；而且由於其兩分

法是一種縱向劃分，它事實上使這種劃分具有一種自上而下的統治
與壓迫的內容：意識形態壓制烏托邦、大傳統控制小傳統──這顯
然不是一種正常的合理的交往關係，它使意識形態或大傳統獨霸成
為公共文化本身。當然二分法的不合理是一種歷史的不合理，我們
的社會與文化正是在這種不合理的歷史長河中不斷延宕，以迄於
今，並給今天的社會與文化帶來了多方面的問題。今天的任務，似
乎正在於改變這種歷史的不合理和現實的不合理。從認識論和方法
論的角度，這種改變就是由上述二分法的劃分走向「三分法」。匈牙
利籍學者豪澤爾在討論藝術社會學有關問題時，根據不同的文化階
層對藝術作了如下三種歸納：民間藝術、通俗藝術、社會精英藝術。
豪澤爾認為，民間藝術以鄉村居民的創作為主，通俗藝術以城市居
民的消費為主，精英藝術顯然以受過良好教育的知識分子為其對
象。這種劃分是雖然是就藝術而言，藝術作為文化的有機構成，假
如往上推一推，視其為文化本身劃分，自然也符合豪澤爾的邏輯。
這種劃分打破了二分法的線性模式，在一個具有廣延度的社會平面
上以不同的公眾階層有效地歸納了不同的文化種類，這是它比二分
法長進的地方。但是如此三分，依然有其可議之處。比如民間文化
原是農業社會中的一種文化形態，它以不識字的農民為其對象，其
創作和傳播主要是口耳相傳。但當世界範圍的農業文明向工業文明
轉化之後，民間文化的命運不是保留在老人們的古怪記憶裏，就是
藏身於民俗學者研究的書本中，除此而外，它一般不作為一種主要
的社會文化形態而面世。當然工業社會也有它的民間，此民間已不
復同於農業時代的村社式的民間而是一種「市民社會」。代表這種市
民社會的文化乃是通俗文化，又可稱大眾文化。在技術高度發達的
今天，它早已甩脫民間文化口耳相傳的方式，而是借助技術的動力，
使自身搖變為一種文化工業。因此，當民間文化為通俗文化所取代
或兩者疊合時，豪澤爾的文化三分結果又蛻變為二分：精英文化與
通俗文化。在這裏，豪澤爾的劃分依據是「公眾階層」，它不包括統

治階層。把公眾階層歸納為知識分子和非知識分子即大眾這兩大部類當然是合理的，但就整個社會文化格局而言（尤其是就中國的當下文化語境而言），忽略其統治階層的文化要求和實際表現，既有違客觀事實亦不合文化倫理。因此這裏沒有「體制文化」的位置和以上沒有「知識分子文化」的位置一樣，至少在中國文化語境中，則表現為方法論和認識論上的雙重誤失。

正確的劃分原則也許應當依據文化之所屬的社會構成，當一個社會在整體上化解為政治性質的體制社會、經濟性質的市民社會與（精神）文化性質的知識分子社會時，每一種社會之「元」必然產生與自己利益和需要相適應的文化形態。因此，一個總體的文化構成亦相應地一分為三：與政治社會相適應的體制文化、與市民社會相適應的大眾文化、與知識分子社會相適應的知識分子文化。自文明社會以來，任何一種社會形態的文化構成都可以作如上的三元劃分。儘管在以往的社會歷史中，其三元形態更多是隱性，未必那麼明顯，甚而其中還有合流的情況——這也正是許多學人都堅持二分法的歷史緣由。但時至今日，由於大眾文化的突飛猛進，不僅使文化分流的狀況愈來愈明顯，而且作為知識分子本身，更有其必要借助這種分流的趨勢，打破體制文化所控制的大一統，在強化文化劃分的同時，用以獲得自我話語的確立。在這裏，「劃分」是一種趨勢、一種策動、一種確認、一種話語自立的保證，尤其對一直處於被壓制狀況中的知識分子文化而言，只有通過文化構成的劃分，才能浮現自己的文化姿態，表示自己作為其話語主體而存在。

二、「政統」與「學統」之間

在一個社會文化學的框架中，「知識分子文化」乃是相對於「體制文化」和「大眾文化」而存在的第三種文化。這三種文化在邏輯上是並列的，它們各有其文化職能，誰也不應當以一種居高臨下的

姿態壓制誰或支配誰。但是在實際的社會歷史發展中，隨著某一種社會力量在一定歷史階段中的突出，其相應的文化形態也會在該歷史階段中成為一種文化中心。如當下中國政治社會向經濟社會轉型，經濟取代政治（應該說經濟經過政治同意成為一種社會主導），因此大眾文化也相隨獲得了一種強大的排它性和膨脹之勢。但就其文化的自身應有的地位而言，如果並不僅僅著眼於一時的文化強勢，應該說，任何一種文化在其地位上都是平等的，它們滿足的是社會的不同方面的需要，而需要和需要之間並不存在等級的差別。具體而言，大眾作為社會的感官，它的文化職能主要便是滿足娛樂的需要，因而其話語形態表現為一種消費屬性的「意象形態」；體制作為社會之心臟，它的文化要求必然訴之於政治上的規範與控制，因而其話語形態集中表現為政治屬性的「意識形態」；知識分子文化既不同於大眾娛樂消費，也不同於官方的意識控制，知識分子作為社會的大腦，由它產生的文化應當具有一種純粹精神的性質，其文化指向是對存在的探索和在探索過程中對人類精神的再造，因而這樣一種特殊的話語形態，在其區別的意義上乃是一種人文屬性的「意義形態」。今天，這三種文化話語各有其存在的合理性（儘管在地位上不平等），它們構成了一個多元化的社會文化格局。這三種文化力量因其時代變化可以此消彼長，或者相反；但其中任何一種文化形態的缺失，都可以視其為整體文化格局的失衡。

這種失衡的狀況，在歷史上由來久矣。二分法的根深蒂固、三分法的二分實質無不說明這一點。在余英時先生的二分結構中，沒有「知識分子文化」的處所，在豪澤爾的文化三分中，又沒有「體制文化」的席位，是主觀忽略、還是客觀合流？面對這一總是「三缺一」的文化筵席，今天如何作出合適的解釋？如其上，余英時所謂的大傳統，實乃一種體制文化之傳統，它由漢代循吏形成即可見其官方之性質。但構成這一傳統的知識主體，卻又是以孔孟為代表的儒家文化，以歷史眼光而論，這在當時就是一種知識分子文化即

士文化。以儒為教且以吏為師，適足見中國傳統文化乃「知識分子文化」為其身又「官方文化」實其質。同樣，豪澤爾的分類雖然未納官方文化系統，但他指謂的精英藝術已然具其官方之染。例如他把古希臘的雅典戲劇與當時的通俗滑稽劇作為精英藝術與民間藝術並列，但他在雅典戲劇之前又冠以「官方」的定語。另外，針對十七世紀的法國古典主義，豪澤爾在肯定它為精英藝術的同時，又指出其「有傾向宮廷及其支持者的半貴族、半中上階級的階級意識的趨勢」。這些都可以表明，在豪澤爾那裏，所謂精英藝術在過往的社會形態中實際上就是作為宮廷藝術或貴族藝術而出現。於此可見，就象余英時並未遺漏「知識分子文化」一樣，豪澤爾也未曾偏廢以精英之貌出現的官方文化。文化三分所以變相為二分，其原因蓋在於歷史過程中「知識分子文化」與「官方文化」在話語形態上的合一。

　　合一乃是「政統」與「學統」的合一，它甚至表現為學統對政統本能地內傾。作為「知識分子文化」的原始儒學。其學術內核「仁」與「義」，而學術指向則「禮」與「樂」，其所奉守的學術信條又是「述而不作」。此三者適足以見其對政統的自覺趨赴。「仁義」者內聖之功也，「禮樂」者外王之道也。周之天下平定後，周公旦緣人情而制禮、循人心而作樂，遂形成一套具有上層建築性質的禮樂制度，它和分封制、井田制、宗法制一道，牢固地形成了周王朝的貴族統治。所謂「禮者，天地之序也」，而「樂者，天地之和也」，究此興譬，則禮義立，「貴賤等矣」，樂文同，「上下和矣」。既要使人間貴賤有等第森嚴的差別，就像天地之序不可逾越一樣；又要使上下貴賤彼此安睦，亦如天地之和互不相犯。因此禮與樂非其一般，而是周王朝維持其政治統治的軟硬兩手。章學誠在《原道》中謂「周公集治統之成」，正是指禮樂這軟硬兩手所合成的政治制度，即「治道」。至少在孔丘看來，這套制度美侖美奐，儘管有其可損益之處。而他所身處的社會，正是週末時禮壞樂崩的政治殘局，他既不能「如

有用我者，吾其為東周乎」，因此便自覺地以在野講學的方式，從學術取向上為「禮樂」做意識形態上的鼓吹。孔學之核心，唯「仁」字而矣已（義乃亞聖孟軻的學術心核），它是一種修身的境界，表現為「禮」的內在精神和實踐支撐，沒有仁則無以禮，「人而不仁，如禮何」。因此孔丘的學說乃是以仁安禮，在這裏，「禮」是一種上層建築，「仁」就是一種意識形態。只不過孔丘當世，其學說尚未為體制接納，但就其內在實質而言，它自身已具備了成為意識形態的可能性。這份時間表由春秋及至漢武方才兌現。由此可見，有「周公集治統之成」在先，又有「孔丘明立教之極」於後，也就不難理解儒學為何恪守「述而不作」的學術準則了。這裏的「作」並非學術之作，而是制度之作，它指的乃是周公的制禮作樂。「作者之謂聖」，既然有聖人為天地人間立定了秩序，那麼，知識分子唯一的工作也就是對聖人之作進行「述」，「述者之謂明」。以「仁」述「禮」，在這裏，「述」表現為「作」的一種解釋形態，它的話語發揮，自有一種教化功能和維護使命。如果說「作」體現為一個正統，那麼「述」則是迎合這個政統的學統。以意識形態之述去闡釋上層建築之作，這不正是中國淵深源長的傳統學術？時至今日，雖然「述作」的內容各有新變，但其關係模式無改依然。當「知識分子文化」蛻變為一種以「述」為宗旨的文化話語時，它自身便被統治體制從內部蛀空了。蛀空即變質，它的意識形態化使其無以保持一種獨立的文化姿態，只能以統治階級所需要的面貌而出現。因此，所謂「合一」乃是「知識分子文化」向意識形態所作的趨赴性的合一，然則當它與統治階級文化合一之時，不僅文化三元的整體格局不復存在，而且直接使自己走上了一條自我消解之道。

學統對政統的趨赴，只是事物的一個方面，「合一」的另一面則是政統對學統的意識形態控制。馬克思有言：建立一個社會關係適應物質生產，創造一系列原理、觀念。範疇，適應社會關係。任何一個統治階層為維護既定的社會關係（秩序），必然動用權力規定一

個以原理、觀念、範疇為核心的知識系統，使之成為意識形態。中
國是一個政教合一的國家，政以一其行，教以一其心，兩者之間，
政支配教，教輔佐政，政由統治階層執掌，教由知識分子擔當。然
而教的功能亦正意識形態的功能，故知識分子文化不可能不受到政
統的強力控制。政統總是力圖使學統進入意識形態的軌道，凡其不
合者，即成禁忌。明顯的例子是漢時景帝制止黃老之學與儒學的廷
爭，事見司馬遷的《史記‧儒林列傳》，因其事頗見政統與學統關係
之微妙，故不妨過錄於下：

　　轅固生者，齊人也。以治詩，孝景時為博士。與黃生爭論景帝
前。黃生曰：「湯武非受命，乃弒也。」轅固生曰：「不然。夫桀紂
虐亂，天下之心皆歸湯武，湯武與天下之心而誅桀紂，桀紂之民不
為之使而歸湯武，湯武不得已而立，非受命為何？」黃生曰：「冠雖
敝，必加於首；履雖新，必關於足。何者，上下之分也。今桀紂雖
失道，然君上也，湯武雖聖，臣下也。夫主有失行，臣下不能正言
匡過以尊天子，反因過而誅之，代立踐南面，非弒而何也？」轅固
生曰：「必若所云，是高帝代秦即天子之位，非邪？」於是景帝曰：
「食肉不食馬肝，不為不知味；言學者無言湯武受命，不為愚。」
遂罷。是後學者莫敢明受命放殺者。

　　在上述這場精采而激烈的爭論中，焦點是湯武是否受命。在黃
生看來，君臣名份一俟形成即萬古不更，湯武因其變，故不是受命。
轅固生認為桀紂虐亂，便失其君之職份，湯武順應民心而誅之，正
是受命於民。這既是一個歷史問題，也是一個學術問題，是非可以
通過爭辯而弄明白。但此事關涉政統，且又涉及到「高帝代秦」的
漢家隱私，故爭論正至高潮，景帝便急急出面制止了。他的為難在
於：支持黃生，自家代秦而立便失去了名份；支援轅固生，則又為
後來者代漢而立留下了口實。因此，他採取的的策略是劃分學術
禁區，說什麼吃馬肉不吃馬肝，不算不知道馬的滋味；做學問的人
不談湯武受命這回事，也不算愚。此語頗含威懾。正如王充《論衡》

所云:「氣熱而毒盛,故食馬肝殺人」,景帝正是以此為興喻,警告他們不要自食「馬肝」。於是,一場本來可以更深入的爭論非但不甚了了,而且就此成為一個令人恐怖的學術禁區。「是後學者莫敢明受命放殺者」,此語重若千鈞,從中堪見政統於學統的強權與掣肘。

以政統為其本,學統致其用,這就是所謂的中國文化大傳統,它是「知識分子文化」與體制文化的「共體」。具而言之,統治階級儘管有自己的話語需要,但卻沒有獨立文化系統。文化創造,尤其書面文化的創造,本身就是知識分子的職事。因此,拒絕知識分子、拒絕知識分子的「書簡之文」,而一味「以法為教」、「以吏為師」,對統治者而言並非明智之舉,且制度成本也不低,秦朝焚坑而亡的教訓不可謂不深刻。況且一味以法律為束約,以官吏盡執法,畢竟只是上層建築的硬的一手,而規範人心,統一思想,控制輿論,這些意識形態的作用,更為日常統治須臾之所不能離。但,意識形態作為一種知識形態,只有知識分子才是最理想的勝任者;因此,統治階級的意識形態構成,也只有借助於「知識分子文化」之身。轉而就中國知識分子文化而言,所以能與政統一拍即合,也正在於自身固有的政統情結。原始儒家在形成自己的話語形態之初,其學術指向就是帶有政統意義的「天下之治」,內聖是為了外王,修身的終端是平天下,詩。書、禮、易、樂、春秋,知識譜系儘管不同,但孔丘有言「六藝於治一也」。中國的學術傳統歷來帶有「資治」的性質,它的價值關懷不是人類精神的「巴貝塔」,而是人倫秩序的「烏托邦」。因此,這樣一種學術本位的錯舛,使知識分子文化向意識形態的過渡只是一轉身的事。但是,一轉身的致命在於,知識分子文化一旦轉化成為統治的文化,便不復為其自身。所謂「道術將為天下裂」,這個「天下」正是政統的天下,政統總是根據自己的需要對知識分子文化進行重塑。當原始儒學由「私學」一躍而為「國學」時,質變立刻就發生了,它不僅深深打上廟堂的烙印,而且直接成為廟堂文化本身。及至唐朝,為強化儒學意識形態的地位,做到上

無異教、下無異學，針對當時儒家門類雜多、章句繁蕪的狀況，唐太宗下令以注疏形式出儒家經典的官方版，以此作為習儒的統一標準。號為「五經正義」，然而正義不正，注疏的標準，服從的乃是唐代大一統的政治需要。而宋學朱熹，張揚「理氣」，其學問本身有濃厚的思辨色彩和經院氣息。但它被欽為統治階級的官方哲學後，日益走偏入邪，最終成為戴震所說的「以理殺人」的意識形態工具（同樣，理學本身亦有維護封建政統的功能，如三綱之說，此更可見中國傳統文化中的學統與政統是如何輕易地走向合一）。為政統所御用的知識分子文化不僅自身發生變異，而且勢必導致文化專制主義的產生。「知識分子文化」的精神屬性，使它本然具有多元化的價值取向。即以先秦而論，「百家」雖是虛張，「諸子」乃是事實。他們「各引一端，崇其所好，以此弛說，取合諸侯」。儘管爭論的中心不離當時的軍事政治，但那百無禁忌，暢其所言、縱橫捭闔、積健為雄的學術盛況卻為後代學人心羨神往。事實上，這是中國有史以來空前絕後的學術黃金時代，然而自孔子被延入廟堂，真正的百家爭鳴便從來沒有再出現過。何也？意識形態的排它性使然。統治階級固然需要知識分子文化作為自己的話語籌碼，但一俟它將知識分子文化中的某一種話語定格為意識形態之後，便馬上反麼過來禁錮其他知識分子話語的存在與發展。這樣一種文化專制應該是始於漢代董仲舒，他與當年李斯對知識分子文化的全面棄取不同，而是保留一家，壓制九十九家。他在與武帝的對策中嘗言：「《春秋》大一統者，天地之常經，古今之通誼也。今師異論，百家殊方，指意不同，是以上無以持一統。」實際上，從學術角度講，百家殊方、指意不同正是正常的文化格局，惟其如此，方能促進各家文化的知識增長，但它有礙於所謂的「大一統」即皇家思想政治的大一統，故董仲舒進一步建議。「臣愚以為諸不在六藝之科、孔子之術者，皆絕其道，勿使並進。」（《漢書‧董仲舒傳》）以孔子壓諸子，恐怕是學術史上最早的「輿論一律」了，用白話版串講董仲舒的意思，無非是領導我

們事業的核心力量是漢家皇帝，指導我們思想的理論基礎是孔子主義。在這「主義」之外者，對不起，意識形態不允許。意識形態之所能，就是不准「人異論」。董仲舒的話何其決絕。以古鑒今，方知今古如一。儘管二十世紀以來人們一而再地批孔反儒，但漢代大儒董仲舒的血液卻始終流貫在我們的學術傳統中，只不過「蕭瑟秋風今又是，換了版本」而已。

三、從「合一」到「分流」

　　「一切歷史都是當代史」。就中國「知識分子文化」的意識形態化而言，沒有誰比中國知識分子更能領會克羅齊這句話的內涵了。今天的文化仍然未能擺脫歷史所形成的巨大的慣性，我們依舊在那幾乎流不動的歷史長河裏浮沉。當整個知識界為一種主義哪怕是正確的主義所左右，並且這種主義又非出於知識自身的選擇，而是一種外在他律；那麼，這就只能表明我們的知識譜系與意識形態之間還是一種舊式的「體用關係」和「合一關係」。以主義統攝知識，是意識形態的必然要求，但這一要求無疑又扼制了知識的增長與進步。以新知突破主義的規範，又是知識本身的內在衝動。因此在政統的「主義」與學統的「知識」之間就形成了一對矛盾，這對矛盾在中國古代往往因話語的合一而被遮蔽。本世紀以來，具有學統性質的知識衝動曾向政統扔出挑戰的白手套，使矛盾不但顯露，而且趨向白熱。

　　有這樣三個時段值得注意。一九一九年的五四前後、四十年代中後期和八十年代，它們分別代表本世紀的早、中、晚期，也是本世紀最活躍的三個思想期。五四時期，知識分子以西方之「德賽」作為新的知識話語，開始對孔子主義進行全面顛覆。儒學作為意識形態的經學之典，第一次遭到了前所未遇的批判。五四的意義倒不僅在於批判孔學本身，從「知識分子文化」的角度來說，它是新型

知識分子第一次在意識形態之外並且與意識形態相對立而建構自己
的知識話語。然而由於各種各樣的原因,「五四」成了一個斷代,知
識分子尚未完成構建自我知識譜系的任務。三十年代中,以蔣介石
為首的國民黨政府重新抬出孔子、宣揚儒教,孔學再度被奉為廟堂
之學。四十年代中後期,正值內戰又起,以中國向何處去為討論契
機,國統區知識界又曾出現過一次熱烈異常的話語自由期。以儲安
平等為代表的有著英美知識背景的一批激進知識分子和梁漱溟等國
學派知識分子,以《觀察》等一系列刊物為陣地,抨擊時政、各張
其說,一時頗具震撼力。這批自由主義知識分子最大的特點是沒有
任何主義的外律,他們全然自憑所自奉的知識信仰說話,不僅「自
出議論」甚至要在既定的兩造主義之間走「第三條道路」。這顯然不
為當時的政統所允,加之言論儘管自由,但言論所指盡涉政統而非
學統,知識增長不足,故仍未能形成一個真正的知識分子的話語系
統。其所幸在於,當時政統混亂、兩相紛爭的格局,客觀上給知識
分子營造了暢所欲言的空間。然而一俟天下甫定,主義亦定於一尊,
以上的機會便不復為再。五十年代中期所謂自由鳴放,不過是引人
入彀的「陽謀」而已。儲安平等不知淺深,以四十年代的勇氣一頭
扎進去,便再也沒有爬起來過。直至八十年代,左傾統治勢力在一
定程度上被清算,國門重開,各種西方學說又一次登堂入室,知識
分子以此為策動,再度開始艱難地構築自我話語。但左波綿長、左
癌不散,思想之一律從未解禁,十年間幾度迭宕,反覆拉鋸,迄自
九十年代市場經濟,各種氣象雜然紛呈,而「知識分子文化」的人
文譜系問題,儘管面貌有所改觀,但據其總體言,依然事功未畢。
舊的模式沒有徹底打破、新的格局也未完全形成。因此,在這樣一
種俱往矣又未往矣的膠著狀態中,「知識分子文化」作為一個懸而未
決的問題,像一柄命運之劍,直指中國知識分子的頭頂。

　　從「合一」走向「分流」,乃是重建知識分子文化的策略之舉。
合一,從本質上講,是知識分子文化在整體上的取消,它使自己變

身為意識形態,從此發揮的便是對政統維護的功能。分流,即走出意識形態,在意識形態之外重新構築自己的話語。不妨回看我們的人文學科,如哲學、美學、文藝學等,幾十年一貫制,在意識形態單一話語的控制下,缺之正常的知識更新,更遑論形態各異的學術流派。意識形態分明是一種政治話語卻成為人類諸精神學科的中樞神經,文藝分明是人類心靈的表現卻被意識形態強硬地定位於服務政治的工具。因此,只有走出意識形態、只有擺脫意識形態,「知識分子文化」才能完成重建的事功。這樣的重建,是人文的重建、知識譜系的重建和話語形態的重建。如前論,我個人把這種重建的話語形態稱之為「意義形態」。意義形態作為「知識分子文化」的命名著重表明它的精神性質,它的人文性註定它與政治性的意識形態之間存在著不同的話語旨趣。而過去的問題在於,人文與政治之間,始終存在著淆亂的狀況,知識分子文化本然地具有一種向政統內傾的價值取向,其結果,從人文政治化到政治人文化,人文最終成為政治,(如內聖成為外王),人文自身也就此取消。知識分子一面成為自身話語的「失語者」,另一面卻又變異為意識形態的「代言人」。從先秦儒學的准意識形態到漢武之後成為意識形態,人文本身對自己的淪喪也是難辭其咎的。因而,重建人文的要求、不僅在於對政統的分離,而且也在於對自身學統的反省。要言之,應當扭轉傳統人文結構中的潛政治傾向,必須打消傳統知識分子以道統駕馭政統的權力情結。道統沒有理由支配政統,亦正如政統沒有理由支配學統,它們之間存在著凱撒與上帝的分工。知識分子的文化道統乃是一種精神之道、存在之道而非安邦定國之道,學統則是道統在學理上的闡發、演繹與延續。因此,道統與學統可為一途,而政統則是別一途。這本來應當是很清楚的,但傳統知識分子卻把它們混為一體了。典型如宋張載的「橫渠四句」,許多知識分子(包括我)不僅至今引為同調,甚而以為座右銘。「為天地立心、為生民立命、為往聖繼絕學、為萬世開太平」,這擲地有聲的四句至多說對了一半。「立

心」與「立命」姑且為道統，不妨引申為知識分子的「志業」，「繼絕學」乃學統，當是知識分子之職業。然而「為天下開太平」原屬政統，本非知識分子之所任，這不僅讓知識分子勉為其難，而且有凱撒與上帝相竄之嫌。但是，「橫渠四句」，以此為結穴、以此作壓軸，一下子就把道統與學統引向了「外王」之政統。這很難說不是知識分子文化之失誤所在。

從傳統誤區中走出來「知識分子文化」，首先在內在精神上具有自己的獨立品格，它不以自己的學術之長主動趨附政統，而是在政統之外，形成一種與意識形態相對應的文化力量。另外，在知識形態上也形成自己的獨特風貌，不僅造就以「意義形態」為總名的各自不同的話語形態，而且堅拒來自意識形態大一統對自身的侵擾與中控。這裏不擬討論「知識分子文化」的新的知識內涵（且放在「意義形態」的篇幅中展開），但卻要為它的誕生在理論上鳴鑼開道。「知識分子社會」的形成，呼喚著「知識分子文化」的誕生；同樣，「知識分子文化」的獨立，也表徵著「知識分子社會」的形成。在邏輯上，它們是一先一後的問題，但訴諸實踐，卻是一個同步性的工作。它們彼此相長，攜手同赴「知識分子存在」之境。轉而從社會文化學的角度言，不僅「知識分子存在」亟需知識分子文化走向獨立；而且整個社會文化格局，也只有在知識分子文化從意識形態中分離之後，才能形成一種正常的文化生態並進行多元的文化交往。當下中國，文化應當一分為三：體制文化的意識形態、知識分子文化的意義形態和大眾文化的意象形態。以往正是因為體制文化和知識分子文化的混合從而形成上下對立的兩方，即雷德裴所謂的「大傳統與小傳統」。而今，在文化上下這兩方中，拉出一個新的維度，使上下對立的兩方還原為犄角之勢的三方，此正為「三山半落青天外，二水中分白鷺洲」。那麼，讓知識分子文化與體制文化從大傳統的「白鷺洲」中二水分流，用以形成當下文化格局中的「三山半落」之勢，這無疑是知識分子所急需付出的文化努力。

　　只是，這樣的努力不僅需要面對強大的歷史的慣性，更要面對和克服現實的難局：體制的鉗控和大眾文化的擠兌。

第三章 「把人從奴役中解放出來」

——關於「知識分子批判」

一、「知識分子」與「批判」

似乎已經成為一種認同，知識分子的天職就是「批判」，甚至有人乾脆將知識分子稱之為「批判知識分子」。這其中的緣由既不言而喻，又不甚明瞭。

不言而喻者，主要基於一種悠長的經驗事實，典型的例子就是現代的魯迅。魯迅意味著什麼？意味著對現實、對社會、對時代、對文化、對歷史、對體制乃至對一切之一切最不容情的批判。魯迅的風骨就是用「批判」鑄就的。這一點，恰和他的胞弟、尤其是晚期的周作人相反。後者愈至其後愈發喪失他早年所曾有的批判鋒芒，後來自遁於苦茶齋的周作人，已不足以言知識分子，而僅是一個士大夫罷了。於此，倒也正見出現代知識分子與古代士大夫根本的區別。轉就異邦，最早的例子就是蘇格拉底了，其人其事，已為路知。他那獨闖的「牛虻」之喻，不曾想二十世紀又獲得了新的傳人。這是我國當代著名詩人邵燕祥的詩句，詩人以蒲氏故事〈促織〉為其引，在〈憤怒的蟋蟀〉一詩中，聲稱自己作為知識分子乃是「因憤怒而忘了促織／因憤怒而忘了唱歌／因憤怒而展翅／而伸鬚／而凝神／而抖索／而跳起角逐／而叮住不放的／那一個」。好一個「那一個」，這正是知識分子作為「批判知識分子」又一幅極其傳神的肖像。

　　那麼，不言而喻又何以不甚明瞭？經驗事實原本無法取代義理所知。儘管人們熟悉了魯迅、熟悉了蘇格拉底，但卻未必了然於知識分子作為批判知識分子的批判本質（在反本質的時代，姑容我用一下這個詞）。最近一期《讀書》（1995 年第 11 期）以補白形式刊出署名張偉的一則有關知識分子的文字，雖短卻很有意味，云：「知識分子一詞在不同的德語大百科全書裏解釋為：知識分子是由不同背景的獨立個體組成的，通過他們帶有批評的冷靜觀察的態度，對社會提出激進的看法和述著，……由此，知識分子主要指以認同文字寫作為己任，帶有激進態度，即通常的所謂左派意識的人。」「左派」一詞在本土知識界多少已獲一種政治貶義，但在西方、它則體現知識分子位於時代前列的激進批判。回顧知識分子一詞的誕生，它源發於左拉等人參與的「德雷福斯案」。左拉的〈我控訴〉一文發表在當時巴黎著名的《曙光》報上，該報主編為了突出效果，特地用「知識分子宣言」為標題推出了它，此舉使知識分子一詞迅速在西歐流傳開來並廣泛使用。而在此之前，知識分子通常是用「文人」來相稱的，如當年狄德羅主編的大百科全書，辭條裏只有「文人」而無「知識分子」。可見，知識分子不是近代概念而是現代概念，它一問世或它所以問世，即與文人傳統中的批判姿態和作為相臍連。故德國百科全書對知識分子的判斷就是基於普遍事實的一種概括。

　　僅僅是一種概括。在更深一層的義理層面上，我們依然可能不甚明瞭：知識分子何以必然成為批判知識分子。這其中註定的因素是什麼？這確乎是個問題，它的解決則不妨從知識分子的精神本性談起。這裏依然是指人文領域內的知識分子，精神既是它的專業對象，又是它據以存在的立身之本，甚至作為精神的某種化身，精神正是借助它來表達自己。這樣一種不解之緣就決定了精神的本質也即知識分子的本質。它們之間有著最緊密的互文。精神之本質為何？要決正在於「批判」，或應說「創造與批判」。這是一對二而一的範疇，批判是創造的動力或基本方式，創造則是批判的動機或結果形

態。人類精神的第一次誕生，在哲學認識論上不妨視為對現實的反映；一旦轉向本體論，則立即表現為對現實的否定。否定是批判的最基本的姿態，如果沒有否定作為批判的完成，精神將永遠縛於物質之身而不能在它以外的空間誕生自己。同樣，就精神的無限發展而言，批判一如既往是它最重要的內驅力。縱覽西方自古希臘而今的精神發展，每一次重大流變無不以其批判而完成。中世紀的宗教理性是對古希臘日神精神的批判，文藝復興以後，啟蒙理性又是對宗教理性的批判，同樣，本世紀以來福科、德里達等對啟蒙理性的批判，則又意味著一種所謂後現代精神的誕生，而後現代作為文化的過渡形態，它勢將為又一輪的理性精神所取代。在這裏，批判就意味著發展，人類精神一旦喪失了批判這種原生質，它立即將陷於萎頓。精神的本質就是批判，而作為精神之化身的知識分子，「批判」也就註定成為它的存在本質。

　　當知識分子本身就體現為一種批判時，那麼，「批判」本身又意味著什麼，這又是一個需要審視的問題。在漢語中，「批」為「手擊」，「判」則以刀割分。刀剖之、手擊之，二詞俱有極強的動作感，它們的這層意思在中國文化大革命中業被張揚為畸形的極致，所以批判一詞幾類似「不擇手段的人身攻擊」之惡諡。然而，這並不是批判的正義，它的正義恰恰不是這兩個詞的各自的本義，而是它們合成而就的擬喻義。當這兩個漢字並列時，已經脫離了它們各自的動作形態，「判」之刀剖乃是「分析」的比喻，手擊之「批」也自手及口，成為「評」的某種近義。要言之，「批判」的正義即析其事理以斷其是非。別林斯基曾經說過：批判淵源於一個希臘詞，意思是做出判斷。當然在事物的是非兩端，非之所在又是批判一詞的權重所傾，這裏即使不免其「誅」、「伐」之意，但它嚴格限制於口筆之間。故爾，批判之於知識分子，乃是一種精神形式的運動，絕非實踐行為的操作。如其上，精神本身就是批判的，批判本身也自然是精神的。精神的批判屬性使精神自身不斷獲其新的可能；批判的精神屬

性則使批判不斷獲得形而上的升騰。一旦越出精神的邊界，它則立即變成一種由其本義而體現的暴力行為。

二、知識的批判與批判的知識

　　既如是，以上這種批判姿態顯示出濃厚的理性特徵，知識分子奉持這種理性姿態的批判，首先就是自身專業知識的要求。近代科學的哲學奠基人笛卡爾說過：我們現在從事的只是尋求真理，所以我們首先就要懷疑感性的東西和想像的東西是否存在。這樣一種懷疑態度，不僅是批判精神的前驅，而且本身就內化為批判的有機構成。所謂真理的知識正是在對「感性的東西」和「想像的東西」的懷疑、否定、批判的過程中逐步完善。這一過程實質上是個知識理性的過程，理性的批判對象之一就是所謂「感性的東西」。亦如上，精神的形成表現為對自然的批判超越，同樣，理性的形成儘管必須依賴感性所提供的知識資源，但知識本身又只能通過理性對感性的批判而後生。這是吊詭，也是辨證。另外，「想像的東西」作為理性批判的又一對象，它的具指就是科學理性對宗教信仰的批判以及近代科學的誕生，這兩者之間的因果狀態已為常識。如果說理性對感性的超越是知識形成的邏輯過程，那麼，信仰為理性所超越，則是近代科學誕生的歷史過程。由此可見，理性精神本質上也是一種批判精神，同時這種批判還具有反求諸己的自指性。它不但對外於它和異於它的對象進行批判，而且它能夠深入到自身機制的內部，對自我的批判能力進行批判之批判。近代理性的高峰是德國古典哲學的誕生，康得作為這一高峰的標誌之一，他以他的整個學說體系表現了從笛卡爾始理性批判由外自內的過程。康德無疑是反笛卡爾的「懷疑論」，這正如他亦不贊同萊布尼茨的「獨斷論」。這兩種理論認為人的理性是全能的、絕對的，它可以認識整個宇宙。而康德則表示在對理性的範圍和局限性尚未做出批判的深入之前，上述結論

是靠不住的。於是我們就看到了理性關於自身的批判，這項工作由康德的「三大批判」來擔綱，康德亦據此將自己的哲學稱為「批判哲學」。儘管，我未必最後認同康德關於理性的某些表述（如它只能獲得關於世界的現象上的知識而無以達其本體），但理性的自我批判性不僅於理性自身的組織建構具有意義，而且對理性精神之承當的知識分子亦有其關於自身存在與反思的啟示意義。

　　也許，這樣的表述已與開頭的原旨出現了裂罅。很顯然，所謂知識分子的批判天職或所謂的批判知識分子都絕非是針對知識分子的專業背景。知識的形成與增長、理性的發揮、精神的更新，的確是以批判作為自己的內驅力，或其本身就體現出批判的特徵；但這種批判是學院以內的事，它僅僅表現為知識分子為知識所進行的努力。然而本文開頭的批判範例卻又無一不在知識之外。無論魯迅，還是蘇格拉底，抑或左拉，他們面對的是社會、主持的是正義、播揚的是真理、抵抗的又是權勢。因此，他們在各自的專業之外，完成的是一份共同的社會作業。這是兩種不同性質的批判，但它們之間卻具有內在的關聯。首先，知識分子從事的是本職批判，即知識形成的批判，正是這樣一種專業本性，不僅造就了知識本身，而且更造就了它之作為知識分子。因此，知識分子對於社會而言的批判天職首先就源於它的職業本性，它的社會批判只不過是這種本性在專業以外的溢出和延伸。當知識分子在學院以外作為一個社會角色存在時，其理性精神所自具的批判本能，必然使它自覺地運用這種批判性的精神理性去從事社會觀察和社會評論——即批判。可以說這是知識分子從事社會公共事務最基本的表現方式。它和以上的學院批判從兩個方面顯示了知識分子存在的批判本質。

　　當然，這兩種批判未必就如此涇渭分明。事實上，即使從知識形成的專業角度，19世紀以來，它的批判性能也不僅止於自身的建構了，甚或說，知識形成的過程亦復就是對社會的批判展開。具有濃厚經院意味的德國古典哲學終結之後，馬克思哲學誕生了，馬克

思理論的社會批判性從一開始就滲透其中，並且直接成為這種理論的產生動機。因此，在社會學科和人文學科那裏，知識分子經常是把他們有關知識形成的批判和社會批判完好地結合在一起。法蘭克福學派的代表人物之一霍克海默在比較過笛卡爾和馬克思的兩種不同的認識方式後，將笛卡爾以〈方法談〉為基礎所形成的有關特定學科研究的理論稱之為「傳統理論」，它基本上屬於學院範疇；接著霍氏又將馬克思所作的哲學經濟學研究所形成的理論稱之為「批判理論」，它則溢出學院而構成了巨大的社會效應。從「傳統理論」到「批判理論」，亦可以說從康德的「批判哲學」到馬克思的「哲學批判」，它顯示了知識形成的某種轉型，更體現了知識分子把知識批判和社會批判有機結合所做出的努力。霍克海默對此極為讚賞，他聲稱：「批判理論就不僅僅是德國唯心主義的後代，而是哲學本身的傳人，它不僅僅是人類當下事業中顯示其價值的一種研究學說，而是創造出一個滿足人類需求和力量的世界之歷史性努力的根本成分。無論批判理論與具體科學（批判理論必須尊重這些科學的發展，還依靠這些科學在近幾十年來發揮了解放性和激動人心的影響）之間的相互聯繫多麼廣泛，該理論的目的絕非僅僅是增長知識本身。它的目標在於把人從奴役中解放出來。」（《批判理論》重慶出版社P232）霍氏的表述非常精彩，他不僅指出了批判理論與以前知識的內在聯繫，而且也明晰劃分了功能不同的兩種知識類型。作為具體學科的知識，批判固是其形成之內力，但它本身不向外作批判，如康德哲學。而所謂批判類型的知識，其批判性不僅內在於知識的形成，更外在於知識的社會效應。馬克思的哲學乃是在對黑格爾、費爾巴哈兩種哲學的辯證批判中完成，而一旦完成的哲學理論對於這種知識所誕生的那個時代來說，本身又更具強烈的批判力量。因此把馬克思的知識理論概括為「批判理論」再合適不過，同樣把馬克思本人（我這裏指的是早期馬克思）稱為「批判知識分子」也再合適不過。

　　由馬克思的個案可知，所謂知識分子批判，除去笛卡爾、康德那層純粹學究意味的批判外，其社會功能的意義主要也就是「知識的批判」和「批判的知識」。批判的知識已經不是指知識的批判形成，而是指它的批判內容。馬克思建構自己的知識理論，其目的就在於「把人從奴役中解放出來」，那麼這樣一種知識的內容必定是批判的，其批判所指也必定是當時的社會形態和體制。不言而喻，任何一種主流社會，都本能地不會歡迎馬克思這樣的批判知識，所以馬克思總是處在被各國政府不斷放逐的過程中。這並不意味社會體制不需要知識，它們只是不需要批判的知識，而需要一些實用的知識。後者的實用性可以用來解決一些具體的問題，甚至調解社會內部的矛盾與衝突，並有助於使其統治合法化。批判的知識不然，它的著眼點總是牢牢地盯在制度與社會的不合理的層面上，甚至對任何一種現存的制度與社會，用馬克思的批判辯證法語言來講：總是在對它的肯定理解中又必然包含對它的否定的理解。於是，這裏又隨機地劃分了「實用的知識」和「批判的知識」兩種類型。後者若不妨以馬克思為代表，前者則可以當時大受普魯士專制政府歡迎的黑格爾哲學為其例。如果記得我在前文中論述過的知識分子與知識者的區分，那麼現在可以大概地說，知識者的知識大抵是實用的知識，而知識分子所建構的知識則往往是「批判的知識」（這一點不必絕對化）。批判的知識對於知識分子的必要性在於，這樣一種知識是他的立身之基，否則他就不是一個「知識」分子而是一個實踐類型的其他的什麼分子了。法國社會學家皮埃爾·布林迪厄批評過一些所謂的知識分子，說他們「想按照自己的形象，也就是按照自己的尺寸，重新確定知識分子的面貌和作用。他們像左拉那樣拋出〈我控訴〉，卻沒有寫過《小酒店》或《萌芽》，或者像薩特那樣發表聲明、發起遊行，都沒有寫過《存在與虛無》或者《辯證理性批判》。他們要求電視為他們揚名，而在過去，只有終身的、而且總是默默無聞的研究和工作才能使他們獲得聲譽。這些人只保留了知識分子作用的外

部表像，看得見的表像，宣言啦、遊行啦、公開表態啦。」（《自由
交流》三聯書店 P51）應該說，這樣的知識分子徒具其表，除去他
們為邀虛名的做秀因素外，要緊的就是他們缺乏像薩特《辯證理性
批判》那樣的「批判的知識」。知識分子的批判必須是依據其知識展
開的批判，至少他也應當具備知識的背景，否則，究竟從什麼角度
說他是「知識」分子呢。同樣，擁有自己的「批判的知識」，也只是
問題的一半，另一半又在於他立足於此去從事「知識的批判」，這是
一個問題的正反兩面。批判的知識本身就是為了運用於「知識的批
判」，否則它就失去了存在的價值。不妨套用馬克思〈提綱〉第十
三條語意：以往的知識都是為了認識世界，而批判的知識則在於改
變世界。但這種批判卻又並不因其對世界的改變而進入具體的實踐
範疇。這種批判更多是心的而非身的，是思想的而非行為的，話語
是它的最基本的表達方式。因為從事這種批判的大抵都是魯迅所謂
的「精神界的戰士」。精神界既是他們的批判的戰場，也是他們的
批判的閾限。當馬克思寫下了一系列的批判普魯士專制政府的檄
文，這種批判就是知識的批判；而當馬克思後來又投身於共產主義
第一國際的創立，他已經是在從事批判的實踐了。這時他的身份主
要已由批判知識分子轉化為無產階級革命家。儘管對馬克思本人來
說，這種轉變存在著邏輯上的必然；但從學理上看，後者的批判已
經超越了知識批判的範疇。相應的評價——無論褒貶——都不是本
文的任務，這裏只是限定一下知識批判的有效區域。不難看到，在
本世紀影響很大的法蘭克福學派，雖然秉承馬克思的思想，但明顯
又從馬克思後期的實踐批判再度轉向早期的意識形態批判。比如霍
克海默的《批判理論》、《啟蒙辯證法》（與阿道諾合作）、馬爾庫塞
的《單面人》、《理性與革命》、《愛欲與文明》等等，這樣一些著述
對晚期資本主義的批判顯然則又是知識分子所特有的「知識的批
判」了。這種批判既出於知識分子的批判本能，也是它最得心應手
的方式。

除了「知識的批判」外，知識分子進行社會批判的另一種方式則是隨機性的「道義的批判」。知識的批判是一種日常批判，道義批判的隨機性在於它所針對的是社會偶發性的重大事故，尤其是社會體制所造成的不公事件之類。就「知識的批判」而言，並非每一個知識分子都有可能或都有必要成為社會體制的日常批判者，這主要決定於它的知識的內容取向。馬克思這一路的知識，決定了他們終身都是一個批判者。但現代哲學中維特根斯坦、羅素那一路的語言哲學和分析哲學等，由於知識本身的條件，決定了他們不一定是日常性的社會批判家，或者，他們的批判也主要限制於學府之內。這時他們不妨是以一個知識者或職業學者的面貌出現。比如我國老一輩學者金岳霖先生，他的兩個學生殷海光和王浩，就表徵了這樣兩種情況。留美的王浩酷愛數理邏輯，傾其一生之力專注於是，終於在國際學壇上做出了具有原創性的學術貢獻。他的知識所指（當然也包括他的性情）決定了他不可能同時又成為一個日常性的社會批判家。殷海光不然，在純粹致知的成就上，他所以遜於王浩，就在於他對各類社會事務傾注了與專業知識同樣多乃至更多的熱情。在臺灣知識界，他是一個與國民黨抗爭的知識英雄。他晚年回憶自己在西南聯大所以不能潛心問學，蓋在於自己是一個「浮動分子」（這個詞在殷海光身上，幾乎就是「知識分子」的同義詞了）。當然，殷的學術成就自是獨樹一幟，而他所以是「分子」，王浩又所以是「專業者」，不僅取決於知識本身的屬性，同時還取決於他們各自的氣質、稟性和興趣。兩者如果都是出於自己的自由選擇，那麼，任何一種選擇都無可厚非。但，儘管在知識的天地裏遊弋是一種純粹的個人自由，一旦面臨重大社會事變的發生，知識分子，尤其是在社會上獲有影響的知識分子應該本能地站出來，做出批判性的反應。不妨把這種承擔知識以外的批判使命叫做「道義的批判」，它體現的是知識分子作為社會良知之存在對社會公共事務的一種介入。這裏儘管不一定是地獄的入口處，但它卻拒絕任何知識的藉口。羅素，

一個純粹的哲學家，本世紀數理邏輯的代表人物，他的知識內容遠離社會事務，但每當社會出現重大事件，整個英倫三島都能聽到他那抵抗權勢的聲音。他甚至為此至少兩次下獄，其中一次是在 80 高齡以後。同樣，美國語言學家喬姆斯基，一邊妙手著文章，創立了具有里程碑性的語言轉換生成理論，一邊鐵肩擔道義，當美國政府出兵越南時，又成了全美知識分子的反戰帶頭人。就在前兩三年紀念哥倫布發現美洲新大陸五百周年之際，他還出版了離其專業甚遠的抨擊殖民主義歷史和現實的專著《第五百零一年》（即意味著西方殖民主義還在繼續）。像羅素、喬姆斯基這樣的邏輯、語言大師，儘管他們的知識不是社會學意義上的批判的知識，但這並不影響他們在社會關鍵時刻挺身而出，鮮明地表示自己的反對意見（相反，贊成的或支援的則不需要出來表態），從而顯示一個知識分子以批判為己任的使命感。而我把他們的這種批判所以稱為「道義的批判」，也正因為他們不是職業的批判家。作為職業的批判家，即擁有批判的知識而又從事知識的批判的知識分子當然更責無旁貸地是道義批判的承擔者。這種事例似乎更多，尤其是在法國。除了我們已知的「德雷福斯案」中的左拉，對歷史產生影響的還有啟蒙時期「卡拉事件」中的伏爾泰和本世紀「亨利‧馬丁事件」裏的薩特。信奉新教的卡拉被誣告為殺子，因為其子信奉的是天主教，面對司法判決的錯誤，伏爾泰抗庭力爭，他歷經曲折終於揭露了事件的真相。同樣，當亨利‧馬丁因散發反戰傳單而遭致入獄，薩特等人立即奔相走告，為其鳴不平，他特地為此寫下的《亨利‧馬丁事件》一書居然被稱為「法國文學中最優秀的檄文」，由於此書同時彙集了許多知識分子的簽名，因而產生了巨大影響，它最終迫使當局將馬丁無罪釋放。放下自己的寫作，哪怕是批判性寫作，以應對社會突發事件，這種道義批判與知識批判的不同，在於它不必限止於話語批判而同時可以採取必要的實踐形式，如集會、講演、發佈宣言、遊行等。當然它

所針對的必須是不經常發生的社會事變，否則知識分子就變成了職業革命家。

三、知識分子的批判所指

批判知識分子的批判所指，從以上的「知識的批判」和「道義的批判」來看，其矛頭毫無二致都是現行的社會體制和社會強勢。這在西方業已構成一個傳統，它的源頭就是蘇格拉底。這說明從古希臘開始就產生了知識分子和體制之間緊張關係，它意味著知識分子在體制性的主流社會面前，乃是作為一種自覺的對立的批判者而存在。這種批判對立意識發展到極致便畸形地誕生了 19 世紀俄羅斯的「無政府主義」。該主義認為這是一種無法調和的對立，即「我們」和「他們」的對立。「我們」指知識分子、社會和解放運動；「他們」則指國家、帝國和政權。顯然這是一種對立的極端形式，現代以來的西方國家一般不曾產生過如此尖銳的對立，馬克思除外。如果去除無政府主義在知識分子和體制之間的極端對立外（注意是「極端」而不是「對立」）那麼，其對立本身倒恰當地顯示了它們兩者本有的存在關係。要其言，知識分子一是在體制之外，否則無以構成對立；二是體制之外的批判，否則對立又無從表現。顯然，這種情形只能出現在西方民主社會，因為對專制帝國而言，其體制本身就不允許知識分子逃逸體制之外。事實上，由於這種體制控制了整個社會，亦即體制的空間和社會的空間完全重合，不復有一個在體制之外的公共社會空間，因而知識分子也就無法逃逸體制之外，正如同一個人無法逃逸社會之外。這樣一種社會狀況，只能產生抗爭與革命，不可能有真正意義上的知識分子批判。所以無政府主義在俄國誕生，並且其骨幹不是體制外的知識分子（它也沒有），而是帝國內部首先覺醒的知識貴族。巴枯寧、克魯泡特金是公爵，托爾斯泰是伯爵。他們率先感到了專制鐵屋子的窒息，因此要砸碎一切體制形式

的鐵屋子。作為東方另一個專制帝國，中國古代社會當然也不可能有什麼知識分子批判，那時的知識分子只能叫做「士」，士原本就是西周貴族社會的一個等第，儘管是最低的一個，但這也足以確定了日後知識分子的存在狀態。處在這種地位上的所謂的知識分子，其批判也只能流於「補察時政」之類的形式，它甚至產生不了日俄知識貴族推翻一切體制的抗爭激情，最高的「批判」也僅止於近代康有為那種「托古改制」。民主社會不然，它和專制社會的主要區別之一就是體制小於社會，在權力體制之外，還有一個偌大的社會公眾的自由空間。知識分子正是依託於這樣一種空間對體制進行自由批判，它是外在的而非內在的，其外在性已經成為知識分子的自覺選擇。這裏不排除知識分子個人進入體制的情況，這也是個人的選擇自由（但，知識分子作為個人，一旦進入體制，他也不再是知識分子而是官僚了），但就整體而言，知識分子所由形成的社會，亦即「知識分子社會」，和市民社會一道顯然是體制以外的社群。它對體制保持了一種批判的、不介入的立場，用歐文‧豪的話來說：知識分子對掌握政府不感興趣，他們感興趣的是英語系。這種不感興趣不僅止於不介入、不合作，乃至發展到拒絕接受來自體制的榮譽。這裏還不是指拒領諾貝爾獎的薩特，而是指他的「傳人」大江健三郎。大江拒絕的不是瑞典科學院，而是本國的文部省。當大江榮獲諾貝爾獎的當天，日本文部省就決定授予他以天皇名義頒發的文化勳章。但是大江卻毫不含糊地拒絕了，理由是自己作為戰後民主主義者中的一員，天皇獎對於自己來說是不合適的。拒絕國家的最高榮譽，對大江來說並非偶然，長期以來，他一直堅持反天皇制的左派立場，並始終對其作公開批判，一旦瞭解了他的個人歷史，你就很難相信他會反過來接受天皇的勳章。美國的弗‧傑姆遜這樣評價大江，說他「是日本最尖銳的社會批評者，從來不認同日本官方的和傳統的形象」。從不認同、拒絕到批判，無不是大江在體制之外的個人行為，那裏有一個廣闊的公眾空間，給他的言動提供了表現的機

會，他不但不會因反對體制而被它打成什麼現行反革命之類，而且，他的反派立場及其作品在這個空間中還吸引了一大批讀者，90 年代以來，他榮晉日本最受歡迎的十大作家之列就是一個證明。

　　如此強調知識分子和知識分子批判的體制外，不僅具出了知識分子和體制之間所存在的關係，而且更強化了它的某種存在使命。這是一個天然負有某種額外使命的社群。批判，尤其對社會體制的批判，既是它的存在本質，也是它對這種使命的自覺擔當。關於這一點，余英時先生的一段話似乎不無啟發，他說：「在現代社會中，一個知識分子必須靠他的知識技能而生活，因此他同時必須是一個知識從業員。相反地，一個知識從業員（無論他是教授、編輯、律師、或其他知識專業）卻不必然是一個知識分子，如果他的興趣始終不出乎職業範圍以外的話。理查·霍夫斯塔德曾指出，一個知識分子必須具有超越一己利害得失的精神；他在自己所學所思的專門基礎上發展出一種對國家、社會、文化的時代關切感。這是一種近乎宗教信仰的精神。用中國的標準來說，具備了類似『以天下為己任』的精神才是知識分子。」（《歷史與思想》臺北聯經出版事業公司「自序」P.3）這種知識從業員與和知識分子的劃分，質同於我以前篇幅中所說的知識分子和知識者的劃分。它們之間最大的區別，知識分子必須把自身的批判本質運用到外在的社會事務中去，即把批判本質轉化為批判使命，並對這種使命堅執一種「近乎宗教信仰的精神」。顯然批判的使命化甚或天職化，對於社會其他任何成員來說都是過當的要求，但對知識分子卻是責無旁貸的擔當，這種擔當已經構成了知識分子的自律。不過，以上無論理查·霍夫斯塔德的「時代關切感」，還是余英時的「以天下為己任」，都還可以作進一步的揭明，因為他們尚未把這些內容具體落實到知識分子的批判運作上。這就是說，知識分子的使命感，它包括霍氏的時代關切感和余氏的己任感，它的最主要或最重要的表現就是它對社會所承當的批判。反過來，知識分子每每是或必然是以批判的方式來表白它對

時代的關切和己任。比如說，美國的亨廷頓和喬姆斯基，在各自的專業領域內都是享有盛譽的專家學者，但我似乎只能說喬姆斯基是知識分子，而亨廷頓卻不是。這並不是因為他缺乏霍氏那種「對國家社會文化的時代關切感」，相反，他並不缺乏這些，否則也不會有那篇產生重大影響的〈文明的衝突〉。但是僅僅有這種關切感和己任感還不夠，更重要的是這種關切感的表現方式。由於亨廷頓教授一貫是以為體制作「策論」的方式（尤其那篇研究報告）來體現自己對國家社會時代的關切，因此且不說他原本就是學政混合型人物，即就他是個純粹學者而言，他也不是個知識分子而更多是個知識者（這裏不包含關於知識分子和知識者的價值評價，對於一個完型的社會來講，兩者都需要，只是它們各自充任的角色不同）。喬姆斯基不同，他是個地地道道的知識分子，其知識分子本色要在他總是以批判的方式和反對的立場面對體制。當然，喬氏的批判主要不是知識的批判而屬道義的批判，他主要是針對社會的重大事變。就他反對美國政府出兵越南而言，假如越戰是政府的一項義舉，並非政府自己所表白的義舉，那麼喬姆斯基非但不需要像亨廷頓那樣出謀劃策，甚至連出來回應和表態都沒有必要，這時他盡可以心安理得地研究他的轉換生成理論。但如果這並不是義舉，而是地地道道的侵略行為，它同時也損害了美國人民的利益，那麼喬姆斯基就一定要出來叫陣，以示自己的反對立場，體現自己的批判意志。由此可見，所謂使命感、時代感、己任感之類，它對知識分子來說，從來就不表現在對社會的認同上，而僅僅存在於對社會的批判中。在正義面前，可以沒有知識分子，但在不義面前，則必須有知識分子。換其言，天下有道，則知識分子不議，天下無道，則知識分子必議（抗議）。在前一種情況，知識分子可以消隱於學府。而後一種情況，知識分子又必須挺身而出，見危就上，所謂「苟利國家生死以，豈因禍福避趨之」。《老子‧四十章》有云：「反者道之動」，這可以解釋為對知識分子身份的一種概括，知識分子本身就是社會上的一個反

者，它總是遵循「反」的原則和以「反」的方式來體道並且自己就作為這種道的運動。

四、批判的「合理性」與「合法性」

　　問題已經十分清晰。誰是這個時代的批判者？知識分子。誰是這個社會最適宜的批判角色？知識分子。當知識分子充任了一個時代的「批判的武器」時，當它把自己的批判本質外化為社會使命時，那麼隨踵而來的問題是，知識分子批判的「合理性」在哪裡？再，對一個民主社會（而非專制社會）言，為什麼如此需要知識分子批判，並以此作為不可或缺的社會啟動劑？

　　首先，這種合理性與民主社會的構成方式有關。民主社會本質上是個契約社會。社會成員以訂立契約的方式割讓自己的部分權利以組成一個權力體制，用以管理其成員部分的公共生活。這種契約式的割讓是必要的，它是社會成員以使自己的權利不受侵犯的一種保障。如果舉例說，兩個人共處一屋，其中一個需要午睡，另一個則需要唱歌，儘管他們對各自的行為都有選擇的自由，但此刻一個人的自由卻妨礙了另一個人的自由。怎麼辦？民主的辦法就是訂立契約，如午睡時間不得唱歌。它雖然限制了一個人的自由權利，但又保證了另一個人的權利自由。由於限制對雙方都有效，因而又是公平的。以此類推，一個社會的眾多成員如能做到有機共存，也必須把類似午睡時不唱歌的權利割讓出去，為了別人，也為了自己。由割讓出去的權利形成一個社會管理體制，它以政府的形式統籌支配社會成員交割出來的那部分權利，並把對這些權利的限制轉化為自己的權力的行使。這樣一種權力構成，它的權勢範圍是有限的，因為社會成員交割出來的只是部分權利而非全部，因此它僅止涉及到社會公共生活的一部分。在它那有效的權力範圍之外，還有一個比它大得多的社會自由空間。知識分子正是在這樣一個空間裏從事

自己的專業批判研究。而它所由形成的批判本性之所以需要作專業以外的溢出，蓋在於權力體制形成的本身就是建築在對人的一部份自由權利的限制之上。這是一個問題的兩個方面，儘管這種限制是必要的，並且它已通過契約的方式獲得了某種合法性；但，僅就對人的自由需要之本性的限制而言，它在本質上又是不合理的。這種不合理性從一開始就潛伏於那種合法性的外衣之下，與它互為表裏。應該說人類社會中的任何一種權力形式都存在著合法與合理的尷尬與矛盾，因此，這種內傾的不合理性恰恰就成為知識分子批判合理性的存在根據。因為以人的自由的全面發展為己任並以對合理性的全面追求為責職的知識分子是無法接受權力體制對人的自由本性的限制乃至壓制的，儘管它在形式上是合法的。

另外，權力高度集中之後，不可避免地產生某種異化。所謂尾大不掉，它雖然產生於社會成員，但它一經形成，又必然對社會成員構成脅迫。馬克思在《手稿》中關於工業生產的異化理論完全可以用於權力生產的分析。因此，不妨撇開它在理論上的天然不合理性——就這一點而言，權力本身就具有「惡」的一面，故西方所標舉的民主制，在自由知識分子眼中也只是一個「最不壞」的制度——問題更在於，這種天然的不合理性一旦落實到權力運作的實踐層面上，可能造成的危害則更大。由於權力運作者總是由少數人構成，對社會成員來講，這種運作幾類於一個「黑箱」過程。這時權力在透明度缺乏的情況下，很容易為執掌權柄的個人或集團所利用而產生畸變。於是權力本來對社會成員的「限制／保障」的雙重功能迅速解潰轉而向「限制」乃至「壓制」發展。事實上，以上所舉法國近代以來發生的「卡拉事件」等三個大案正是如此，它們無不表現為權力體制對社會成員的公開迫害，而且是以合法性的名義。反過來，如果不是伏爾泰、左拉、薩特等人的抗議努力，它們就將成為永久的冤案而被歷史具結。可見，「惡」作為權力的伴生現象，它在實踐中還具有擴張的本能。因此，一旦體制權力對社會成員的自由

本性做出了超越必要限制以外的溢出，就構成了奴役，「把人從奴役中解放出來」，這就是知識分子批判使命之所在。在這裏，「知識分子批判」已不僅僅是個合理性的問題，即批判之於知識分子，也不再僅僅表現為它的本質或使命，就整個社會存在的平衡需要言，批判已經成為知識分子的一種「權利」，甚至是「特權」。儘管在民主體制內，權力自身已有分解與制衡之類的調節，但這僅是一種內作用，它表現為體制之間各個部分的彼此制約。問題在於，僅有內作用是不夠的，體制如欲真的為整個社會負責，它還需要一種外作用即來自體制以外的力量對它進行制約。這種制約是批判性的制約，充任這種制約力量的最適合的角色就是知識分子。知識分子批判主要是以激進思想為其特色的「知識批判」和以正義公平為原則的「道義批判」，它雖然極其尖銳，但並不以整個社會結構的破壞為其導向，這樣它就與其他社會成員團體要就無批判、要則便是摧毀性的「武器的批判」區別開來。前者之批判只對體制不對社會，並且其立足點就在社會。後者的批判雖針對體制但又必然殃及社會，其結果往往是為了使自己成為體制。中國歷史上的歷次農民起義或以革命名義出現的造反之舉往往屬於後種情況。因此，一個民主社會對體制的批判，乃是出於社會自組織的需要，但它又並不需要批判重新組織另外一種體制，這樣，它就選擇了知識分子。是它賦予知識分子批判的責任，知識分子在承擔這份責任的同時，也就獲得了相應的權利，它使知識分子作為社會的一種批判機制而存在。這種存在和社會的權力機制（體制）相對而立，彼此在受制於對方的同時也制約著對方。由於一個社會既不能離開權力體制的存在，否則將導致無政府主義，也不能離開批判機制的存在，否則將產生專制主義。因此，就這種社會權力的公平分配而言，「知識分子批判」在以上先行獲得其合理性的同時，又在這裏獲得了自身存在的合法性。

知識分子與人文

第四章　專業、職業與志業

——知識分子的存在形態

　　如果一味強調知識分子的「批判」本質，甚或如前直接將其稱為「批判知識分子」，那麼很容易貽人口柄：從事大眾傳播的知識分子難道成天都在搞批判？那些自然科學家們、科技工程師們是以本職為業、還是以批判為業？尤其進入體制、執掌政柄的知識分子，莫非能叫他們倒過來，自己批判自己？再說，從現代職業的觀點，大家都已認同知識分子不過是一種職業。當今世界工作種類再多，也不會有一種專以批判來解決「薪水之資」的職業。因此，知識分子的批判本質在這裏還是一個待考的問題。解決這個問題的關鍵，依然是以前指出過的「知識分子」與「知識者」的區分。知識者的重心是在知識上，它是可以和職業形成對應的一個概念。具有不同的專業知識可以獲得不同的職業，由此產生知識人的不同的職業分流。由於知識分子概念的重心不在知識而在「分子」，這樣一個功能型概念就不能單純用職業眼光去看。當然，因其知識，它已然解決了謀生的問題；因此知識分子應視為在獲其「職業」的基礎上所形成的一個有關知識人的「志業」的概念。 所謂志業並不過問吃飯問題，只是一種出於良知的「道義擔當」。因而它儘管不是職業，但卻是一種「天職」。

　　在本職與天職之間，存在著一個知識分子價值選擇的問題，本文試圖從專業和職業的角度描述這個問題，用以體現知識分子的存在形態。這是一種分流的形態，在其不同的職業分流和價值選擇中，

我們才不難於知道，什麼樣的人只是知識者，什麼樣的人才可能成為知識分子。

一、「合流中的分流」

當本文率先從不同知識專業和職業的角度把握知識分子的存在形態時，事實上已預先認同了這樣一種流行但未必準確的設定，即接受過高等教育、擁有一定專業知識的人都可以稱為知識分子。這是說，知識分子本由「讀書人」轉變而來。所讀專業不同，所就職業也就相異。在這裏，知識分子這個概念毫無自身的亮色，它僅僅意味一種謀生的方式，幾乎有點令人沮喪。但，正是這種「謀生」而非「謀天下」的方式，喻示著知識分子可以作為一個社群或一個小社會而獨立。切勿小看了它的意義。

這種意義是在比較中呈現的。只要將中國古代讀書人的唯一出路「仕」和現代讀書人的多種選擇稍作比較，職業化知識分子的獨立意義也就浮上了歷史的水平線。這是一個漫長的歷時過程，在現代知識分子的職業分流以前，存在著一個歷經上千年的一體化狀態。在那個狀態下，知識分子（姑且這樣稱謂）沒有分流，只有合流，它們統統被整合到皇權體制的網路中，集體成為體制的幫辦。當然，那時的文化狀態也較單一，由於中國文化輕自然重人倫的傾向，自然科學的發展長期僅止於「技」，流於工匠操作的水準與層次，一般不登精英文化的大雅之堂。倫理型文化固然超乎尋常的發達，但在春秋經歷過百家爭鳴的時代後，由於皇權力量的介入，子學一變而為經學，因此，白首窮經便成為讀書人求學致仕的唯一路徑。經學即意識形態，文化狀態的單一必然導致讀書人出路的單一。治經是為了治世，所謂「半部《論語》治天下」，讀書人最後只能效力於由經學意識形態所支撐的皇權體制。當時讀書人的出路無非兩條，一、應舉做官，即學而優則仕；二、不第為幕，即學而不優則

「爺」。此處的爺借指明清以來的（紹興）師爺。他們在科場失利後，迫於生計，為做官的讀書人所延聘，在其官僚的幕府中兼任各種文職差事。因為是讀書人，兼差以刑名之務為多，故他們又稱刑名師爺。刑名之業則是典型的體制性事務，它們幾乎由這些紹興師爺一手操持，一如其諺「無紹不成衙」。由此可見，讀書人的兩種出路，無論為官為幕，或仕或爺，無不圍繞體制而運轉。其所不同，幕職不是吏職，它不為朝廷認可，因而不是朝廷命官。但幕業和吏業又無實質不同，它們都屬體制性專業。為仕者是體制的幫辦，為幕者則是為仕者的幫辦；然而，官的幫和幕的幫之幫，都毫無例外地註定了中國古代讀書人或曰知識分子對體制的依附性。

　　知識分子所以淪落到這個地步，完全是由體制一手造成的。當年唐太宗看到應試之士子們出入考場就不禁自得地說「天下之士入吾彀矣」，可見科舉為彀，就是用來網羅知識分子的。知識分子為了吃飯，當然是為了擺脫農耕方式的吃飯，除了應試就官，沒有別的選擇。就每一個讀書人而言，做官也是一種謀生，問題是當社會除此以外不給你提供其他的方式時，這種唯一的選擇實際上是用知識分子自己的身家自由和思想自由去交換的。因此，由古代社會過渡到現代社會，現代知識分子的職業分化，儘管首先是一種謀生方式，但意義卻在於它開始啟動了知識分子對於體制的脫離，或者說它為知識分子擺脫體制的制約提供了某種可能。所謂知識分子的存在形態，當是知識分子獲得獨立後的社會存在。雖然它之真正獨立，必須從脫離體制算起；但問題的另一面，則是體制亦必須相應地縮小自己的權力範圍，以便騰出一個不受權力制約和干涉的公共空間，從而讓知識分子在其中自由地選擇自己的職業。在這樣一個社會空間尚未誕生之前，知識分子的存在獨立還只是一個務虛的口號。

　　也許，魯迅的個案頗能說明這一點。日本留學回來，先在家鄉執教，後因蔡元培先生之邀，便在當時的教育部任職，算是一個正式的官僚了。這就招致了身為知識分子的陳源陳教授的攻擊。所謂

「魯迅,即教育部僉事周樹人」就是。「他從民國元年便做了教育部
的官,從沒脫離過。」儘管我們知道僉事是一個位卑的官職(正科),
但陳源的用心是叵測的。他以一個自由知識分子自居,憑此嘲笑身
陷體制之中的知識分子官僚。並不在於他的嘲笑對象是魯迅,這裏
就必須為其開脫。問題是陳源實在天真了點。他自以為他是一介教
授,就可以瀟灑地和體制揮手言別。可是正如魯迅指出:我這個官
僚與你這個教授乃「一丘之貉」。為何?原因就在於「錢的來源」。「國
家行政機關的事務官所得的所謂俸錢,國立學校的教授所得的所謂
薪水,還不是同一來源,出於國庫的麼?」(以上所引見《華蓋集續
編‧不是信》)因此,魯迅認為在曹錕政府下做官和做教授沒有多大
區別。我們很難認為魯迅說得不對,學校既是國立,當然是體制內
的一個部份,借用阿爾都塞的話則是意識形態國家機器。它的存在,
首先就是服從體制的需要。這是體制空間與社會空間完全合一的一
種現象,在這種狀況下,知識分子的獨立存在是談不徹底的。假如
陳源陳教授不是國立大學而是私立大學的教授情況才有可能兩樣,
那時他作為知識分子才和體制割帶斷袍。因此,陳源教授罵魯迅,
是不完全夠資格的。

但,三‧一八慘案之後,魯迅終於憤離官府到廈大執教去了。
儘管高等學府依然是體制性機構,但兩者還是有一定區別。也許不
能簡單地用西方社會狀況來套東方。歐洲在歷經資產階級革命之
後,市民社會作為國家的對立面乃是一種法定的社會存在;因此,
小政府大社會的結構比例,給知識分子自由遊弋以極大空間。而東
方社會的集權形態始終把社會控制在體制之手,雖為民國,亦不例
外。知識分子儘管憑藉專業知識吃飯,但它仍然只能效力於體制和
體制內的各種機構。魯迅如此,陳源也不例外。甚至 1949 年以後,
這種狀況仍舊延續。知識分子整個被壟斷成了國家幹部。這一幹部
編制既保障了知識分子的生活待遇,它高於國家工人,更高於農民;
但也把知識分子緊緊地綁在了體制之內,使它們成為被養起來的一

群。針對這樣一種傳統國情，如果不是機械地用西方情形來套，那麼知識分子在被體制整合之後，依然可以以此為前提來談它的職業分流。這是「合流中的分流」。其進步性在於，這種分流意味著傳統社會中經學作為意識形態文化的分解。過去只有讀經應試這一途，而魯迅卻偏偏拋棄了這一途，他選擇的學校是水師和陸師。知識的專業面拓寬了，知識分子也就不必一股腦擠入仕途了。這時它領取的雖是國家薪水，但其所做卻可能是社會的而不一定是體制的事務，尤其是直接關乎統治方面的事務了。並且從業於自然科學或教師的知識分子與體制的關係又疏隔一層，因此也就出現了以上陳源罵魯迅的一幕。在某種意義上，這罵並非沒有一點道理，否則魯迅雖然不是因罵去職，但他畢竟身陷體制直接洞悉其中的專制與黑暗，所以憤而辭別、重返教席了。這方教席絕不可小覷，現代中國最早的一代知識分子就是在這方教席上產生的，四九年以後的知識分子也依然以擁有教席者為主體。所以，小小的教席對體制而言，如果不是「合流中的分流」，也可稱為「合流中的疏離」。從疏離到分流，則是知識分子獨立的開始。

二、「一級劃分」和「二級劃分」

　　不妨把目光拉回到九十年代。九十年代經濟改革最炫目的一幕，就是市場經濟終於亮起了它的旗幟。從計畫到市場的轉型，實際上就是從權力經濟向自由經濟的發展。自由經濟發展的前提便是產權分立，它意味著過去經濟共同體的終結和不同經濟所有者的誕生。正是這些不同所有者構成或正在構成上文所說的「市民社會」。它的形成，其意義又絕不僅限於它自身。市民社會的功能之一，是它有效地改變了以往體制與社會的完全重合，它甚至可以成為一種新型的也是更為合理的社會結構的催生。當體制的權力相應地退出一部份生活領域之後，市民社會立即就撲過去填補了它，因此一個

公共的社會空間必將隨著體制的必要退出而不斷擴大。在這樣一個總體性背景下，知識分子借助市民社會所形成的公共空間，也才為自己的職業分流而非「合流中的分流」提供了進一步的可能。至少在大學生分配制度上過去國家大一統的分配現在變成了雙向選擇。大學生完全可以不選擇體制而選擇一些獨資外企去做白領。同樣，身為知識分子的教師在辦理必要的手續後，可以脫離原職、下海經商。另外一些文學作者亦不必依附一個單位而以自由撰稿人為業。這些都可以看作是知識分子的自由選擇。他們既不吃體制的飯，當然也就無需為體制效力，而他們所以不需體制養活，蓋在於有了一個以市民社會為基礎的自由的公共空間。那麼，是否可以樂觀地說，知識分子在職業上已然解決了存在形態上的獨立？顯然，問題又不那麼簡單。市民社會尚在形成中，而且是在一種不規範的狀態下形成，「知識分子社會」在時間表上也要座次其後。而且囿於國情的特殊，「知識分子社會」也無以獲得「市民社會」那樣的理論鼓吹和政策傾斜。它只是在借助市場經濟的東風，緩慢地然而又是執著地形成自己。對此，誰都不能操之過急，否則歷史會再一次走錯房間。因此，關於知識分子分流，就目下情況而言，似乎依然只能在「合流」的前提下去談及。

　　知識分子的職業取向，大而類之，可以劃分為這樣幾種形態。進行自然科學研究或工程技術之類的知識分子泛屬「科技型知識分子」。在各種新聞傳播媒體中以及廣告公司中就業的知識分子則為「傳媒型知識分子」。廁身各級政府機構充任文職人員的是為「體制型知識分子」。從事社會科學和人文學科研究並長期據守學院和研究所之類的又叫做「人文型知識分子」。以上的分類當然比較粗糙，而且遺漏較多，比如從事商業、金融業的知識分子以及以律師為業的知識分子就在遺漏之中。好在本文只是為了以下論述的方便而非著意為知識分子劃分類型。並且這種劃分的根據嚴格地說又不太準確，它只是在最一般意義上亦即大眾理解的意義上對知識分子的確

認，即接受過高等教育、擁有一定專業知識的人。這樣的人首先是一個大學生，他選擇了什麼職業，就相應地成了什麼類型的知識分子。這樣的知識分子和過去僅僅擠在仕途上的知識分子也就區別了開來。他不是不可以從政，但這應是他具有多種選擇中的一種，而非唯一的出路。這個區別很重要，從中可以看出體制空間和社會空間在結構比例上的變化。然而，就專業知識不同而導致職業不同的劃分標準，其意義也是有限的，它只是具有了知識分子所以成為知識分子的某種可能。作為對知識分子的「一級劃分」或曰最初級最寬泛的劃分，它雖然可以據此構成一個區別於體制社會和市民社會的「知識分子社會」或「知識分子社群」；但，這個社群的職業性前提，恰恰又可以抹去知識分子應具的精神光澤。當王朔說經商的人也有碩士博士，否則即使經商也發不到哪裡，這恰恰是把知識分子僅僅變成一個職業者，甚至一個生意人了。而且這樣的生意人還算不算一個職業意義上的知識分子又是個問號。因此，根據專業不同的職業劃分可以成為本文分流知識分子的一個起點，但不是終點。

　　對知識分子的進一步劃分，可能需要運用排除法。就上述幾種分類而言，其中有的情況則是一種悖反，即他是知識分子，又不是知識分子。比如王朔所說的那種經商人材或一個工程技術專家，從他們的出身而言，假如確曾讀過碩、博之類，自然是知識分子；然而就他們現行的工作來說，一個大學畢業的商人，又實在算不得知識分子，否則知識分子和商人的區別又在哪裡。又比如，現在中央政府有一批清華出身的官員，但你能說他們是知識分子嗎？儘管你可以說他們是知識分子出身，而他們現在的身份只能是政府官員而非知識分子。可見知識分子的「二級劃分」，即使從職業角度，也要將工程技術、政府官員之類的人剔出去。但他們不是知識分子卻依然是知識者。在這裏，進一步確立知識分子的標準應當以是否「以知識為業」作根據。所謂以知識為業，則是以教授知識、研究知識、生產知識乃至創造知識為其謀生手段。一個工程技術專家所以不再

是知識分子，是因為他只是將他所掌握的知識向實用領域發展，他只是在運用知識而非以知識的研究為業了。同樣，人文型知識分子所以是知識分子，就在於他們長期堅持學院和科學院並以學術謀生。這樣的標準和前此的一級劃分還是可以溝通的，因為它的最後落點還是職業，只不過它與前者相比，在劃分選擇上更細審一點。其結果，留在局內的知識分子大抵只有自然科學、社會人文學科的學者和教授們了。但也正由於這類人的落點仍是職業而非開頭所說的志業，因此他們和已經出局的幾類情況一樣，是知識者而非知識分子。只不過在理論上這兩類人更有可能成為知識分子。如果把視線集中在這兩類人之間，那麼無論從經驗事實還是從事理邏輯，似乎人文型的知識者比自然科學工作者又本然地離知識分子更近些。為什麼？知識分工不同。自然科學主要是面對聲光電化之類的自然現象，社科人文面對的則是人類自身的社會現象和精神現象，而知識分子的「分子」功能恰恰又不是對自然而是對社會而言。因此，到了這裏，問題似乎又繞了回來，不但人文型知識者更易成為知識分子，甚至在某種意義上，已經出局的傳媒型知識者亦有可能比科技型知識者更有效地擔負起知識分子職能。當然這種說法只是泛言，不能絕對，否則荒謬。因此下面不妨將科技型知識分子暫時懸置，而就與社會事務相關的其他三種類型的知識分子做一簡要描述。

三、「知識分子」三型

　　不妨先看體制型知識分子。這個問題放在西方，當然是知識分子自由選擇的結果。比如在英國，讀書人一種傳統觀念是「經商不如從政」。從政在這裏是一份職業，而且是比經商風險小但又有著優厚待遇的職業。因此在文官系統中，以在牛津、劍橋等名牌大學受過良好教育的人為多。這是一支素質強效率高的官僚隊伍。它和中國古代的學而優則仕不同，因為與此同時，也完全可以學而優則商

或學而優則文。三者並舉，這是典型的沒有任何前提條件的「知識
分子」分流。由於中國的市場經濟遠未發展到這一步，因此這裏的
分流還不能脫離合流這個有效的前提，但其中的分流情況也還存
在。比如以一篇哲學論文從而引起全國實踐大討論的知識分子從教
師一變為黨務官員，又如現在在黨務或政務機構中任職的眾多碩博
之士，等等。首先應該肯定這種分流（哪怕未必是自由選擇的）必
要性。政治的本義當是社會公共事務的治理，它自然需要知識者的
介入，而且介入的人數越多、層次越高越好。有必要反撥一種偏見，
認為一入體制即同流合污。也許固然可以欣賞薩特拒絕與體制合流
的翩翩風姿，但似乎也應當尊重他的好友、亦為當時巴黎高等師範
的才子雷蒙‧阿隆的選擇。後者選擇的是與薩特相反的道路，他認
同的是當時的意識形態體制。但需要指出，如果阿隆一旦身入體制，
他就不再是知識分子了。不妨以更典型的美國前國務卿基辛格為
例。博士出身，可謂知識分子，但國務卿的身份又使他非但無以以
知識為職業、且更無以擔負知識分子的社會職能。他既入體制，必
須盡職地為體制服務，這是起碼的職業操守。也正因為如此，他就
無法反過來站在體制之外對其進行批判。一個人不可能既做一個工
作又同時在工作之外去反對它。這是誰都不能勉強基辛格的。因此，
體制型知識分子在整體上並不是真正的知識分子。

　　複雜的是另一種准體制型知識分子。他們並未身入體制之內，
而是仍然吃學院的飯；但他們卻可以用自己的知識直接間接地為體
制出謀劃策。如果說上面的基辛格入了體制，那麼美國貨幣主義學
派代表人、1976 年諾貝爾經濟獎得主、亦曾於九十年代訪問過中國
的自由主義經濟學教授密爾頓‧弗里德曼卻始終在體制之外作學術
研究。但他同時又是從尼克森到雷根時期政府智囊團的主要成員。
由於諾貝爾經濟獎得主近三分之二在美國，他們中很多人都出任過
政府和總統的經濟顧問，因此，政府的經濟政策實際上出自他們之
手，他們事實上是美國經濟藍圖的策劃人和設計師。這種情形也是

一種知識分子分流，他們不必像基辛格那樣進入體制做政客，而是憑藉自己的專業知識介入體制，成為政府決策的看不見的手。這樣的知識分子是專家治國的另一種方式。這種方式也就決定他們在一般情況下不必成為一個體制或社會的批判者，他們更多是從「立」的一面展開自己的工作。三十年代，西方世界因經濟危機而大蕭條，失業成為嚴重的社會問題。經濟學家凱恩斯並非從道義立場批判資本主義制度，而是以專業知識向體制提出自己的經濟對策，如國家必須干預經濟生活，自由放任的經濟無法解決失業問題。由於各國政府普遍吸納了他的建議，終於控制了失業這匹狂奔的野馬。因此，二戰以後，凱恩斯的經濟理論一直流行於西方世界，並成為主流經濟學派。直到六十年代，美國經濟又生波折，凱恩斯主義不再靈光，這才為後起的貨幣主義學派所取代。由於這類知識分子主要是從專業技術的角度而非道義的角度為體制提供自己的正面意見和方案，因此，讓他們同時又肩負批判的道義責任，也就不切實際了。正如任何一種體制需要自己的批判者一樣，它也需要自己的策劃者和立法者，此乃互補構成的兩個方面，也是知識分子擔當社會責任的不同分工。但也正因了這種分工，凱恩斯、弗里德曼等便不再擔當批判的責任。故知識分子的批判通常也就不在這種准體制型的知識分子身上獲得體現。

　　傳媒型知識分子一度被大陸的學人稱為「後知識分子」。有學者認為：由於市場經濟的刺激，大眾的消費欲望高亢勃起，於是在知識界內部出現了一場文化話語中心和權力的轉移，其結果便是傳統精英知識分子的中心地位讓位於傳媒型知識分子，八十年代的「知識」建構亦讓位於九十年代的「媒介」建構。由於這撥知識分子是媒介的掌握者和控制者，因而在區別的意義上，便稱他們為後知識分子。以上的說法倘能成立，那麼這些後知識分子其實就是知識分子分流的一種形式。如果給這一類知識分子定位，恐怕首先不是看他們本人，而是看他們所掌握和控制的媒介。在西方民主社會，媒

體除個別屬政府（如「美國之音」）之外，其他概屬民間。英國著名
的路透社是私人企業，儘管它經常代表英國官方。德國的德新社也
是一個股份制的有限公司。法國的法新社自五十年代起其社長的任
命權就不在政府而在一個行政理事會。這還只是報業，轉對後來興
起的廣播、電視業而言，政府更是沒有插手的份。西德人曾製作過
一個嘲笑霍梅尼的電視小品，憤怒的伊朗人強烈要求西德政府道
歉，但西德政府卻拒絕了這一要求，理由是政府沒有資格代替大眾
傳媒賠不是，因為電視不受政府操縱。從這個例子可以看出，西方
的傳媒乃是真正意義上的大眾傳媒，進入這種媒體的知識分子也才
是真正的知識分子分流。本土的情形當然不一樣，雖然近年來「大
眾傳媒」叫得震天響，但一旦究實，恐怕又找不出一家真正的「大
眾」傳媒，此正如《人民日報》以「人民」標之，但實質上卻是中
國共產黨中央委員會的機關報。所有中央和地方的報紙、雜誌、廣
播、電視都是各級體制內的機構形式，只有非新聞傳播的廣告公司
除外。那麼進入新聞傳媒的知識分子並不是媒體的掌握者和控制
者，充其量也只是運作者，甚至連同他們自己還需為體制掌握和控
制。所以，這裏的知識分子分流依然不能脫離合流的前提。

　　由於西方社會媒體的大眾性和民間性，使得進入這種機構的知
識分子有可能成為真正的知識分子，或者說真正地行使知識分子的
批判職能。任何一種媒體的社會功能，主要也就是報導功能、導向
功能、監督功能和娛樂功能。其中的監督功能，就西方傳媒來說，
也就是它所擁有的站在體制外的立場、在完全不受體制約束的情況
下自由地對體制行使監督、報導與評論的權力。在西方，記者所以
稱為無冕之王，也即因為他們可以自由地揭露和批判有冕之王。美
國的《華盛頓郵報》是馳名全美的自由派知識界的報紙，它的特色
和吸引力就體現在對全國性事件的報導與分析上。比如當年它對尼
克森總統的「水門事件」就進行了深入的調查與追蹤報導，成功地
顯示了媒體對體制的監督揭露。80 年代末，日本前首相竹下登因受

賄案發而導致整個內閣解散，也是《朝日新聞》的兩位記者從蛛絲馬跡中發現情況，進而窮追不捨，最後曝光亮相的結果。當時日本的所有傳媒都一致地舉起槍口，向政府開火，使媒體真正成了「國民的機關」。儘管如此，需要指出的是，大眾傳媒雖然以自己的特殊方式和優勢監督政界，但媒體的從業員也不能就此簡單地稱為批判知識分子。自覺的職業責任不完全相同於知識分子自覺的批判責任，僅僅是調查、報導、分析、揭露，也與上升到義理層次的知識分子批判有距離。特別是在當今大眾消費盛行的時代，一切都可以變為消費對象，披露政界醜聞有時與報導各種空難、風災、水澇等自然事故以及名人緋聞一樣，未必不是一種提供視覺消費的行為。

至於本土，傳媒的體制化，原不可能希冀它發揮類似《華盛頓郵報》、《朝日新聞》那樣的作用。因此它在執行報導功能和導向功能的同時，九十年代以來，更顯著突出的是它的娛樂消費功能。進入媒體的知識分子所以被人們冠之以「後」，也正是將他們與製造「知識」的學院派知識分子作對比，他們在整體上乃是借助媒體製造「消費」。以製造消費為業的知識者稱為知識分子無疑勉強，但也不能低估他們在當下存在的特殊意義。消費的生產正在逐步推進著媒體從以往意識形態性的「新聞喉舌」向「大眾傳媒」轉變，前者具有體制性，後者則為民間性。而後面這個稱謂所以流行，也與傳媒型知識分子有意無意地用消費手段來疏離主流意識形態不無關係。現在，由於體制不可能斥鉅資來維持媒體的運轉，僅以電視為例，它的演播資金已經越來越多地依靠廣告商的贊助。廣告本身就是最典型的消費行為，本著誰出錢誰辦事的原則，媒體從意識形態走向消費或把消費變成一種意識形態就是必然之趨。傳媒型知識分子正是在這個過程中扮演了消費製造者的角色。他們儘管一方面必須受到意識形態的控制；但另一面，他們可以機智巧妙地把意識形態變成一種消費對象。前兩年社會上流行的對毛澤東的懷念、革命老歌的翻唱、樣板戲熱以及《編輯部的故事》之類的肥皂劇，大抵都屬這

樣的消費運作。目下誰都不大可能指望傳媒型知識分子擔當起人文知識分子的批判責任，一則是媒體的性質不允許，再則是他們各自握有的文化資本也不同，故爾分工有異，另則處於一個消費流行的時代，即使如西方媒體完全自由，也不免把知識分子的批判對象變性為消費對象，即「政治消費」。既然本土連這樣的政治消費都難以企及，而只能局限於純粹的娛樂消費領域，那麼「知識分子」的稱謂於他們就依然是不合適的，他們依然只是職業意義上的知識者，或媒體從業員。

人文型知識分子包括研究社會科學和人文學科的兩類人，尤其以後者為側重，這是最接近、也最易成為真正的知識分子的一群。這樣的一些知識分子在學者眼中乃是「專門從事創造和傳播文化價值的一個獨立的階層」。如果說自然科學是在為自然世界立法，那麼社會科學則為人類社會立法，而人文學科就是為精神世界立法。因此這是一群因分工相異的典型的職業知識分子。在這裏「知識分子」的真正含義仍然尚未浮出地表，它只是在二級層次上對原來的知識分子範圍作了必要的縮減。由於其標準的職業性，知識分子的批判本質在這裏依然無從顯現。原因很簡單，二級劃分是職業劃分，但知識分子的「分工」功能已然不是職業而是「志業」。一個終生兢兢業業研究古典哲學的教授只是一個治學者，比如《西方哲學史》的作者梯利。但一個除了兢兢業業治古典哲學之外，還熱心關注社會重大事務，堅持對社會和體制的反對立場並不斷從事其語言批判和道義批判的人，他就不僅是一個學者，同時也是一個真正的「知識分子」，比如也是《西方哲學史》的作者羅素。羅素的例子較好地說明了專家和知識分子的不同。他作為專家，哲學研究是他的專業，專業即職業，這是一種飯碗。但他對社會和體制的批判，不但不能解決人的吃飯問題，反而還有可能帶來各種身家災難。比如羅素本人就曾為此兩度入獄。因此，批判之於羅素就不是職業而是一種道義承諾的志業。故知識分子的進一步劃分就必須超越職業的層次，

把志業當作一個新的標準。只有在這個層面上，才能看到知識分子的真正誕生，而志業之外，統統都不過是知識者。

四、「知識分子」是怎樣形成的

　　人文型知識分子所職之事密切相關於人類的社會生活事務和精神生活事務，這種事務，在一些研究者眼中，就決定了知識分子的兩種職能：「從正面看，知識分子的主要職能是製造社會的合法性，為一定的社會力量、社會運動和社會制度進行辯護；從反面看，知識分子的主要職能是進行社會批判，尤其是進行社會體制的批判。」（見《天津社會科學》1996 年 5 期俞可平文〈遊魂何處歸〉）在作者自己的語境裏，對知識分子兩面性的分析自然成立，轉至本文的語境，則只能承認後者才是知識分子，前者則為知識者。「分子」的本能是挑戰與批判，因而他總是作為社會體制的一個反面者的形象出現，而為制度立法、辯護之類則不是他的事務。同時，立法本身更多也是出於一種職業的要求而非志業的抉擇。你是一個法學家，你的工作就決定了你應該運用自己的專業知識為社會制定有關法律方面的法則。經濟學家、政治學家、倫理學家、社會學家大都如是，他們都在一定的社會生活範圍中為其提供相應的合法性規則。唯獨人文不然，儘管上面說它是為人類精神世界立法，但精神世界的法和世俗世界的法有著本質的不同。它的形而上屬性和個性特點就決定了它的法在本質上是「法無定法」。世俗世界的法由於追求普遍性和可行性因而只能奉守公共理性的法則。因此，前者之法，說穿了就是探求人類精神發展的無限可能性，不是立、而是破則由此成為精神世界的最高法則。這樣的法是無法也不應該降臨於人類世俗世界的，否則將導致人文的災難。在這個意義上，人文型知識分子中的社會科學工作者一般以立為主，而人文學科者則多以破為務。進而言，作為立法者的社會科學家扮演知識「分子」角色的可能性大

體少於作為解構者的人文學者。後者對人類精神的開拓不僅使他成為一個知識的生產者，更重要在於他同時也是一個精神的生產者。生產新的精神或從事新精神的生產，已使人文學者包括詩人作家等習慣地持有一種先鋒的姿態，它必然和世俗社會與體制的各種規範法則拉開距離，並釀成衝突。因此，人文知識分子往往是以超越的追求展開對現實的批判。這樣一種職業習慣也極易從自身專業延伸到社會事務，使他成為一個社會批判家。正如羅蒂在描述利奧塔德那樣的知識分子時所說：「知識分子具有先鋒的使命，應該逃離加之於他的法則、實踐與制度而追求某種具有可能性的東西，即『真正的批判』。」（轉引王岳川、尚水編《後現代主義文化與美學》北京大學出版社 p.70）真正的批判造就了真正的知識分子。批判既然構成了知識分子的存在本質，也邏輯地決定了它的存在形態。構成這一存在形態之主體的無疑是人文知識分子，包括學者與作家，他們著名如羅素、薩特、卡繆、利奧塔德、喬姆斯基、德里達、傅柯、巴特、昆德拉、索爾忍尼辛、大江健三郎等。

　　在「知識分子分流」的意義上，以上所列無疑是西方社會中真正的自由知識分子，他們對其體制的批判大抵是在體制外展開。不僅大學機構一般就在體制外，而且遠離體制始終也是知識分子自己的自覺追求。在羅蒂看來，利奧塔德等人認為「逃離制度必然是一件好事情，因為這可以保證他不會被『製造』這一制度的惡勢力所『利用』。」羅蒂接著描述「這一類左派思想貶抑共識與溝通，因為只要知識分子和先鋒以外的民眾談話，他就是在妥協了。」（引同上）這裏已經內含了知識分子的雙重批判所指：一體制，二大眾。九十年代以來，本土知識分子的批判聚焦已集中在大眾社會上了，這與八十年代的體制批判正好形成對照。這一批判難以持續的原因，要在人文知識分子和傳媒知識分子一樣，都無以最終擺脫體制的制約。和西方體制外批判不同，本土的人文學院、社科院、作協、文聯等無不是意識形態機構，因此它最多只能表現為體制內部

的批判。但這兩種批判在立場、原則、效果與行為上大不一樣。不過情況也正在起變化。國家體制在市場經濟的推動下由統治功能向管理功能的過渡，就必然逐漸導致學院機構意識形態色彩的淡化。並且隨著市場經濟的深入，一些私立大學的出現也不是沒有可能。這時人文知識分子也就在職業上可以逸出體制外。既然不為國家所養，也就成了真正的自由知識分子。在職業自由的基礎上從而進行也是自由的「志業」批判，這就取決於知識者自己的心志了。每個人都可以選擇純粹做學問的知識者的道路，也可以選擇批判知識分子的道路，當然還可以選擇介入體制的道路。在這裏，一切都是出於知識者本人的自由選擇，而且並不存在知識分子一定高於知識者的分界。

需要指出，儘管本文認為人文型知識分子尤其是其中人文研究者最接近作為批判本質之體現的「知識分子」，但並不意味其他類型的知識者就不可能成為知識分子。一切界限只具有相對的意義。社會科學家所以劃歸人文類型，也正是說明這一點。馬克斯·韋伯作為一個傑出的社會學家，他畢生致力於社會存在合法性問題的研究，但這並不妨礙他站在當時體制的反對派立場去積極批判德國的政治：對內呼籲實行議會制，反對普魯士政府的專制統治；對外主張睦鄰政策，反對政府的佔領行徑。他是第一次世界大戰的反對者，因而被體制視為大逆不道。如果說韋伯本身是一個社會學家，他的職業就與社會事務有幹，那麼這裏已經懸置很久的自然科學知識分子，的確是與具體的社會事務無涉了。但前蘇聯物理學家薩哈羅夫的事例使我們看到，儘管他的職業是研究核子物理，但道義的選擇卻使他最終也成為一個批判知識分子。薩哈羅夫是前蘇聯原子彈的創造者之一，甚至被稱為「氫彈之父」，由於他在這方面的卓著貢獻，曾獲得政府給予的極大榮譽。但他正是在自己的本職工作中對自己的工作產生了深深的不安，當他意識到自己研製的核武器將給人類帶來什麼樣的後果時，便上書當局提議停止核實驗，他的提議自然

遭到當局的反對，但他卻由此走上了一條脫離本專業的不歸路。作為一個反對派，他大力提倡經濟改革和政治改革，反對官僚主義和專制體制⋯⋯。根據他的可貴的精神與業績，諾貝爾獎評選委員會破例將 1975 年的和平獎授予了他，這是第一次把和平獎授予非反戰人士而是反專制人士。這是一個由自然科學家出身的知識分子的個案，薩哈羅夫的事例，不難再一次說明，真正的知識「分子」即批判知識分子絕不是職業而更多出於「志業」。

最後，在結束這篇文章時，不妨再一次簡厄地復述一下知識分子的劃分過程。一級層次的劃分是一種專業知識的劃分，在這裏，知識分子泛指接受過高等教育從而擁有一定的專業知識的人。二級層次的劃分主要是職業的劃分，這時的知識分子特指那些以知識研究與教授為其謀生的人。三級層次的劃分，其標準就不是職業而是「志業」，它僅指在本職工作之外出於良知而以批判的方式來實踐某種道義擔當的知識分子，而且也只有後者才是本文語境中的真正的知識分子。從一級劃分到三級劃分的過程，就是知識分子逐步形成的過程，也是知識者分流的過程。雖然可以寬泛地把三個層級的劃分都稱為知識分子，但在區別的意義上，第一層級和第二層級的分流對象只是知識者。並不能忽略這兩個層級劃分或分流的意義，他們不僅構成了相對於體制社會和市民社會而獨立的「知識分子社會」，雖然這個社會的形成還是一個正在發生的過程；而且也只有在這個基礎上，尤其是在職業自由分流的二級劃分層次上，才能誕生出理想形態的「知識分子」。不難看到的是，當本文從知識的專業而職業而志業，知識分子的最後出現，就不是一個固定的所指了。它已然聽從於一種能動的道義選擇。正是這種選擇決定了知識分子之為知識分子的特殊性，即，他們對社會而言，乃是一種流動的、不定形的反對質因。

第五章 於「後學」與「人文」之外

——「知識分子立場」問題

一、世紀末的思想弧

90 年代已經過半，如果試圖清理 90 年代以來中國批評界的思想走向，兩股引人注目的潮流不可能不進入我的視野，這就是生發於北京的「後學話語」和上海首倡的「人文話語」。

這兩種話語在空間上一南一北，客觀對應的同時又顯出主觀上的對立；在時間上則呈遞進狀，先京後海，爾後各自幅射開去，尤其後者，其話語蹤跡，迅速力被整個知識界。事實表明，後學與人文，業已先後成為 90 年代的話語熱點，它們吸附了批評界相當大的注意力與熱情。你可以不贊成它們，甚至反對它們，但你卻不得不面對它們，或者說繞不開它們。也正是各種贊成與反對的聲音，交織成近幾年的批評主旋，因此，是否可以這樣說，從後學到人文，乃是一段尚未打上句號的世紀末的思想弧。

這一段思想弧，如以「京海衝突」作括，恐不為過。儘管衝突並末形諸話語表面的刀光劍影，但兩者之間的內在緊張與價值取向的截然不同已足以表示它們的異趣與對立。當然對立須就對應而言，如果沒有對應作基礎，話語的差異再大，也只能是不相干而無以造成對立。那麼，這兩者之間的對應面是什麼？無疑是當下我們每個人都面對著的經由市場轉型以來已經發生很大變化的「時代文本」。正是在對這一文本所作的各自不同的表述並顯現出態度上的差異時，我們看到了它們之間的內在衝突。這種衝突甚至多少形諸表

面，如後學話語直接將人文話語諷為「最後的神話」。當然，可以想見，人文話語也不會贊同後學話語的文化姿態。它們兩者在共構一段思想歷程的同時，分明表示了當下知識分子兩種不同的文化立場。

在我看來，這後一點似乎比它們的對立更重要。說到底，無論後學還是人文，都是知識分子對變化了的時代做出的應激反映，或者說，都是用自己的話語試圖對時代做出定位和對自我做出選擇。然而，時代的定位必關乎自我的定位，自我的選擇首先也就是定位的選擇。這就逼出了「知識分子立場」的問題。該問題在後學與人文那明顯的分歧中由於顯得曖昧，因而引起了我的注意。它們衝突的癥結在哪裡？就後學言，儘管它急於用一系列「後」來框定我們的時代，那麼它自己的文化立場在何處呢？他們聲稱自己是文化的觀望者和遊走者，在社會的邊緣處描述我們這個時代，這是否可以理解為一種真正立場的喪失？同樣，當人文話語力圖以一種突圍姿態來抗擊時代的世俗化乃至惡俗化傾向時——這雖然是知識分子一種自救選擇，但這種選擇的前提即立場問題對它來說與其是不言而喻的，毋寧說不甚了了的，因而它的反抗本身，也就大可存疑。後學也好，人文亦罷，儘管這幾年鮮有批評話語與其爭鋒，但並不表示它們就不存在問題。為著世紀末還有最後幾年的思想衝刺，是到了對這兩種話語以及它們之間的衝突進行必要反思的時候了。

二、後學「後」的是什麼

嚴格地說，「後學」這個詞並不妥當，它顯然後字有餘而學字不足，但為其表意方便，姑且採用。從後現代後殖民後結構後寓言後批判後烏托邦後新時期後個人主義後知識分子一直到後世紀，一路下來，人們差不多患上了後綜合症。因此和人文話語一出場便獲得大面積認可不同，後學的聲音更多引起的是質疑與爭鳴。看來，僅僅靠後的概念搞地毯轟炸並不奏效，要言不煩，一個詞所以能夠成

為時代的關鍵字，一定要抓到人們心頭的癢點上。但，這並不表示我個人也對後學持否棄態度，它已成為人們難以否棄的話語存在。它的積極意義在於，90年代以來，面對文化與社會的變動，後學企圖以自己的描述重新把握時代的發展脈搏，為時代定位。這種做法本無可非議，但關鍵在於這個位定得是否準確，是否符合中國的社情實際。

正是在這點上，後學話語出現了明顯的偏差。首先，定位超前，90年代以來，由於市場政策的推行和大量外資的引進，中國社會發生了不同於80年代的變化，這種變化用後學話語概括即「現代性的終結」。如果說，80年代以前直溯五四，我們一直是奉守現代性的話，那麼90年代則是用後現代性來取代它了。這種邏輯無非昭明，現代過時了，中國社會已由現代性的社會正日益向後現代性的社會轉化。正如眾多批評者一致批評的那樣，中國社會非但談不上這種轉化，就連前現代向現代的轉化尚在艱難之途。是的，無論從生產力或生產關係的角度，還是從現存體制的角度，如果說一個社會距離現代性的各項指標還很遠，它又如何可能推進後現代呢。但，後學話語又並非空穴來風，有關後現代的各種生活表徵隨著大眾社會和大眾文化的崛起而日益朗化。尤其享樂主義、消費主義、玩世主義的風習盛行，所謂未得其所學，先得其所似。社會生產力尚未達到的一切，卻在消費領域內超前地表現出來。應該說這是一種畸怪現象，正需要我們悉加研究。但後學正是抓住社會表像的這一面，做出了有關時代本質變化的結論。因此，後學之誤，倒並不在於「後」字本身，而是它看到了「後」卻盲視了「前」。事實是，前後我們都有，唯獨缺的是當中，所謂「前現代，後現代，當中缺的是現代」。當前現代的舊因尚未盡除，後現代的消極成份又雪上加霜，只恐怕現代將會離我們越來越遠。然而，當我們見後不忘前，以毒攻毒，讓後現代消解前現代，那麼我們自然也可以通過後現代抵達現代。

其次，定位偏狹。當後學僅以「後現代」囊括我們這個時代的社會文化實際，偏狹註定發生。中國這個農業大國，手工與機械並作的農耕方式和農業人口素質現狀極大地累及中國現代化的進程。但這一重要的社會現實遮蔽於城市閃爍的霓虹燈，因此後學的眼睛看到的僅是 MTV；卡拉 OK、CD、迪廳這一類城市消費狀況。同樣在文化域，它看到了大眾文化一面倒的喧囂，但卻略過了知識分子在邊緣化過程中的人文抗爭，似乎也忽略了主流意識形態的權威亦並非「沈默的羔羊」。我們看到，人文思潮的湧現，已經溢出了後學對當下文化狀況的概括，而人文話語的努力恰恰又表現為部分知識分子對現代性的堅執，因此，面對這樣一種多元雜陳的文化形勢——主流意識形態的前現代話語，大眾社會的後現代話語、知識分子文化的現代性話語，後學又如何能著一「後」字而盡得風流？直言之，無論對社會狀況還是文化狀況的闡釋，後學雖然具有一定的合理性，但因其沒有守住必要的邊界，而是一意放大，故而最終導致了不合理。值得我們學習的未必不是毛澤東，回憶他對當時中國社會的分析，不得不令人讚歎。綜合地、系統地、全方位地把握對象，他的〈中國社會各階級的分析〉，至今仍然是我們研究當下中國社會現狀和文化現狀在方法論上的有效參照。

在後學話語中，最重要的兩根台柱是後現代與後殖民，其他概為其衍生。後現代與後殖民的兩個基本條件：一是整個社會完成由生產時代向消費時代的轉型，二是跨國資本的運作。在冷戰結束後的全球語境範圍內，後現代主要是針對發達國家而言，後殖民則主要指發展中國家。後現代所以能介入於第三世界國家，除去其傳播媒介空前發達外，主要就是通過資本的跨國運作。因此，對我們來說，後殖民乃是後現代的必要通道。後現代社會的主體內容是消費與享樂，既然生產力的高度發達已不需要全社會把人的巨大的生命力注入生產領域，那麼隨著各種服務業的興起，消費便自然成為人們生活的主要內容。與這種狀況相適應的是文化領域內大眾文化的

流行。大眾文化又叫大眾消費的文化，它的存在，用一位西方學人的話就是「盡一切辦法讓大夥兒高興」。可見消費的生活和娛樂的文化二合一就是後現代。那麼從哪一個角度可以說我們的時代進入了後現代。著眼於生活整體水平和生產力領域，我們與後現代的間距恐怕還隔著一個時代，但一旦面臨生活和文化方面，後現代又活生生地出現在我們身邊。這種錯舛，應該追索於傳媒的作用和跨國資本的作用了，而這兩種作用的有效解釋又是一種「後殖民」。作為與軍事殖民不同的侵略方式，後殖民乃是依憑強大的經濟力量，抓住發展中國家對於資本的迫切需要，在輸出資本的同時，使自己的生活方式、消費方式、娛樂方式、文化方式伴其資本一道輸出。可見，後殖民是一種帝國主義現象，也是帝國主義在 21 世紀的新形象（從魔鬼到救世主）。就我國而言，後殖民是不可避免的，甚至是必要的，但它那內在的侵略本性我們應當保持省察。

　　從上可見，由於後殖民的作用，後現代缺乏本土現實的原發性，起初它更多是作為一種「倒懸」現象而出現。複雜在於，也正是借助後殖民的力量，後現代正在日益獲得自己的社會基礎。跨國資本的入侵，有效地改組了國內的經濟成份，合資獨資之類企業公司的不斷湧現，形成了一大批率領城市新潮流的管理白領階層。市場經濟的發展，也終結了所有制過去那僵硬的板塊格局，一個生氣勃勃的市民社會即中產階級社會也在迅速成形。這一切又不斷地為後現代在中國的擴張提供現實性的土壤。因此我們儘管可以批評後話語，但也不能指責其為「狼來了」的空對空。

　　既後又不後，那麼我們如何準確地表述我們這個時代？換言之，後學「後」的是什麼？對於我們複雜的社會狀況和文化狀況言，僅僅一個後現代或後殖民又是否能夠了斷？

　　這裏，率先是一個如何看待「後」的問題，也是一個有關「後」的「認識論承諾」的問題。後學後的是什麼，為什麼不先弄清楚這個「後」的含義是什麼？在後學語境中，「後」不僅僅是表示時間方

位的詞，它已被額外輸入了某種價值含義即「反」和「超越」的含義。通常的理解，後什麼即反什麼，如後結構就是反結構，後現代即反現代，因此中國式的後學有「解構」和「終結現代性」之說。但這只是對「後」的一面之解。如果說「革命後」可以意謂革命的終結，那麼「後革命」就不能表意為終結革命。在我看來，「後革命」乃是另外一種方式的革命的繼續。後學一貫反對二元對立的思維模式，但在這前與後的二元構成中，卻不幸自陷其中。如果說後現代與現代之間的區別確是很明顯的話，固不妨以「反」示其區別，但在這「反」的另一面，難造就沒有一種更為內在更為隱蔽的承繼關係嗎？王蒙曾以自身經歷插科打諢這前後關係說「前部長其實就是後部長」，儘管部長的職位給反掉了，但部長身份的待遇和聲譽不是被承襲下來了嗎。後殖民雖反對軍事殖民和暴力殖民，但它真正做到了「反殖民」了嗎？不過是以文化殖民的方式取代了前者，這仍然是一種殖民的繼續。那麼後現代呢？正如美國學者阿拉克言：「『後現代』同『現代』之間的關係是一種斷裂還是一種繼續，這個問題依舊未獲得全部解決。」其實只要不固執於二元對立的觀點，在認識論上看到了「後」的另一面，那麼這兩者之間乃是既斷裂又繼續的關係即「反承」關係。此關係如用一漢語表示可能更準確：「逆」。所謂「逆」，既反且順，二意俱兼。後現代即逆現代。以此邏輯，「後新時期」的段次適足以讓位於「後文革」，只要大家想一想 80 年代以來左傾話語如此反覆的話。

　　基於對「後」的如此體認，怎樣把它貫徹到具體的社情分析中去？社情分析既需要抓住特點，更需要顧及全面。以上說過毛澤東對新民主主義時代的社會分析是成功的範例，成功就在於毛本人抓住了當時社情的方方面面，不僅對每一個社會階級乃至階層作了透闢的解剖，而且更從大處著眼，天網恢恢疏而不漏地抓住了由帝國主義封建主義和官僚資本主義構成的時代癥結，從而有的放矢地制定了新民主主義革命的基本策略。這堪稱歷史的大手筆。事實上，

今日中國社情之複雜並不亞於當時，當前現代、後現代和現代等因素糾結一體，使我們的時代調色板如此光怪陸離時，我們更需要借鑒當年的「毛氏分析法」。然而，正如我們看到，後學單挑後現代或後殖民，企圖從這一個維度來概括整個時代的狀況，它之遺漏也就在所難免了。如前言，它首先忽略了前現代因素在我們時代內部的存在，前現代即「後封建」，作為「現代」的之敵，「後封建」的因素遠未在我們的大地上滌蕩乾淨，在某些時候，它借助左傾的勢力，還表現得相當頑固，與「後封建」相作呼應的是「後官僚」，它指的是因腐敗現象大面積增生而逐步形成的官僚資本者。作為時代的一大毒瘤，腐敗的本質便是權錢交易，美國諾貝爾經濟獎得主布坎南於 70 年代創立了「尋租」理論來解釋這種權錢交易。即官吏以權力作資本，不斷出租給需要利用這種權力從而謀取超額利益的尋租者，並從對方的超額利益中非法獲取屬於自己權力的份額。資本乃指能夠帶來剩餘價值的價值，當權力也能夠為權力在握者帶來剩餘價值時，那麼以權力作資本就絕不僅是一個比喻性的說法了，而且由權力資本帶來的大量貨幣一旦投資於非消費領域（不一定由自己出面），那就是不折不知的資本了。這是一個與民間市民階層同時興起且彼此又常有著千絲萬縷勾當的「後官僚」階層，以王寶森為其掛名的利益集團就是該階層的典型代表。

現在若問後學後的是什麼，結論應當明確了。不能只抓住帶有帝國主義侵略色彩的後殖民或後現代這一鱗片爪來橫斷整個時代，我們無法忽略後封建和後官僚因素的時代構成。它們的結合即「三後」彙成了當下的社情總況，假如我們不能夠有效地扼止這些因素的發展，那麼，「後三座山」的前景將會如期出現於我們的眼前。關於這一點，後學，你是否能夠看到，還是不願看到？

三、「人文」的問題在哪裡

　　人文討論首先在上海拉開幃幕，然後由上海學人移師京都之《讀書》，走完了京滬一線，隨即便在全國鋪展開來。其聲勢之大，遠超後學之上，甚至也出乎最初討論者的意料，可見人文話語更切中知識分子的自身實際。二者相形，後學用力於對時代的描述與定位；人文的注意則是知識分子在當下時代的自我選擇，後者用其自身的話「人文精神的提倡其實是知識分子的自救行為」。令我感到有趣的是，這種自救行為為什麼發生在 90 年代？80 年代是否可能發生今天的人文討論？答案當然是否定的。80 年代知識分子只會討論「人道」「人性」，而不會討論今天的「人文」，這裏別有差等。如果注意一下，80 年代「人道」「人性」之人乃指普遍意義上的人和作為類的人，知識分子其時是以「人的解放」為己任來高談闊論的；現在的「人文」之人已不復是普天下之人而僅僅指知識分子自己了，那麼，人的外延的縮小，不難從中體味到知識分子的精神變化。回憶知識分子大談「人性」「人道」之時是何等地意氣風發，以啟蒙者的姿態大聲呼喊「救救孩子」，一腔舍我其誰救天下的豪情。然而，自 90 年代以來，知識分子的心態直轉急下，從救世的高峰一下子跌落自救的深谷，豪情一腔自然化為滿懷悲壯。這裏的因素固然複雜，但時代的變更和知識分子地位的變化則是其中最重要的原因。簡言之，80 年代屬於撥亂反正的「政治時代」，90 年代則是市場走向的「世俗時代」，知識分子在 80 年代由於體制的某種需要而居於意識形態之中心，90 年代又由於意識形態與市場經濟的重心交替，故爾從中心又走向邊緣。這是一個背景，一個人文精神討論所以發生的時代背景，只有抓住這一背景，才能更清楚地看清這場討論。

　　應該說，討論的展開在最初的發起者那裏並沒有明確的藍圖，只是一種難以釋懷的壓抑和衝動使他們在發言時選擇了「人文」這樣一個表意不甚明確的能指，並試圖借助於它的提出幫助自己走出

精神困境。這很好。但問題在於，知識分子在 80 年代沒有精神危機感，現在卻太陽消失般突感人文精神的失落，這固然可以從內部檢討知識分子上百年來的精神蛻化，但造成這一結果的現實原因顯然是 90 年代以來一些新的社會因素的形成，如大眾社會的興起，流行文化的氾濫，世俗欲望的膨脹，拜金主義的盛行。正是這些因素構成了一個與意識形態大為不同的意象形態的時代，也正是這個時代才使得知識分子進退失據，不但無以像 80 年代文化英雄那樣占盡風頭，而且更空前感到自己正日益陷落於「曠野上的廢墟」。

因此人文的呼籲一出場便切中了知識分子衰弱的神經，也契合於他們那失落的心態，乾柴遇上了火星，於是一場人文討論的大火便烈烈地燃了起來。但是，一燃燒便不免變形，「人文精神」的所指不明使它像一個巨大的話語場，幾乎什麼話語都能往上磁。因而這場討論的發展很可能已經背離了發動者的初衷。至少他們對討論的現狀並不滿意，認為只是「開場白」的水平。不幸事實確實如此，更不幸事實又不僅如此。一個隱蔽的問題即它的方向走偏。不知是否引起了我們的注意。根據討論現狀，人文話語顯然是把以意象形態為標誌的大眾社會和大眾文化當作自己的對立面，在這裏「人文」針鋒的是「世俗」，「精神」對舉的是「欲望」。因而「人文精神／世俗欲望」卻奇怪地構成了一對正反題。知識分子正是在世俗欲望的包圍中，踏上「憂憤的歸途」，進行著「抵抗投降」的戰鬥，試圖重返人文精神的制高點。如此自救之路，不知是否為討論者的本意，但在我看來，似乎無懈可擊的外衣之下，實有一個內在的隱患，而欲說出這種隱患，那就如同對待上述後學話語一樣，不僅要看它說出了什麼，更要看它沒說出什麼。如果後學沒說出的是後封建與後官僚，那麼人文呢？在歷時三年眾人拾柴火焰高的陣勢中，它究竟說出了什麼又遮蔽了什麼──這是反思人文討論斷難回避的問題。

人文說出的是什麼，這一問可以轉換為人文「文」的是什麼。人文討論以來，使用率最高的辭彙都集中在道德、理想、崇高、良

知、人格、正義、節操上（與之相反的辭彙則是墮落、沉淪、投降、流俗、放縱、遊戲和虛無），這些概念以「人文」為統領越往後越實際地主宰了人文討論的大局，而且獲得了知識界廣泛的認同。尤其表現在上海，老學者呼喚「莫拉爾姑娘」，與人文精神聲氣相應。《文匯報》更是以「人文精神與文人操守」為通欄大題，連續兩次匯集了張承志張煒等著名作家、知識分子的有關言論。而在北京召開的所謂「新人文精神」的座談會上，把對人文精神的提謂與現實生活中存在的各種消極及非法現象關聯起來，如「拜金主義、享樂主義、極端個人主義相當猖獗，經濟犯罪、道德淪喪、思想墮落頻頻發生」。另外，「社會轉型時期的文學與道德」、「文學藝術與精神文明」等一系列討論會都頂戴著人文的名目或直接間接地通到了人文那兒。於是一場「泛道德化」的思潮充塞於人文的話語空間，也塑造了人文精神的討論，以至我即使不在全盤之義上，也不得不把它作為一種傾向特別指出，即人文「人」的不是「文」而是「倫」。「『人倫』正在取代人文或者成為人文。人文的「倫」化傾向不禁讓人困惑，人文精神難道僅是一場純粹的道德批判？

　　當一個時代由政治社會轉化為世俗社會時，道德的衰退乃是不可避免的現象，看看中國的中晚明，再看看 14 世紀到 16 世紀的歐洲文藝復興，莫不如此。這些時代，你可以稱之為「墮落的時代」，其伴生現象就是「道德的普遍衰退和信仰的普遍解體」。有意思的是，針對文藝復興時期的這種狀況，馬基雅維裏很坦然地說：是「教會和它的代表們給我們樹立了最壞的榜樣」。他這是從政治的身上去尋找道德墮落的原因，可謂獨具隻眼，僅一句話遠勝過泛道德批判的千言萬語。令人訝異的是，當時的人文主義思潮恰恰是在這種道德批判的對立面中生長起來，它正是以世俗利益為驅動，由此建構自己的人文話語，這分明與我們今天的人文討論顛了個倒。換句話說，當我們把世俗欲望作為人文精神的對應面，文藝復興卻借助這種力量把矛頭對準了神權宗教。如果將這兩者比較一下的話，我們

的人文討論究竟說了些什麼又遮蔽了什麼，不是一目了然了嗎？實際上道德批判論者的吶喊極易造成一種誤區，它讓人們誤以為當今的世風日下是人們道德水準下降的結果，因而它同樣讓人誤以為只要道德上去了，一切問題也就解決了。其實，問題正好相反。道德墮落不是時代墮落的原因，而僅僅是它的一種表像，這種表像倒是需要用另外的原因來說明。就拿批判者所謂的非道德甚至非法律的現象來說，它們的出現有沒有人們心理失衡的社會基礎，這種基礎與當前的腐敗現象、尋租現象、分配不公現象又有沒有內在的關聯。道德批判論者聲色俱厲地拿知識分子唯道德是問，我不明白，道德究竟能負多大的責？如果上述這一切現象並非由道德原因所致，那麼，僅僅駐足於道德的吶喊就根本無助於問題的解決。相反，這種立場不明的吶喊，在客觀上倒有可能使自己成為某種牧師或教士，須知王寶森之流是最歡迎天下人都恪守道德的。況且道德並不萬能，也不是天條，它是一個歷史範疇，其內涵應當隨著時代的變化做出相應的調整。當「禁欲」在中世紀是道德的，那麼「縱欲」在文藝復興時就不是不道德的；同樣，在傳統社會君子喻於義是一種道德要求，那麼在現代社會中君子喻於利則是日常生活之所需。當一個時代發生了普遍的道德危機，是一味地高呼恪守道德，還是有必要檢肅一下道德信條本身？儘管道德批判論者也在聲張「新道德、新理想」，但我們又沒有見過道德新內涵的具體闡述，不絕於耳的依然是道德口號的抽象吶喊。實際上，它的效果僅同於「作秀」。

　　人文討論的「道德走火」，乃使人文真正地因「倫」而失落了「文」，這個「文」自不應是「倫理之文」而是「知識之文」。英國學者哈伊研究了人文主義的歷史行程指出：「文藝復興最初的興起，事實上首先在於知識的發展」。那些人文學者們悉心搜集古代文獻，認真研究古典遺產，率先在文法學、修辭學，邏輯學、歷史學、詩學等具體知識領域內進行卓有建樹的工作，從而使這些新興的世俗學科取代了當時占統治地位的神學。他們似乎並不急於捨身投入人

欲橫流的道德批判,而是在知識建構的基礎上逐步形成與貴族道德
觀不同的新的理想和新的價值,用以影響整個社會。這樣一種工作
是極具啟示意義的。我們今天的人文走向如欲突出泛道德化的誤
區,是否可以用此作鑒。我想這不應當有什麼疑問。與此不同的是,
義大利人文主義者主要是在知識學科上做了新開拓,我們今天則需
要在知識話語上進行新努力。我們的知識問題不在學科而在話語,
傳統的人文學科如哲學美學文學藝術等等,由於眾所周知的原因,
它們的話語業已被意識形態代碼化了,在文革期間,它們甚至淪為
為政治服務的工具,如果往深處說,中國之人文一開始就是作為政
治的輔助對象而出現,由於古代的政治總是以倫理的面孔出現,因
而傳統人文與人倫原本就是二而一的(這也正是我對當今人文的新
倫化傾向本能感到抵觸的原因),意識到這一點,我們又有什麼理由
不把人文的重心放在自身話語的改造上呢。此之謂「重建人文」。它
的第一步,即對話語進行意識形態消磁。人文與政治終究涇渭兩水,
不是一流,它們可以互相影響,或者交往,但不能彼此取代。況且
語言是存在之家園,當知識分子沒有自己的獨立話語時,它的存在
必然發生問題,人文話語的意識形態化,只能說明知識分子是為意
識形態的代言人。知識分子擔當這份角色歷時久矣,如欲改變自己
的身份,難道不首先當從改變自己的話語做起嗎?第二步則建構「意
義形態」,這是與意識形態相對應的一種知識話語,它與意識形態的
差異在於它不對政治負責而只對人類精神的發展與完善負責。有關
它的內涵我已另文專述,此處不表,這裏只強調它的功能意義。因
為這種話語乃是知識分子自己的語言,這種語言恰恰又是知識分子
作為一種社會獨立存在的根本表徵。為了獲得這種語言,知識分子
需要進行兩方面的努力,一是內在的努力,即從知識理路的角度努
力形成新的知識譜系。一是外在的努力,即抵抗有礙於新知識譜系
形成的外在壓力。因此,「重建人文」作為知識分子的戰略之舉,還
有多少艱難的工作要做。

　　問題正是這樣攤開，重建人文，還是道德批判，下一步人文發展的重心到底在哪裡？

四、何謂「知識分子立場」

　　分別對後學與人文提出了一些質疑與否定，那麼在廓清其貌的基礎上是否可以合起來，看看它們的衝突究竟在哪裡。這是兩種文化態度的不同，在 90 年代文化語境中，面對大眾社會及其文化的有力倔起，知識分子隊伍迅速發生了分化，後學與人文正是這種分化的話語表觀。後學話語對大眾社會與文化採取的是一種主動迎合的態度，儘管它總是以客觀描述的面目出現，但其中所內蘊的價值取向無疑是肯定的。也儘管它聲稱要保持批判的權利，但這種批判總是在對其作合理性的闡述面前延遲出場，以至於有的海外學人將素以激進面目出現的後學話語指陳為「保守主義」。相反，上海作為世俗氣氛甚濃的城市，知識分子痛感自身為時代的商業氣息裏挾而日益沉淪，故發生了人文自救的吶喊。當然這一舉動絕不是反對所謂市場經濟本身，而是力圖在由此帶來的世俗化潮流的沖激中重新找回自己失落的位置，因此他們的心態是焦灼的，批判也是峻急的。這樣兩種態度，勢必構成客觀上的衝突。所謂「京海衝突」說開來也就是知識分子面對大眾社會及文化所形成的不同的立場。顯然人文話語是 80 年代以來知識分子一以貫之的「精英」立場，它總是站在這個立場抵抗大眾社會給自己造成的衰微。一位著名作家不是疾呼知識分子「快領受原本屬於你的那一份光榮」嗎？後學則相反，它不但放棄了被它稱之為「僵硬的精英主義立場」，反而從中破身而出，以「遊走者」的身份自居，穿行於有關大眾社會的各種話語縫隙中，從而試圖成為它的理論代言人，這也是一種立場。一個「固守」，一個「出走」，兩種立場的不同便構成了京海間如此表像化的衝突。

實事求是地說，這種衝突雖具一定的現實意義，但卻低於時代的水平，因為它沒能夠從整體上反映時代的矛盾全貌。後學這「後」已有嚴重的時代偏漏，人文之「文」亦在批判方向上走斜，兩種偏頗發生碰撞，反彈而出的只能是第三種偏頗。從表像上看，後學與人文是對立的，但轉換一下視角，它們又是一致的。二者正是在知識分子與大眾社會的關係之維上以彼此對立的方式顯現了它們的一致，這種一致又表現為雙方僅以對上述矛盾的爭執遮蔽了我們這個時代更為嚴重的其他矛盾。兩造情景，一條板凳。說到底它們僅是在大眾社會以及由此產生的矛盾因素上較勁，但把這種矛盾作為時代矛盾的主體，也正是它們的片面之所在。一個社會的總體構成乃是政治社會、大眾社會和知識分子社會這三方存在的完型，一個時代的矛盾也是在這三方存在的交往中產生並匯成一個總體。但我們看到，這個矛盾總體已遭到閹割，它僅僅被虛構在知識分子與大眾社會的衝突之間。直接地說，知識分子與弊端體制之間、與主流意識形態之間歷來已久的離離被輕輕地擱置了，而正是這一矛盾在時代表像的深處制約著知識分子與大眾社會的矛盾。反過來，知識分子無論對大眾社會的批判或者相反，最終也是視自身與主流社會的力量對比而定。因為就中國狀況言，長期以來自成一統的總是單一性的政治社會，這種格局之打破，乃是 90 年代以來的事，其標誌便是大眾社會和知識分子社會的逐步形成。社會格局從一元走向三元，必然矛盾多端，但作為這個時代的主要矛盾依然是新二元防止向舊一元倒退這兩者之間的矛盾而非新二元之間的矛盾。何況就知識分子言，市民社會的形成已初見成效，相形之下由於歷史和現實的原因，知識分子社會的獨立，難度將要大得多。而造成這種難度的緣由，自然也正是知識分子的矛盾重心之在。

正是這裏，我們可以給出所謂的「知識分子立場」，這個立場乃是知識分子的存在立場，這個存在又是指知識分子（社會）與政治社會和大眾社會相並列的第三種存在。這第三種存在不同於魯迅批

判當年京派海派時所說的「官的幫閒」與「商的幫忙」，它乃是在官
（政治社會）商（市民社會）之外獨立的社會存在。只有站在這個
立場上，才能有效地談及後學與人文的問題。而後二者所以有問題，
也正在於它未曾先在地解決好「知識分子立場」。後學原先的立場是
一種遊走性立場，從傳統的精英立場撤出，未必沒有它的道理，但
遊走到大眾社會的立場上去，成為它的代言人，在我看來，依然不
是知識分子立場問題的解決。設若真正站在知識分子立場，眼睛也
就不會局限於一個大眾社會，它忽略了時代中不該忽略的東西，因
而話語也就失去了知識分子本有的批判性。人文話語的立場意識不
明，但從客觀上看，它所堅持的依然是 80 年代知識分子的精英意
識，這表明它並未打算來一個立場的更變，但這沒有更變的立場不
客氣地說，就是主流意識形態體制內的立場，精英之為精英，正是
在體制內榮獲的桂冠。它雖然以人文為旗進行了一場文化保衛戰，
但這種批判變相為道德批判卻是行在自己而功在體制。事實上人文
口號已被主流意識形態當作精神文明的口號所接納。由此可見，後
學話語與人文話語，如若不進行一場必要的內部轉換，將會不斷發
生新的變形。

這種轉換，從根本上來說就是把原先的話語立場真正地轉換到
「知識分子立場」上來。原後學的立場傾向於大眾立場，前人文的
立場則傾向於主流社會的立場，這都不是知識分子的立場。立足於
後一立場，克服後學的非批判傾向，糾偏人文的泛道德現象，抓住
後學對時代框定時所遺漏下來的死角，將人文的道德批判轉化為歷
史批判、文化批判、政治批判、體制批判和意識形態批判等，這樣，
知識分子在這個時代的功能作用才能充分地發揮出來。而在這一系
列批判中所逐步形成的知識分子話語譜系，即作為與政治社會之
意識形態與大眾社會之意象形相對而三的「意義形態」，卻又以語
言存在的方式促動知識分子社會作為一種時代的獨立力量的最後
形成。

知識分子與人文

第六章　「知識分子死了」
——批判知識分子的自我批判

　　本世紀有兩種聲音值得傾聽，一是德國知識分子尼采在世紀之交那振聾發聵的一聲「上帝死了」，另外則是法國知識分子利奧塔於世紀之中也是震聾發聵的一聲「知識分子死了」。這兩種有關終結的聲音分別穿過漫長的世紀，直到今天，中國知識分子依然能夠感受到那振盪的波幅。也許，我在驚異這兩種「世紀之音」的同時，並未考慮過它們那隱密的含義和聯繫；也許我甚至僅僅認為這不過是知識分子慣有的、神經質的、故意聳人聽聞的吶喊；也許我還會認為這兩種吶喊離我們實在遙遠，那是歐羅巴的聲音，作為本身就沒有宗教傳統的我們，上帝可以存而不論，而知識分子的死亡之日乃是歐美所面臨的後工業時代，與之相距，我們還隔著一個漫長的時間差。是的，所有這些未必不能構成上述「也許」的理由；但，也許我卻沒有理由拒絕隱藏在這兩個口號之後西方知識分子的精神自警，它的表現就是知識分子最嚴格的「自我批判」。當然，這是一個有待闡釋的問題。

一、不應被擱置的「自我批判」

　　「自我批判」，一直被擱置的話題，現在我沒有理由不正視它。當我說什麼是知識分子，或知識分子意味著什麼的時候，我已然知道，我是在說「批判」。批判成了知識分子的存在方式，體制社會和大眾社會則成為知識分子的批判所指。然而，當知識分子充當了一

個社會的活躍的批判符號時，可曾想過，它自己並不必然就此獲得被批判的豁免權。也就是說，知識分子把批判的鋒矛對準他者時，它自己其實也是這他者中的之一。它雖是批判的主體，但它毫無例外地是或應是批判的對象，而惟有它之作為批判的對象，方才能更有效地發揮其主體的批判職能。知識分子批判是理性的批判，當理性的目光從認識外界自然返歸自身時，即用哲學史的術語從「本體論」到「認識論」時，它才發生一種新質的飛躍。洛克把這種理性認識的內在活動叫「內省」，黑格爾則把理性的自我反思叫「自我意識」。同樣，作為理性批判的知識分子亦應如理性的反思一樣，以其批判的方式，反思知識分子何以成為批判的存在、如何成為批判的存在、乃至應當成為什麼樣的批判存在。這種批判具有鮮明的自指性，它通過對自我存在的既然狀態的反省，以一種見血見肉見骨的否定精神審視自我、逼近自我、切入自我，甚至把自我送進歷史的火葬場，從烈火的焚化中誕生出一種新的自我精神。這是一個從自省到自新的無盡的過程，批判則是它永遠的奏鳴。正是在自我批判中得以形成的新的精神形態，方才作為知識分子他者批判的價值座標，否則這種批判則缺乏新鮮的精神資源。由於自我批判的意義不僅在於知識分子自身，並且亦有關於它的批判的社會職能，因此自我批判與他者批判相輔相成，二者同時作為「知識分子批判」的不可或缺的有機構成。

在目下的文化形勢中，知識分子的批判工作似已開展得轟轟烈烈，世俗批判、道德批判、欲望批判、反智批判、大眾文化批判和傳媒批判等全都披掛上陣，幾乎演盡了知識分子文化批判的英雄本色。且不說這一系列批判所存在的各種各樣的問題需要一一從學理上清理，僅就其批判所指而言，被批判對象毫無例外都屬知識分子的他者範圍。在他者批判日益泛化和浮化的今天，知識分子自我批判的問題再一次被悄悄地擱置了。然而這實在是一個無法擱置的問題。一個很簡單的事實，知識分子批判首先就表現為知識的批判，

那麼我們在熟練地運作手中的知識，比如用崇高、道義、理想去批判那紅塵滾滾的世俗欲望時，我們可曾想過，對那些批判知識是否也須先行進行批判？換言之，我們批判大眾文化和大眾傳媒時，我們是用什麼樣的知識在做批判的發言？又如，道統與政統的問題穿越過漫長的歷史長河，在今天的時代條件下又糾纏在新一輪的文化爭執中，頗有一些知識分子依然主張以道統禦其政統，所謂道統是「體」，政統是「用」，不僅用道統來安身立命，還要用它來安邦定國。那麼，作為這種道統的知識內涵到底是什麼？它究竟在什麼意義上可以用來支配政統或者批判政統，並且道統與政統的關係模式即「體用模式」是否依然適合於今天？從知識生產的角度，知識分子為什麼要充任那個僅僅相對於政統方式成立的道統的「衛道士」？再如，90 年代以來，文化守成主義逐漸成為一種趨勢，重返國學日益成為另一些知識分子的文化立場。那麼我們是在什麼樣的精神向度上談論國學？尼采說「精神乃是一種不斷生成的事實」，出於精神發展的需要，我們奉行的文化策略到底是守成還是生成？而文化守成的口號是知識分子文化建構的需要，還是一種話語權力的需要，甚或僅是意識形態的需要？應該說這一系列問題乃是知識分子自家屋裏的問題，一屋不掃，又何以掃天下？況「掃天下」的心理情結是否是知識分子的正常心態？總之，不認真地清理這些問題，知識分子所謂的文化批判很可能一如所見，是大而化之的、姿態的以及不得要領的。然而欲真正介入這些問題，則勢必逼近知識分子「自我批判」的主題。這一主題不僅應當成為他者批判的精神前提，而且沒有自我批判墊底，是談不上真正的知識分子批判的。

二、自我批判之一：「知識的批判」

知識分子自我批判的基本內涵之一就是知識的自我批判。既然知識分子以其知識進行批判的運作，那麼其知識本身就需要接受批

判的自我質詢。對批判知識的再批判所以成為知識分子自我批判的重要內容更在於知識分子以知識為立身之本，既定的知識系統在一定程度上能夠決定該知識群體的精神氣象和人格狀態。中國傳統知識分子在出處行藏上的賢者風度，實乃出於儒道二統的知識浸染，同樣，中國現代知識分子蹈厲風發，以科學啟愚昧，以民主反專制，這樣一種先驅形象亦是為西方啟蒙時代以來的新知識所塑造。概其言，有什麼樣的知識，就有什麼樣的知識分子；反之，當孔儒那一套知識系統被一個時代拋棄時，「士」作為知識分子的傳統存在也就壽終正寢了。從士之死亦足以透露士所以為士的那一套知識系統的衰朽與弊敗。正因為知識分子與知識之間有著如此緊密的互文，因此知識分子自我批判就必須保持對自身知識的一種批判的省察。

　　正是在這裏，不難看到尼采的意義。對於尼采這位世紀性的超人與狂人，自然有很多闡釋的角度，他的「上帝死了」置於不同的語境自然也有不同的意義。這裏對「上帝死了」的讀解，恰恰是從知識以及知識價值的角度入手。可以說，反基督反宗教的思潮早在尼采以前就以「啟蒙」的命義開始了，可是為什麼「上帝死了」的口號卻在一百多年以後的知識界發生那麼大的反響，而且石破天驚？問題就在於當年以法國為代表的啟蒙運動本質上是一場社會運動和政治運動而非知識運動（至少前者大大遮蔽了後者），反宗教的勇士們主要「同業已成為組織機構與制度的基督是針鋒相對的」（羅素語），至於在知識以及知識信仰上，啟蒙運動的代表人物大都給上帝保留了一定的地盤。伏爾泰甚至聲稱「即使沒有上帝，我們也要造一個出來」。可見在啟蒙人物那裏，還是認為人類在知識信仰上需要一個上帝，至於它是基督的還是其他的，則是另一回事。那麼把尼采的「上帝死了」與伏爾泰的「造一個出來」稍作比較，也就不難理解尼采在 20 世紀的重大意義了。尼采之反基督不僅比啟蒙思想更為徹底，而且他之反乃是純粹知識和知識信仰意義上的反，它沒有擴展成為知識變形的社會政治運動。另外更重要的是，尼采反的

不僅僅是基督的上帝，它還包括猶如伏爾泰那種「造一個出來」的
形形色色的上帝的偶像。這個上帝顯然已經成為任何一種知識信仰
上的象徵指涉。對此，海德格爾有過很漂亮的讀解，他認為尼采指
謂的上帝乃是「超感性事物」及其各種含義的主導觀念，它包括過
去的「理想」、「規範」、「原則」、「規則」，「目的」、「價值」等，總
之，以往一切既成存在的形而上學的知識體系——這是自古希臘柏
拉圖時代以來就形成的「二元分立」的知識傳統——一概被尼采那
短短的格言一網打盡。因此，尼采「上帝死了」的語義在這裏完全
可以邏輯地轉換為「知識死了」。讓過去的那些形而上學的知識——
包括基督的和基督以前的——統統見鬼去吧！這是一個叛逆狂童對
西方文化傳統的一聲天崩地裂的吶喊，它動搖了一種文化上千年的
知識根基。面對這樣一介狂童的形象，人們似乎只能驚歎「狂音之
狂也且」！但是，剝去尼采那癲狂的表像，骨子裏體現出來的卻是
最嚴厲的知識批判和價值批判。這種批判的哲學底蘊顯然是「虛無
主義」，但卻是「積極的虛無主義」，它現形為對所有既定知識傳統
的徹底否定，這種否定不可避免地顯示出濃厚的「反智（知）」色彩。
在尼采看來，所謂虛無主義就是以上帝為代表的「最高價值喪失價
值」。問題是最高價值一旦喪失之後，知識界剩下的是什麼？白茫茫
一片大地真乾淨？然而，尼采不僅僅是西方知識大廈的破壞者，而
且還是一個新世紀知識大廈的重建者，因為「上帝死了」的底牌不
是無價值而是「重估一切價值」。只是尼采認為「價值重估」即新知
識的誕生，須率先以「最高價值喪失價值」為前提。對此，我只能
說，尼采那無畏的知識批判的勇氣，來自於他那強悍的生命意志：
這正是新知識構造的最本質的力量源。本來，知識的自我批判的要
義就在於構造新知識，從而產生新型種類的知識分子。本世紀以來
以虛無主義顛覆舊知識、又以生命意志創造新知識，這開世紀的第
一人當非尼采莫屬了。他的創造姿態不是牛頓式的站在前人知識的
肩膀上，而是把前人留下的知識搗成廢墟。尼采所以把他的作派稱

之為「積極的虛無主義」，因為非如此則不足以成為「精神力提高的標誌」。

　　知識的自我批判在中國的五四時期曾迸發出燦爛的火花，其結果便是導致知識系統的轉換，即以傳統文化為主體的知識系統讓位於以啟蒙文化為主體的新知識系統。這一新的知識系統經過近百年的播布也已經成為一種傳統，或謂小傳統。面對它我不難於發現五四在知識批判上留下的隱患。五四同當年法國啟蒙一樣，並不純粹是一場知識性的文化運動，越往後越發向超知識的社會政治運動傾斜，而且知識系統的轉換乃是為社會政治系統的轉換服務的。由於運動主題的暗中更變，落實在知識的轉換上，便出現了極其尷尬的狀況。雖然知識系統在符號的能指層上發生了變化，如用白話文取代文言文；但在知識價值的深層結構上，舊的知識傳統的內在精髓依然未被新知識所超越。這裏不妨借用蔣介石憑弔胡適之的輓聯來表述其情形，蔣稱胡為「新文化中舊道德的楷模，舊倫理中新思想的師表」。在五四先驅那裏，新文化新思想與舊倫理舊道德就是這樣糾結纏雜、混成一體，甚至新思想新文化反倒成了舊倫理舊道德賴以寄存的防空洞，顯然，五四的知識批判不曾徹底。如果說尼采是在一百多年後以「上帝死了」的口號補上了啟蒙時期知識批判的未竟一課，那麼今天的知識分子是否也需要重審五四文化以至也把它作為知識的批判對象呢？這並非不必要。因為五四的另一病灶佐證了這種必要性，以外來的西方文化作為新知識的主體，它的形成與其顯示了尼采所謂自我「生命力和精神力足夠強大」的需要，不如說這種需要乃是出於藉以為武器用來反對舊文化和舊知識的需要。也正由於「借」的本身便缺乏知識者精神本我的生命根基，因而它始終無法抵擋舊知識的因襲。當然五四知識分子以西方文化作為自己的精神資源，這是一種時代的選擇，它在當時的歷史必要性乃至必然性並不是我今天所能否定的。但這並不妨礙它成為我今天反思和批判的對象——如果我不是算舊賬而是出於建構新知識的需要。

須知對五四的反省並不僅僅在於它全盤承襲了西方的知識模型，還在於這一知識模型本身在今天也需要接受知識的批判。作為五四知識資源的啟蒙文化是一種理性文化，啟蒙即意味著用理性之光開啟蒙昧。然而正是在啟蒙運動中，理性在驅逐基督上帝的同時，自己也被推上了上帝的位置。伏爾泰聲稱造一個上帝出來，在某種意義上，這一個上帝正是理性。由於世界上的所有事物都必須在理性的法庭上找到存在的根據或放棄存在的權利，理性事實上已經擔當了上帝的職責。用羅素的話「這本質上就是將理性羽化為神明」。這樣一種理性恰恰與中世紀以前古希臘文化中柏拉圖主義的先驗理念暗度陳倉。所以尼采對上帝尊嚴的揭櫫，已然包括了對啟蒙以來理性神格化傾向的批判。這樣一種知識的批判在本世紀已為傅柯、德里達等人所承傳，他們本質上是尼采的傳人。當一些人在表象上只看見後現代的遊戲與狂歡，卻忽略它所內含著的最為本質的知識批判精神，這種誤讀非常令人遺憾。尤其當理性由批判中世紀的思想武器搖身一變為另一種制度的意識形態肘，後現代思想家們對自身知識傳統的整體構架作動搖根基的批判，它又怎能不令我們對五四啟蒙所形成的知識系統產生必要的自省。這正如胡適弟子唐德剛先生所說：「吾人如只是接受了胡氏的『啟蒙』而不加檢討和修正，那我們這過去六十年也就白活了。」

回到當下。在知識分子從事他者批判時，必須意識到自身知識批判的任務也相當必要。比如今天的知識分子對世俗紅塵所進行的道德批判，儘管用了許多「崇高」、「理想」之類的等激動人心的口號，但批判的格局並未脫離傳統知識中的「義利之辯」，以及宋學那套「以理制欲」的壓抑模式，可以說這種批判聲勢再猛也難以奏效，最後只能流於漂亮的自我表演。其問題之一就是批判知識本身的問題尚未得到知識批判上的解決，它缺乏一種自我批判的先在承諾。同樣，面對國家社會中的前現代狀況，知識分子念念不忘五四啟蒙，殊不知當啟蒙一旦變為某種神話即能夠解決所有問題的「啟蒙神話」

時，這除了反映部分知識分子耽於「文化英雄」和「文化導師」的迷夢，還如此深刻表徵了知識分子因其衝動而產生的疏忽：即作為批判的啟蒙理性向制度化的國家理性轉化。當年法國大革命是這樣，中國五四至1949的大革命也是這樣。即以今天而論，五四的任務並未完成，但五四的方式卻已失時，也許不再需要那種急風暴雨式的由思想文化趨赴社會政治的浩大運動，需要的則是知識分子個體堅韌紮實的知識批判。因此，今天的知識批判的對象，既是傳統，又是五四。對前者，乃是要觸及傳統文化中知識價值的深層結構，這種結構直接導致了知識分子的人格結構，而這正是五四未能解決的問題。對五四，首先要解決知識生長的精神立足點，它必須是源於精神個體的生命意志之需（這裏指闡釋性質的人文知識），另外知識的效用與流變也是無以忽略的問題，它應當喚醒知識分子對異變了的啟蒙理性保持某種警惕。當然，在知識批判的問題上以尼采為其表率，並非是機械地以「死」或「終結」為批判對象送終，毋寧說是因了這樣一種認知面對傳統與五四，即「知識批判乃是知識繼承的最好的方式」。因此，讀解尼采更關鍵的意義則在於喚起一種世紀末的知識危機感，從而借助知識批判不僅產生緣於精神個體之需的新知識，而且更相應地誕生新時代類型的知識分子。

三、自我批判之二：「角色的批判」

什麼是新時代類型的知識分子？這個問題的提出即已包含著對知識分子存在現狀的不滿。如果撤去先有雞還是先有蛋的發生與迴圈，則應更加注意知識對知識分子的形塑作用。人們所謂東方知識分子的「賢者風度」和西方知識分子的「智者氣象」就是兩種不同知識類型的比較，更是兩種不同文化系統的知識人格化。就中國文化系統而言，它先天就缺乏「為知識而知識」的求智興趣，其知識用力之處不過是要成就一種人格，所謂「太上有德」，這裏的「德」

作為所謂人格正是傳統知識尤其是儒家知識所追求的最高境界。由
於知識對人格形成的薰陶、浸染和積澱，因此，人格一旦形成便可
獨立於知識本體而獲得某種自為性，甚至在它所以誕生的知識系統
遇到重大革故之後，它卻可能像文化基因那樣以自己的存在方式而
歷代承襲。既然知識之於人格存在著如此必然的邏輯，而人格之於
知識又有著如此之大的獨立作用，那麼在上述知識分子的自我批判
中僅僅關注於知識批判就很不夠了，至少這裏我還需要把反省的視
線投向知識分子的人格形象，這才是觸及到知識分子「本身」的一
個問題，這個問題的追問是「知識分子的角色是什麼」。在自我批判
的意義上，本文並不考慮社會他者對知識分子的角色認定，重要的
是追索知識分子自己的角色意識。它的必要性顯然在於知識分子的
角色之誤，此誤自傳統而下歷五四以迄當今。五四知識分子所以未
能最終撼動傳統文化，一個重要的原因是他們的人格在知識價值的
深層上與傳統知識分子乃是同構的。雖然他們穿西服、執手杖、喝
牛奶、吃麵包，但傳統知識已先在地人格化了他們。對道的守護與
捍衛，這樣一種角色意識如此根深蒂固地存在於知識分子的人格深
處，以至成為一種無意識。關於這一點，傅斯年曾有過極精彩的自
述，他說：「我們的思想新、信仰新，我們在思想方面完全是西洋化
了，但在安身立命之處，我們仍舊是傳統的中國人。」不，應該說
仍舊是傳統的知識分子。不僅五四「仍舊」，90 年代仍舊「仍舊」。
正是在一些從事人文討論和文化批判的知識分子身上，我強烈地感
受到他們在安身立命之處，仍舊與傳統知識分子和五四知識分子聲
息相通。知識分子的角色形象歷千年而不變，所謂「天不變，道亦
不變」。但歷史的可怕則是天變了，道卻不變。傳統是一種時代、五
四是一種時代、90 年代又是一種時代，知識分子角色之不變卻是跨
時代的。這是一道長長的歷史身影，是到了正視它的時候了。因此，
在完成以上知識的自我批判之後，本文將進入它的另一個論域：角
色的自我批判。

　　「長久以來，在西方，哲學家們一直面臨知識分子角色的誘惑，把自己變成權威的代表。自柏拉圖以來二千五百年，不屈從於這種誘惑的人為數不多。」這是法國知識分子利奧塔在一次電視講話中對知識分子所作的評價。它的所指不獨是西方知識分子，轉對東方，同樣成立。自孔子以來的兩千多年的「士」的傳統，中國知識分子同樣都想把自己變成權威的代表。這個權威不是別的，就是「道統」。就西方社會體制而言，由於它的民主傳統，柏拉圖主張智者統治天下。在他看來，哲學家沒有成為這個世界的國王或國王還沒有成為哲學家之前，國家與人類的紛爭就不會完結。因此知識分子成為權威的代表，在柏拉圖那裏直接就表現為「哲學王」。中國不然，由於社會體制的世襲特點，知識分子再有賢能亦無以為王，所謂禪讓也僅是上古的一種流傳。政統的道路既已斷絕，道統便成為知識分子對權威的追求。因而中國知識分子的權威表現就不是直接的王權，而是王權須受其支配的道權。道權意識已變成知識分子的一種存在意識，不談傳統，無論五四的啟蒙，還是 90 年代的新啟蒙，其中都貫穿著知識分子以「道統」治天下的權力意志。那麼，以道自任的知識分子是什麼樣的角色呢？一言以蔽之，「師」而已矣。韓愈說過：「師者，所以傳道受業解惑也」。在這裏，知識分子表現為傳道之師。不僅如此，韓愈又進一步將師道合一，說：「道之所存，師之所存也」，知識分子又由傳道之師遞進為道的化身，即體道者。這是一個極高的位格。由於上古三代「官師治教合」（章學誠），官即師，教即治，所謂師的職責是由官來充任的，且學在官府，因此，無論政權、教權都掌握在官的手裏。東周之時，「道術將為天下裂」，官師治教一分為二，官以術而治，師以道而教，由此形成治權與教權、道統與政統兩種不同的分立勢力，亦由此形成脫離了王官系統的「知識分子」，如諸子百家。但百家諸子因其王官的前身又無不企圖重返政統，以自己的道來治理天下。由於自身沒有直接的治權，道統必須經由政統來實現，知識分子又扮演了遊士的角色。孔子率門徒周遊

列國，推行自己的王道主張，這實際上就是在行使師的職責了。「天將以夫子為木鐸」，這木鐸正是師的借喻。但知識分子「師」的地位的真正確立——這是指政統認可的確立，則是在儒學成為經學以後的事。孔子由遊士而木鐸而「萬世之師表」，故以孔學為其道統的知識分子也水漲船高堂而皇之地登上師之位，成為「天地君親師」這一天理綱常系統中的壓軸一席。可見，知識分子的師的地位並非相對於一般的門徒而言（這是不言而喻的），它更特殊的含義乃是針對政統而言，也是針對天下而言。這是對師的理解的關鍵之處。

無論面對柏拉圖所主張的「王」的傳統，還是孔丘所身體力行的「師」的傳統，都不禁讓我想起利奧塔那風靡一時的囈語「知識分子死了」。對於這句話的讀解，我依然願意從知識分子自我批判的角度出發，事實上利氏也是在對知識分子的時代角色進行反省時拋出此語的。揆其本意，他並非詛咒知識分子一齊死了，而是指傳統類型中那種以「普遍主體」身份出現的知識分子不復存在了，取而代之的則是具體的、專業尖型的知識分子，這樣的知識分子甚或可以不叫知識分子了。應該說，當年柏拉圖所嚮往的哲學王的形象並非到利氏這裏才遭到反對，康德就極不贊成柏拉圖的主張。他認為知識分子一旦擁有權力，就不可避免地會腐蝕理性判斷的能力。因此，利氏所反對的知識分子與其是柏拉圖型的，毋寧說是啟蒙型的。然而這兩者又存在著內在的血緣。啟蒙型知識分子的血液裏依然有著哲學王的衝動，他們雖不秉王權，但卻希冀以自己的價值信念王天下。正如利氏所說：「我們把自己等同於被賦予普遍價值的主體，並從這個角度分析形勢，開出處方，……提出建議」。也如傅柯所說：知識分子「一直夢寐以求的那種管理作用：『該做此事，這樣較好，聽我們沒錯』」。因而他們二位都認為這樣的知識分子，即那些把「古希臘聖哲、猶太先知和羅馬立法官至今仍作為楷模」的知識分子應該終結了（傅柯）。基於這樣的認識，當 90 年代初法國政府發言人號召知識分子就法國經濟與社會問題發表政見時，利氏卻發表了〈知

識分子的墳墓〉。文中認為法國政府已找不到這樣的知識分子了，那些以普遍主體自居並進而對社會進行全面指導的知識分子屬於過去的一個時代，這個時代已被高度發展的科學技術所終結，因而那種社會全能型的知識分子也就相應地進了墳墓。取而代之的知識分子已經非常具體地專業化，他們作為藝術家、作家或哲學家，唯一的職責就是在各自專業內「從事自己的創造活動」，他們不必以普遍主體的身份出現，也不需要再「承擔人類共同體的責任」（當然，利氏看法是對一個完型的民主社會或後現代社會而言的，專制社會的知識分子不擬機械套用。並且，不承擔責任云云，主要是針對知識分子「立人」與「立社會」的價值取向，並非取消知識分子對社會的批判責任。亦即，知識分子的社會責任是在「破」上而非「立」上）。利氏對啟蒙型知識分子的反動不是孤立的，上述傅柯也明確表示過對啟蒙型知識分子那「預言家功能」和「管理者作用」的反感。他也直言不諱地認為這樣的知識分子沒有理由繼續存在下去了。

這裏，我把「知識分子死了」亦即知識分子的終結作為知識分子角色批判的警句既不是故意製造效果，更不是簡單地仿效或追隨利氏。他的知識分子理論大體是以現代科技發展對「元敘事」的消解，尤其是電腦對當代知識形態的影響為其闡述基礎。這一點我避而不談，因為我對知識分子角色批判的立足點依然是在人文自身的範圍內。對中國文化傳統而言，「知識分子死了」則意味著傳統知識分子人格形象的終結，也即知識分子傳統角色的時代轉換。如前言，中國知識分子的傳統形象是「師」。而師所以為師，乃是因其大道在身。那麼現在需要追問的是，這個道的知識內涵是什麼？知識分子又何以堅執此道？就其儒家而言，道的內容就是上古三代的人倫之禮，也即君君臣臣的等級制度。在孔丘看來凡是合禮即為有道，天下無道也即禮樂不存。「禮」字在他書中出現了七十多次，因禮而生又以之安禮的「仁」字更出現了一百多次。因而作為等級制度的「禮」與作為禮之自律的「仁」便構成了儒學的知識主體。可見儒學雖說

是一種人文，本質上卻是一種人倫，這種人倫對人的精神的化育，不是為了精神本身的自足發展，而是為了養成一種「天生」就範於禮的心性。由於禮自身的政治屬性，所謂「為政在人，政由禮也」（鄭玄），因此，由仁赴禮的儒學知識體系實際上就是一種治天下的政治模型，以禮為核心構成的道統也只是一種被儒家理想化了的政統。那麼為什麼傳統知識分子不會做自己的精神學問——人文知識分子的第一要義就是創造和發展精神本身，卻把全副心力放在所謂政統化了的道統身上，並為其而樂此不疲或九死未悔呢？說穿了就是知識分子的治世情結和權威意識在起作用。傅柯說知識就是權力，然而孟子早在兩千年前就漂亮地表達過這一思想「勞心者治人」。在孟子那裏，從來就是道統的權威重於政統。君權固然是一種勢，但儒家所執之禮乃是「天之道也」（左傳），故君權再大，亦應以道統為其法則，否則天下人可以「誅一夫」。由於道被上升到「天」的高度，那麼知識分子作為「師」乃道成肉身，因而知識分子便以王者之師或天下之師而自居。「所謂循之之則治，違之則亂」（皮錫瑞），正是知識分子對政統發出的警告。至於「孔子為萬世師表，六經即為萬世教科書」（皮錫瑞），也是以此為學統的知識分子用孔子張目，從而向政統叫板以顯示自己「師」的權威。這種權威意識有時並不滿足於「師」，並且還要直接由「師」而「王」。漢儒董仲舒就曾經稱孔子為「素王」，此即不居王位之王。在董氏看來，孔子作春秋是代王者立法，有王者之道而無王者之位，故封「素王」。素王作為師的最高稱謂，於此不難看出知識分子對道統的堅執，乃是出於一種極其強烈的治天下的權力意識。

這是一種頗為有趣的對比：柏拉圖聲稱知識分子要做哲學王，從而將道統與政統合一，把權力都握在知識分子手裏。中國傳統知識分子做王無望只能做師，但卻欲以道統駕馭政統，同樣把權力握在自己手裏。從後世的實標來看，各自的情況又都發生了轉化。西方知識分子畢竟無以問鼎王權，最後還是以師的面目出現，典型的

啟蒙知識分子，力圖以自己的思想來指導社會、改造社會、組織社會，實際上向中國知識分子的傳統功能轉化了。而中國知識分子雖然身在師統，卻又不肯丟下對王位的覬覦，偏要弄個「素王」的榮譽稱號來撫慰一下自己，因而又遙與柏拉圖的理想曲徑暗通。其實「王」也罷，「師」也好，東西方知識分子都不能忘情於對權威的追逐。作為一種通病，病在知識分子的職份發生了混亂。從社會分工的合理性來講，知識分子無論作為馬克思所說的「精神生產者」還是孟子所說的「勞心者」，其職份都不外是人類的精神事務。人類社會發展分解為物質的與精神的兩部分，知識分子只有立足於後者才能確立自己的存在合法性。相應地，知識分子的知識內容亦應圍繞精神的發展需要而展開。但，在這一點上，傳統知識分子發生了雙重的錯位，知識的錯位和角色的錯位。道統的本質是政統，因道統而展開並承續下來的學統，便使儒學知識充斥著濃厚的人倫／政治內容。如果一旦抽空其中的倫理說教，它在精神自身的積累與開拓上則相當貧乏。同樣，作為傳道之師，丟開形而上的精神追求，反而熱衷於人類的世俗事務，這樣就發生了社會分工上的勞心者不治心卻偏要治人、治世、治天下的舛錯。這裏，並不是一味反對知識分子的權威，但必須弄清這是什麼樣的權威以及它的限度如何。道統可以作為一種精神上的權威，但它卻不是針對政統而言，因為道統與政統並不呈索緒爾所闡述的那種「語言／言語」之關係，即道統是一種提供原則與規範的語言系統，而政統則是在這個系統中具體的言語運作。與此相應，知識分子的權威在於它所體現的人類精神的高度，而不在於它從這個高度來為世俗社會立法。相反這倒是一件極為可怕的事，比如宋儒以「天理」的高度來規範人的俗世生活，結果只能是不成功便成仁。因而以道統自居的知識分子並不是政統的立法者，反過來，政統當然也不是它的執法者。說到底，道統與政統，或曰知識分子與政統，是兩回事，不是一回事。知識分子強調以道治世，雖說是想把理想的體制現實化，但結果不是道統

支配了政統，而是道統為政統所利用，最終淪落成為意識形態。以師自居的知識分子儘管自我感覺那麼好，什麼「天生德於予」、「天降大任於斯人」，不過是假天之名以攝政統，這反而反映出知識分子潛在的體制意識，使自身成為體制，成為體制的規範者和指導者。然而「南柯一夢幾時醒，為師不就轉成奴」。歷史不幸使知識分子集體進入體制，成為政統的三幫、成為意識形態的代言人。

知識分子死了，這樣的知識分子的確應該終結了。在這裏，知識分子之死即「師之死」。今天不再需要那種全知全能實際上是無知無能的知識分子了。但百足之蟲，死而不僵。「士」作為傳統知識分子的存在形態已然終結；但士死了，士的心態即師的心態卻因其知識人格化的作用而長久地保留下來。這是指的是五四，同樣也是指90年代。從以上傅斯年的自述來看，五四知識分子與90年代知識分子在本質上與傳統之士一樣，其安身立命之處，都在一種所謂的道統之中。儘管道統的知識內涵變了，但道統的「普世功能」卻依然如故。這就不難理解五四對傳統文化的批判為何不能進行到底。由於傳統知識的人格化導致了五四知識分子人格的傳統化，而且五四先驅在大力進行知識批判的同時，又乏於對自我角色的批判反省，因此，傳統文化對他們來說不但是根深蒂固的，並且這種根蒂偏偏就在自己的人格深處。由此形成一個批判的盲區，它反而成為傳統文化最安全的據點。應當看到的是，當五四知識分子依然企圖以一種道來整合天下時，他們就必須充任啟蒙導師即拯救者的角色。他們從救心急邃地走向救世，又激昂地以天下自許，結果他們的行為不但使批判性的啟蒙理性不可避免地向國家層面的建構理性轉化，而且他們自己作為自由知識分子也不可避免地向政統轉化（否則無以實現治天下的宏願）。於是我們不幸目睹了五四當頭二先驅胡適與陳獨秀分別走向了兩種不同的體制，五四終於半途而廢了。誠然，無論五四知識分子還是傳統知識分子，他們的文化選擇適應的是具體歷史語境的需要，自有其內在的必然性，因此他們的局限乃

是歷史本身的局限。何況符合歷史的，不一定就是符合邏輯的，否則對歷史的批判反思也就沒有必要。因此，今天對歷史的反思與其是苛求前人，不如說是為了更嚴格地責成自己。比如對五四的反省，其實也就是對知識分子自我角色的反省。而繼承五四，也正是把五四對傳統文化的批判深入到它未曾觸及的層次。這樣就邏輯地逼出了知識分子自我批判的問題。

四、人格形象的轉換

仍其上，當我把知識分子的自我批判分解為「知識的批判」和「角色的批判」時，我以「上帝死了」來終結那種具有普世效應的宏偉敘事，這是一種以道統面目出現的「一言而為天下法」的知識形態。接著，我又以「知識分子死了」來終結長期以來由它所形成的治世導師的人格形象，它虛妄地把知識分子的有限職能放大到無限。就前者言，今天需要的是宏偉敘事終結之後的個人敘事和個人話語，它以意義形態的形式對人類精神發展的無限可能進行探討和言說。轉就後者，知識分子卸去了治世的重任之後，依照職業化的現代分工，成為一個專業領域內的生產者或創造者，它以自己的專業創造為人類增添其精神財富。雖然在職業的範圍內，是不談知識分子批判的，但這並不意味知識分子對其批判職能的放棄。知識分子對社會的批判是志業不是職業，必須分清這是兩個不同語境內的事。

那麼，在對知識分子的傳統角色反省之後，今天的時代希望誕生的是一種什麼樣的知識分子呢？在職業上，它是個出色的精神生產者；在志業上，它又是一個無畏的社會批判者。合適的例子可能是法國作家馬塞爾・普魯斯特。身為前者，他在他的專業領域內，以《追憶逝水年華》這樣的巨著顯示他對人類小說事業的傑出貢獻；作為後者，「德雷福斯案」發生後，他又同左拉、法朗士等作家一道

聯名上書、抵制抗議，從而顯示了知識分子的批判職責。這樣的知識分子，立足職業、不忘志業，它往返於自身職務與社會公務之間，既植根於自己的專業本性，又聽命於時代感召，這是一種什麼樣的人格形象呢？

　　知識分子死了，但它在死去的同時又復活了，這就是知識分子的人格形象的轉換，即從「師」到「批判者」的轉換。而今天的知識分子正處在這種涅槃性的轉換之中⋯⋯

知識分子與人文

第七章　從柏拉圖的「洞穴敘事」開始

——索問「知識分子倫理」

一、問題的提出

　　80 年代作為一個「新啟蒙」的時代，知識分子所以對其念念不忘，固然有其多方面的原因，但因啟蒙而構成的知識分子和其他社群之間的關係、亦即「我啟你蒙」那種「精英」與「大眾」的關係，顯然是其極為重要的緣由之一。啟蒙作為知識分子自五四以來所形成的「集體記憶」，它有效地平復了前幾十年由於啟蒙與民粹的倒轉，亦即知識分子從啟蒙主體倒轉為被教育的對象所帶來的心理重創。因此，80 年代是本世紀繼五四之後最能讓知識分子揚眉吐氣的時代。90 年代不然，90 年代的文化形勢肯定是對 80 年代啟蒙格局的消解，它重新書寫了知識分子與大眾之間的關係。這種關係不是「反啟蒙」而是「非啟蒙」。反啟蒙是民粹的重新翻轉，是知識分子重新成為被教育的對象；非啟蒙不同，它是把知識分子從啟蒙的中心放逐，從而使其成為被疏離的對象。這種疏離即「邊緣化」對知識分子的打擊是前所未有的，如果說五四以後到 80 年代這一甲子間，知識分子因其啟蒙的顛覆從而蒙受「生命中不能承受之重」的話，那麼，90 年代的知識分子因其啟蒙的失落而一下子跌入的卻是「生命中不能承受之輕」。然而這「重」與「輕」對知識分子都是致命的，重還可能產生悲壯感，輕則純然是一種出局感，兩者俱使知識分子的時代抱負難以施展，偏偏知識分子的使命感又那麼強烈。因此就不難理解 90 年代「人文精神討論」的大面積展開，它以「理

想」和「信仰」為旗幟，對世俗社會或社會世俗化進程展開尖銳的「道德批判」，並以此為過渡昇華為一種反世俗傾向的「道德理想主義」。這一歷程不妨看作是知識分子重返啟蒙中心的一種無意識的努力。它的意圖顯然是再度書寫已經被改寫了的知識分子與大眾社會的關係，同時也再度確立知識分子在社會歷史發展中的精英地位。

　　從 80 年代到 90 年代──如果把時間放遠則是五四以來──知識分子與大眾關係的翻覆，給本世紀的知識分子研究提供了一個意味深長的話題。就這個話題而言，本文的興趣並不在於這種關係的具體變化（如其上），那是「史」的任務。它所關注的毋寧是從變化中所抽象出來的「關係」本身，這是一個「論」的問題。「關係論」作為知識分子研究中一個相當重要的側面，它的研究定位似應當屬於「知識分子倫理」。倫理問題即關係問題。倫者，類也，人倫即人與人之間的（道德）關係。理者，則也，因此倫理不但指其關係本身而且亦指這種關係構成的（道德）準則。以此相推，知識分子倫理討論的就是知識分子與其他社會群體的關係，比如它與體制的關係、大眾的關係、或曰整個社會的關係等，在這些關係中，它如何參與人類的公共事務。這種關係如果屬於一種橫向構成的話，那麼，轉換一下視角，它與社會的關係又縱向為它與歷史的關係。知識分子如何介入社會歷史進程，它在其中起什麼作用，義務或責任是什麼，角色如何，等等。這些問題俱以「關係」為其樞紐，又以「倫理」為其稱名，從而擺在 90 年代每一個關注知識分子問題的研究者面前。

二、「洞穴敘事」與「有機知識分子」

　　本世紀中國知識分子雖然命運跌宕，起落反復，但由集體記憶所形成的「啟蒙情結」總是難以化解。無論是體制的「反啟蒙」，還是大眾的「非啟蒙」，都未能使知識分子從心底忘卻它對社會的那一

種責任。這樣一種心志，從精神資源上來說，無疑源自歐洲 18 世紀的啟蒙運動。所謂啟蒙，按照康德的說法，就是在一切事務上能夠公開運用自己的理性。這一條恰恰是對知識分子而言（儘管當時還未有「知識分子」的稱謂）。這裏的「公開」即指「任何人作為學者在全部聽眾面前所能做的那種運用」。由此可見，啟蒙所構成的關係乃是「學者」與「聽眾」（轉換成今天流行的說法，即「精英」與「大眾」）的關係，這是一個模式，一個知識分子最為心儀的模式。聽眾所以需要啟蒙是因為他們缺乏理性，因而處於不成熟的狀態。學者所以啟蒙則是因為他們是人類理性的代表，其責任就在於對他人進行導引。在這樣一個關係式中，知識分子無疑居其主導地位，大眾則是它的聽命者。因此，知識分子對啟蒙的感情，除去所有的合理因素外，最內深處，還有這一層不可忽視的權力因素。

可是，問題並不到啟蒙為止。很顯然，18 世紀啟蒙運動的發生，固有其時代的必然，但，如果論其精神資源，啟蒙本身也並不自足，它也需要從歷史更久遠的地方尋找其源頭。因此從啟蒙再往前溯，問題的根子就捅到了古希臘的柏拉圖。柏拉圖與其老師蘇格拉底為西方知識分子的形成奠定了兩種不同的傳統，如果說蘇格拉底以其個人的行為風範──特別是他的體制外反體制的立場──給西方知識分子樹立了一種行為楷模的話，那麼，柏拉圖則從體制建構和國家組織的角度為西方知識分子提供了一種敘事模型。這裏指的是柏拉圖《理想國》第七卷開頭一個具有經典性的場境，這個場境擬喻性地描繪了知識分子與大眾關係的初始發生。韋伯和羅素對這個場境都有過精彩的轉述，這裏依從的不妨是韋伯：這是一個長長的洞穴，那些被鎖著手腳的人們，臉一律朝著他們前面的石壁。他們身後就是光源，可是他們看不見。他們只關心光源投射在壁上的人影，琢磨它們之間的關係。終於有一個人掙開了鎖鏈，他轉過身來，看見了太陽。他眼花撩亂地四處摸索，結結巴巴地講出他所見到的東

西。其他人都說他瘋了。可他漸漸學會了看光明。以後他的任務是，下來，回到洞穴人身邊，把他們帶上來，引導他們走向光明……

這樣一種敘事話語可以說是啟蒙的原型敘事，也是知識分子的原始形成。在這則話語裏，知識分子是作為一個「先覺」的形象出現在大眾面前的。他的存在，就是走在前面，以理想的方式（如「走向太陽」、「追逐光明」等）完成對大眾的引導，

柏拉圖的影響是深遠的，他的「洞穴敘事」可謂是西方知識分子理論的精神之源。儘管這個場境只是一個象徵，但知識分子與大眾的關係卻由此而得以奠定。當然，象徵畢竟帶有不確定性，從敘事模型到一種完形理論，柏拉圖的後繼者代有其人，而本世紀上半葉，作為「西馬」陣營中「實踐哲學」的創始人、同時也是義大利共產黨的創始人，葛蘭西則是這些後繼者中相當傑出的一位。他的知識分子理論給本世紀留下了深長的影響，以致今天人們討論知識分子問題，特別是討論後現代以前的知識分子問題，總是無法繞過他。葛蘭西的知識分子理論一言以蔽之，就是「有機知識分子」。這個短語和他的另一個概念「文化霸權」（其中性說法是「文化領導權」），頻頻為 90 年代的一些中國知識分子所看好。實際上這兩個概念也是曲徑暗通的。知識分子所以需要「有機」，正是借此以獲文化領導權。那麼，到底什麼是「有機知識分子」呢？葛蘭西在這裏也僅僅是個擬喻，如果以上述柏拉圖的「洞穴敘事」來解釋的話，那麼，那個欲引領其他囚犯走向光明的先覺者就是有機知識分子。反之，他設若不以此為其任，而是孤立地與那個群體保持一定的距離，在葛蘭西眼中，他就是非有機的知識分子。「有機」在這裏是融入的意思，其融入所指則是「群眾」。在《獄中札記》一書裏（其中譯本節譯為《實踐哲學》），葛蘭西指出「只有在知識分子成為那些群眾的有機的知識分子……，他們才和群眾組成為一文化的和社會的集團。」這話聽起來像是走與工農相結合的道路，但它絕不是毛澤東主義的接受工農再教育，而是反過來，列寧主義的讓工農接受知識

分子的再教育，因為在工農群眾中是不可能自發產生馬克思主義
的。知識分子與工農大眾的關係，在葛蘭西那裏表現為有關社會發
展的「理論－實踐」之關係。知識分子則是這種關係中「具體地區
分出來的理論方面」，相應的，大眾則是具體地區分出來的實踐的方
面。所謂有機，就是讓理論與實踐兩個方面融為一體。由於「革新
不能來自於群眾，除非通過精英的仲介」，因此在知識分子與大眾的
有機統一體中，它們的關係就表現為指導者與行動者的關係，比如
啟蒙知識分子就指導了法國大革命。這種關係確定了知識分子在社
會歷史中的領導地位，「『領導權』的每一種關係必然是一種教育關
係」；不僅如此，它還將進一步表現為一種「代表的關係」，亦即知
識分子除了是大眾的啟蒙者外，它之作為一個「普遍的主體」，同時
還是大眾身心的歷史「代言人」。

　　葛蘭西的「有機知識分子」是一種立場堅定、傾向鮮明的「精
英論」，90 年代知識分子對葛氏的偏愛，包括主張啟蒙過時的知識
分子亦未有其非議之一辭，這是非常耐人尋味的。如果說 80 年代的
啟蒙主義者或今日的道德理想主義者熱衷葛蘭西，這很正常，他們
哪怕不讀其人其書，也自然「心有靈犀一點通」，這是一種「集體無
意識」。然而，90 年代反啟蒙甚至反精英的知識分子，比如從一些
文學作品出發從而闡釋所謂「社群」理論的知識分子——在邏輯上
他們應是疏離葛蘭西的，可他們依然不妨在理論上認同於「有機知
識分子」。這就不免讓人奇怪。但這種現象，未必就不能予以解釋。
啟蒙也好，社群也罷，說到底，在它們的後面都有一個「文化領導
權」的問題。這樣兩種知識分子成為 90 年代文化論爭的顯流，未必
就不涉及到 90 年代話語權的爭奪。對這兩種知識分子的評價並不是
本文的任務，毋寧說正是出於對他們的反思、亦即對 90 年代文化思
潮的反思，使筆者把目光轉向葛蘭西，並感覺到了「有機知識分子」
理論的內在坎陷。儘管在筆者以往有限的閱讀中，尚未注意到有人
對葛蘭西問題的指出，也儘管在以上的篇幅中，筆者因其介紹，故

對「有機知識分子」奉持的是一種「價值中立」的立場，但，這個立場現在就予撤除。因為無論是葛蘭西的知識分子理論還是這個理論的知識背景都是大有問題的（就後者言，這不僅指其柏拉圖主義的精神遠因，而且也指他當時所信奉的那一套實踐哲學），這些問題，在筆者看來恰恰都出在所謂的「知識分子倫理」。

三、「有機知識分子」的倫理問題

任何一種倫理關係在現代的意義上，應該是平等的關係，平等是當年啟蒙運動最重要的口號之一。可是啟蒙本身，包括葛蘭西以啟蒙為內核的「理論－實踐」的關係模式，本質上卻是反平等的。這是啟蒙的悖論，也是現代性的難堪，緣由就在於它的理論資源原本就來自本不平等的柏拉圖主義。在柏拉圖的社會倫理中，那個先覺的洞穴人是作為國家治理者而出現的，其他洞穴人則是其統治的對象。這個關係雖然不平等，但在柏拉圖那裏，卻有其合理性。作為先覺者，「有一個就夠了；只要有一個人能使一個城邦服從他的意志，那麼，他就可以實現為這個世界所如此難以置信的理想政體」（羅素轉引柏拉圖語）。當然，這一個先覺者到了葛蘭西那裏就不再是一個人，而是一個先覺的知識分子集體。這個集體和人民大眾之間的關係就是「一般意義上的教師和學生的關係」。為什麼必須是這種關係？因為只有這樣，「我們才能有一種新型的哲學家的『歷史的實現』」（亦即實現一種新型的哲學家的歷史）。在這裏，不平等意味著，大眾不僅是學生（學生是無以與其師平等的），更重要則在於，歷史只是知識分子或哲學家的歷史，大眾除了是學生之外，同時還是實現其歷史，或實現其「理想政體」的工具。這裏的問題或問題的嚴重性就遠遠超過了不平等的範圍，它已經從一種關係倫理或社會倫理擴展到了歷史倫理，即知識分子與大眾到底是什麼關係，歷史到底應是一種什麼樣的歷史或誰的歷史。

　　就其關係倫理而言，知識分子以其「精英」的面目和大眾所構成的「師生」關係，並非現代職業意義上的師生關係，現代教育的專業化趨向決定了師只是在某一方面成為學生的引導，並以此作為自己的「稻粱謀」。而葛蘭西的「師」則是中國古代文化傳統「天地君親師」這一倫理秩序內專門體現其綱常之道或「道成肉身」這一意義上的「師」。這樣的師具有「普天下」的含義，它「有教無類」，即以天下所有的人──不僅大眾、甚至國家統治者為其徒（柏拉圖認為這樣的人就可以成為國家統治者，或者使國家統治者就成為這樣的人）。因此，師在這裏乃是一種「道」的人格化，它不是解決生計問題的職業，而是形塑大眾、範引天下的神聖職責。以那位先覺的洞穴人為例，自己獲得了光明，也要讓所有的人身上灑滿陽光。作為一種天賦的使命倫理，它可以不管不顧那些人是不是也需要陽光。因為那些人充其量只是「沈默的大多數」，他們甚至不知道自己真正需要的是什麼。然而他們不知道，「我」卻知道。「我」非由他們身上知道，而是「反求諸己」，從個己的身上知道。所謂「人同此心」，「此」即己也。因為作為先覺，「我心即宇宙」。既然個己之心即宇宙之心，那麼，個己的意志也即天下人的意志。「我」作為天下人的「代表」，如果「我」需要陽光而天下人居然不需要，這只能說明天下正處於康德所謂的「不成熟的狀態」。因此，先覺的知識分子其責任就在於使他們走向成熟──這就是啟蒙。那麼，由啟蒙所蘊含的或曰由啟蒙所體現的「倫理準則」又是什麼呢？用中國儒家的經典語言來表達，就是一個字「忠」。這是孔丘一以貫之的「吾道」之一，它的內容是「己欲立而立人，己欲達而達人」。無論柏拉圖，還是葛蘭西，對知識分子使命的理解，都沒有也不會超出這個字的範圍。「忠」作為中西傳統知識分子的倫理準則，如其字，它所構成的是一個「中心」（中心之謂，乃是筆者自己的詮釋，而非《說文解字》的意思。但對孔丘及其弟子的表述而言，其詮釋邏輯是符合當時語境的），這裏當然是以己為中心（反向於現代漢語），爾後又推

己及人。因此，它的意思不過是使人同一於己，一道去「立」。「立人」作為典型的啟蒙敘事，其任務就是對大眾進行「教誨」。孔丘曰「忠，焉能勿誨乎」（既然以「我」為中心，又怎能不教誨他們呢）。從忠到誨，此中已不難見其精英知識分子與大眾的關係本質。

　　這樣一種關係倫理在社會發展過程中就必然轉化為相應的歷史倫理。所謂「己欲達而達人」，乃是使人達於己之欲達或己之所達。這個「達」的過程，也就是歷史的構成。從目的論角度，「己欲達」的動機是無可非議的，就像那個先覺，他是要把大家引向光明，而不是走向黑暗。用孔丘弟子的話，「達」的行為就是「濟眾」。到了現代，到了葛蘭西那裏，「濟眾」的說法又有了新的語言表述，即用「世界觀」引導大眾。知識分子既然作為歷史發展中「理論－實踐」關係的理論方面，那麼，它的任務就是「制定出符合於這些世界觀的倫理和政治」，並使大眾去實踐它們。在葛蘭西看來，知識分子的理論制定如果和大眾的實踐兩分，或理論僅僅成為實踐的「附加」和「補充」的話，這樣的歷史因其強調了歷史發展中的「實踐」的方面，就不但不是一種「有機」發展的歷史，而且還「意味著人們正在經歷一個相對地原始的歷史階段」。反之，「在現代世界中，人們應當強調政黨在制定和傳播世界觀中所具有的重要意義」（在葛蘭西的論述語境中，政黨與知識分子的關係是非常密切的，政黨既是由知識分子構成的，同時也是培養知識分子的「坩堝」，它是歷史過程中理論與實踐的高度統一），因為，在知識分子所由構成的政黨的身上，已經體現了「暗含在人的活動中的世界觀」（所以，知識分子是全人類的「代表」）。這種世界觀在被制定的同時，還需要「把它當作就是它們的歷史『實驗室』那樣去行動」。把歷史當作自己的實驗室，歷史也就成了知識分子的一種實驗，它所實驗的當然是由自己所制定的世界觀。在這個意義上，葛蘭西已經把知識分子與大眾那種「師生」性質的關係轉化為人類實踐過程中「哲學和歷史的關

係」，這種關係構成了有關知識分子的歷史倫理，其「準則」則是把哲學變為歷史。

四、有機知識分子的「社會倫理」批判

　　葛蘭西的問題，如果體現在社會倫理上，就不僅是一個「不平等」的問題，它之更可怕處，在於它已經不知不覺地潛伏著一種也許不易使人察覺到的「專制」內傾。葛蘭西認為「人民群眾要是不在最廣的意義上把自己組織起來，就不能同它本身『區別開來』」。什麼叫「不能同本身區別開來」，即指它意識不到自己是在幹什麼。這裏的邏輯甚至用語都來自馬克思，但馬克思原是在談論人與動物的比較。在《1844 年經濟學哲學手稿》中，馬克思認為「動物是和它的生命活動直接同一的。它沒有自己和自己生命活動之間的區別」。但動物不能區別，人卻能區別，原因就在於動物無意識而人卻有意識。由於人的活動是有意識的生命活動，因此，「人則使自己的生命活動本身變成自己的意志和意識的對象」。顯然，在葛蘭西的眼中，群眾儘管有其生命活動的實踐，但卻不能對此有所意識，它們甚至壓根就沒有有關生活的意志和意識。然而，群眾沒有，知識分子卻有，它不但能夠把自己和自己的生命活動區別開來，並且還能把自己的意志和意識貫徹到自己的生命活動中去。所以，就像人與動物作比一樣，知識分子與大眾的關係差可相擬。這裏倒不是指責葛蘭西思想深處有「群氓論」的影子，所謂「群氓」即「群盲」，不但事實如此，而且在這裏，它不妨是一個中性的概念。但，大眾是群盲，知識分子又是什麼呢？顯然，知識分子是那個群盲充斥的洞穴中的「導盲者」。因此，葛蘭西聲稱知識分子就是大眾的「組織者和領導者」（又譯「指導者」）。問題在於，知識分子憑藉什麼來組織、領導或指導大眾呢？「知識分子是由於存在著一個『專門』從概念上和哲學上研究思想的集團」，這樣，它對大眾的指導就是憑藉它所

研究出來的那個思想。儘管，這一思想只是它個人的思想，但由於自己有意識而大眾無意識，故自己的思想也就獲得了一種普遍的形式。這是一種合理性，它不但可以把自己的意志和意識貫徹到自己的生命活動中，而且還可以「合理地」把自己的意志和意識貫徹到大眾的生命活動中。套用馬克思的話，它可以使大眾的生命活動成為自己的意志和意識的對象。問題於是就很清楚了，憑藉有意識，用以獲得對大眾指導的合理性；又憑藉這種意識，從而對大眾進行合理地指導。這是一個迴圈，一個自我指涉、亦即以自我為中心（即「忠」）的迴圈。在這樣一種自我權力之體現的迴圈中，專制的可能也就如影隨形地產生了。

什麼是專制？專制就是強加，一種自我意識和意志的強加。如果說「己欲立」屬於個己意志的話，那麼，「立人」作為使動就是強加給別人了。那麼，能不能不強加呢？不可以。「天降大任於斯人」，這種強加已經先期獲得了它的合理性。這就像人類有其「棄暗投明」的本性，我投明則你必須棄暗，你不棄就逼你棄，因為這是為你好（儘管作為個人，也許你偏偏慣於其暗）。顯然，這是普遍性對個體性的遮蔽。但這種不合理的遮蔽從來就被認為是「合理的」。於是，個己之「我」作為人類普遍性的代表，就有權把這種普遍性強加於任何人，即你不立也得立。作為一種職責，此乃「為生民立命」。而「我」所以有資格這樣做，乃因為「我」有生民所沒有的意識和意志。這當然是「我思」的結果，而「我思」本身（用葛蘭西的話即「制定世界觀」）則又是「為天地立心」。因此，以「為天地立心」之「我思」，實踐於大眾，從而「為生民立命」，並將這個過程充分合理化。一個專制邏輯，就這樣被「合理」得如此天衣無縫。

不難發現的是，專制的發生往往是以「普遍性」的名義，長期以來知識分子正是充當了一個具有「普遍性」的個人主體。這正如利奧塔德在〈知識分子墳墓〉一文中說「『知識分子』更像是把自己放在人、人類、民族、人民、無產階級、生物或其他類似存在的位

置上的思想家。也就是說，這些思想家認同於被賦予了普遍價值的一個主體。」因此，以全人類的代表自居，或以人類的「喉舌」自居，便成了知識分子一種普遍的潛意識。那麼，是誰賦予知識分子以人類的普遍價值呢？為什麼直到今天，還有許多知識分子認為自己是人類精神價值的制定者呢？顯然，這是啟蒙遺留下來的問題。啟蒙所反對的對象，是中世紀的封建神權，神，亦即上帝則是那個時代的價值的終極制定者。這種價值無疑具有普遍性，所謂神權專制，其實也就是神權的價值專制，它在一個極高的上位，控制著所有人的心靈、精神與言行。啟蒙的意義，或者說，笛卡爾以來的現代的意義，就在於對這種神權價值的消解。但它在進行這項工作的時候，所消解的僅僅是原來的價值內容，卻沒有消解這種價值所具有的普遍性功能。亦即它不但用人權取代了神權，同時也用人權的普遍性取代了神權的普遍性。於是，「消解」變成了「取代」。知識分子作為人權的代理人，它所制定的人權知識當然也就「普遍」為全人類的行動指南。這時，在它所由體現出來的歷史合理性的下面，也就同時存在著它的不合理性。比如「自由」作為人權的重要內容之一，它的意思本來就是選擇上的自由。可是，它一旦在價值上被賦予了普遍性之後，其邏輯就順理成章地轉化為「你不自由，也要逼你自由」。一個「逼」字，反而使自由本來的含義喪失殆盡。可見，普遍性總是執著於對「統一」的追求，它對所有的個人來說，已經變相為一種「權力的他律」。問題是，自啟蒙之後，知識分子把這種「他律的權力」從上帝的手裏日益轉移到自己的手裏。而葛蘭西所謂的「有機知識分子」，正是通過什麼「世界觀」之類普遍價值的制定，來完成對大眾的事實上的統治。

原捷克作家米蘭・昆德拉在評論塞萬提斯的《唐吉訶德》時說「當上帝慢慢離開它的那個領導宇宙及其價值秩序、分離善惡並賦予萬物以意義的地位時，唐吉訶德走出他的家，他再也認不出世界了。世界沒有了最高法官，突然顯現出一種可怕的模糊；唯一的神

的真理解體了，變成數百個被人們共同分享的相對真理。」應該說，
昆德拉所描述的這個世界才是一個真正的「現代」世界。但，上帝
從「最高法官」的位置上退出時，知識分子卻企圖去替補，那麼，
這個世界儘管還是現代，但已經悄悄打了折扣。而讓現代成為真正
的現代，重要的一條，就是知識分子應當重新規範自己的社會倫理。
知識分子不是什麼體現了人類普遍價值的一個普遍主體，也並不代
表什麼人類的普遍的良知。這些辭彙雖然動聽，但它卻容易使知識
分子虛妄地把自己凌駕於社會之上。知識分子與其大眾的關係，就
是一般意義上的分工不同。大眾如果寬泛地理解為物質生產的勞動
者，知識分子就是精神生產的勞動者。它是用自己的精神勞動的產
品和大眾勞動產品進行交換，從而滿足自己的生存之需。而不是大
眾供養著它，是為了讓它去制定什麼普遍的價值來規範自己和引導
自己。這並非說知識分子與其精神價值無關，它的確也是人類精神
的創造者，但這種創造具有個人性。固然，個人的也是人類的，這
是就個人是其人類之一員而言；但，個人卻不能將個人的傾向推廣
為人類。也就是說，在一個價值多元的世界裏，任何一個知識分子，
都無權把自己創造的價值和自己對某種價值的追求，壟斷成一種「普
遍性」。因此，知識分子在其社會倫理上，就不應是那種把個己擴大
化的普遍倫理，它所恪守的則應是當年嚴複提出的「群己之權界」。
個己之心不是社會之心，個己意志也不是天下意志。己欲立則不必
立人。己之所欲，勿施於人。顯然，這些都是個己與社群的必要的
倫理界分。

五、有機知識分子的「歷史倫理」批判

按照葛蘭西的邏輯，在社會領域內，知識分子與大眾的關係是
一種「師生」關係的話，那麼，轉至歷史領域，這種關係便相應地
呈現為如上所說的「哲學和歷史的關係」。這裏的哲學不是「那種致

力於在狹隘的知識分子集團中間創造一種專門的文化」那種哲學，它太經院了；而是「那種在制定一種高於『常識』、在科學方面融貫的思維方式的過程中，永遠不忘記還同『普通人』相接觸」的哲學，這種哲學具有實踐性。由於它同普通人的接觸，這種接觸「不把『普通人』留在常識的原始哲學的水平上，相反地，倒是把他們導向更高的生活概念」；因此，該「哲學只是由於這種接觸才變成『歷史的』」。哲學和歷史的關係在葛蘭西那裏是如此的清楚，如果說知識分子體現了這種關係中的哲學的方面，大眾甚至不能成為其歷史方面的體現，儘管他們可以代表著和理論相對應的實踐的方面，但，唯其這種實踐是在一定的哲學或理論的引導之下。因此，歷史對知識分子這一方來說，就是一個把大眾從「常識的原始哲學水平」導向其「更高的生活概念」的過程。對大眾這一方來說，則是他們踐履這種哲學、亦即把這種更高的生活概念作為自己的生活原則並將其付諸實踐的過程。這兩個過程是二而一的，「有機的」，其有機性就表現為歷史成了某種哲學和哲學世界觀的實現。

　　這是歷史最嚴重的異化。把哲學置於歷史之上，無疑是用哲學規範歷史。而知識分子作為哲學的體現，它的意志也就成了歷史的意志。因此，有關知識分子的社會倫理和歷史倫理在邏輯上是貫通的，它在社會領域內「己欲立而立人」，就必然也要在歷史領域內「己欲達而達人」。當它把自己的世界觀、或曰更高的生活概念不僅作為自己的歷史追求，而且意欲訴諸大眾的時候，不管這種世界觀在哲學論證上是如何的正確，以及它的哲學目標是如何的誘人，它已經無可避免地使歷史走上了背離自己本身的歧途。因為，歷史本來是無意識的，它是一個自然生長的過程，它服從的不是任何一種哲學意志，而是構成歷史主體的即無數大眾的那種自發的、甚至是盲動的本能（所以，以上把大眾視為「群盲」並不含價值貶抑，因為它是自然的）。正是在這種無數的盲動性和自發性的相互交錯中，歷史不自覺地形成了一種合力，並由此開闢自己的發展道路。不難看到

的是，人類由動物進化到人，又由原始社會進化到所謂的奴隸社會、封建社會乃至資本主義社會，正是這種多維力量自然運作的結果。因此，托爾思泰認為「歷史，也可以說是人類無意識的、普遍的、隨大流的生活」。然而，知識分子對這種生活並不滿意，它太缺乏理想了。葛蘭西雖然在他的潛意識中也有大眾是群盲的成分，但他並不認可歷史的這種盲動狀態是正常的，他需要的是把歷史從這種盲動中拯救出來，使之成為一種自覺。誰的自覺？當然是知識分子的自覺。歷史無意識，而知識分子有意識。以有意識輸入其無意識，哲學就這樣成了歷史自覺發展的目標，亦即作為少數人的知識分子的自覺意識或理想的目標。

這裏隱含的問題是什麼？不僅僅是歷史走向異化（人有意識地為自己而生活，但卻無意識地構成了人類的歷史。現在反了過來，人有意識地去構成所謂的歷史，卻無意識地或忘卻了自己的生活。生活成了次要的東西，它的存在只是為了實現某種歷史的預設），而且，歷史變成了反歷史。這是歷史極大的荒唐。其荒唐來自哲學，來自知識分子，來自它們的所謂的「世界觀」和「更高的生活概念」。這些人為制定的東西，本來是為了人們更好的生活，可是當它成了人們生活的目的時，歷史就成了一種「目的論」的歷史。目的論的歷史之所以荒唐，是因為它的先驗性，它表現為人對歷史宏觀發展的一種理性的和理想的設計。儘管葛蘭西聲稱知識分子的世界觀來自於群眾的實踐，因而具有其經驗性。但這種經驗一旦訴諸未來，亦即一旦把這種由經驗所抽象出來的「規律」或「法則」作為未來的放之四海的指導時，經驗就預支或質變為先驗了。對歷史的先驗的設計，或曰理想的設計，正是葛蘭西這一類知識分子對歷史所犯下的最大過失，也是他們亦即他們的後裔至今仍然執迷不悟之處（比如中國的啟蒙主義者，亦即 90 年代的道德理想主義者）。當然葛蘭西只是一個仲介，按理想的設計來推動社會發展，這一思路如果上溯，依然得推到柏拉圖，是他的《理想國》開人類理想社會設計、

亦即設計一個「理想政體」之先河。這樣一種烏托邦傳統一直由知識分子延續下來，到了資本主義社會時，它居然被推向歷史的最高峰。在地球三分之一的地區，由於這種烏托邦的衝動，歷史這時不再是自然的發展，而是在一種被設計的框架內發展，前一種發展有其自發的「惡」的傾向，後一種發展因為經過人為的設計是避惡趨善的（比如它的藍圖是無剝削、無壓迫、無奴役、解放、天堂般的真善美統一等等）。為了達到這樣的目的，或這種目的在葛蘭西那裏一旦以世界觀的形式確定下來，歷史就成了它的實驗。這就是他在上文所說的知識分子把歷史「當作就是它們的歷史『實驗室』那樣去行動」。

　　且不說這樣的歷史行動由於其反歷史的性質，最終要受到歷史無情的懲罰（儘管葛蘭西聲稱把烏托邦之類的空想變成了科學，又把科學變成了行動。但，現在看來，空想從來就沒有變成並且也永遠不會變成科學，雖然它可以變成一種所謂的「哲學」。而它所以變成哲學，恰恰就是為了給這種空想的行動提供合理性。當哲學的空想試圖駕馭歷史時，歷史當然要把它摔個大跟頭，但，同時摔下來並且摔得更重的還是那些被迫信奉並實踐這種哲學的人。它們是真正的受苦者，既無辜又犧牲。本來，烏托邦作為一種空想原不可怕，它甚至有些可愛；但，可怕的是，有人硬要把它變為科學，一種控制人類行為和歷史從而滿足自己的意志和意識——儘管以所謂「歷史規律」的形式表現出來的科學）。並且，正是從這種由科學所指導的行動中不難透析出它所潛在的「專制」可能。又是專制？是的。專制問題乃是葛蘭西「有機知識分子」理論或他這一派「實踐哲學」難以回避的問題。前曾所述，葛蘭西密切地論述過知識分子與政黨之間的關係。在他看來，知識分子坐而論道是不足取的，它應當積極介入社會公共事務，其介入形式，就是組織政黨，從而「為所有在經濟上能動的群眾提供一種有根的領導」。這種領導是通過政黨對世界觀的確定以及制定與之相符合的一系列政治倫理任務來實現

的。由於這種世界觀,「已經在一定程度上變成一種融貫的和系統的、經常出現的認識以及一種明確而堅定的意志」,因此,在它的堅定的意志面前,已經由不得人們去選擇它,而是人們被它所選擇。因為,面對一個缺乏自覺意識的盲動的群體,葛蘭西毫不猶豫認為「群眾本身只能把哲學當作一種信仰來體驗」。「只能」意味著別無選擇,「信仰」又意味著必須去追求。就這樣,專制邏輯以政黨的體制形式(合法化),又以世界觀的信仰形式(合理化),使得知識分子的個己理想和烏托邦衝動變成了天下人所必須的實踐行為。哲學因此變成了歷史,人也因此由歷史的目的變成了實現某種哲學目的的手段。

設若把這種形態的專制與傳統的「王權專制」相較,那麼,它不妨是一種「理想的專制」。這種命名聽上去很奇怪,但在王權專制日益衰落的今天,它卻成為現代專制的典範。而它所以專制,除了以上把「己欲達」的理想合理、合法為歷史的理想外,顯然還在於它作為理想已經昇華或變異為歷史的「目的」。目的論的歷史只能是一部專制史。正如漢娜‧阿倫特說:「一切極權主義都是目的論的。」因為它為了達到目的,或者它為了把自己的選擇變成所有人的一致的選擇,非得訴諸極權不可。但極權作為手段,它的暴力性往往卻為理想的目的所遮掩。儘管實際情形有時是,極權才是目的,而所謂理想的目的倒是為其合理化的手段。當然,後者往往是政客,前者更多是知識分子。就知識分子而言,它既然認為自己的目的是正當的,因而所採取的任何方式(包括暴力和極權)當然也是正當的。柏拉圖的《理想國》是人類最早的烏托邦,同時也是人類最早的專制書。他的理想就是在國家中實現「正義」,為了實現這一目的,柏拉圖認為,政府可以撒謊,撒謊是政府的特權,因為它是一種「高貴的謊話」。並且,在他的理想國內,個人的自由是絕對被取締的,因為自由妨礙正義的實現。正義作為目的,它的極端說法甚至是「哪怕世界消滅,也要讓正義實現」。這種話極具鼓動性乃至煽動力,它

是信仰的極致，也有其崇高的效果。但，這種正義論，其中的法西斯性也不禁令人毛骨悚然。目的論歷史正是這樣，把本來就是目的的歷史偏偏變異為實現某種額外的目的的手段，於是，本來是手段的東西，比如正義，在變成目的的同時，也就變成了一種專制。柏拉圖如是，他的後繼者，比如葛蘭西，或者今天的新啟蒙者，亦如是，儘管正義的概念可以由他們換成另外的辭彙，如「生活的更高概念」「世界觀」「道德理想主義」等。只要知識分子的個人理想一旦冒頂人類的名義，再一旦逾越「群己之權界」，那麼，《理想國》則勢必成為它們共同的規範。在那裏，理想與專制永遠是互為表裏的。易言之，通往理想的路，就是用專制鋪就的。

按照以上的表述，是否意味著知識分子就此退出人類或歷史的公共事務呢？非也。這裏，如果接觸一下韋伯，瞭解他在這方面的思想，將是大有裨益的。1919 年，他在為年輕的大學生亦即未來的知識分子作〈以政治為業〉或譯〈政治作為生涯〉的講演時，就知識分子以政治的方式介入人類歷史時，提出了自己的忠告。他強調「為了能操縱歷史的舵盤，應該成為一個什麼樣的人，這是一個倫理問題。」這個問題包括彼此相關又根本不同的兩個方面，即「信念倫理」（又譯「目的倫理」）和「責任倫理」。所謂「信念倫理」就是按自己的信念準則去行動，它只對信念或目的負責，而不對後果負責。用宗教語言來說，基督徒的行為是正當的，後果則委諸上帝。「責任倫理」相反，它強調的是當事人對自己的行動後果負責。韋伯這樣分析「如果源於純潔的信念的行動造成了惡果，那麼，在他看來，責任不在行動者，而在這個世界，在於別人的愚昧──或者在於創造了這幫人的上帝的意志」（而知識分子本來就是為啟蒙而來的，因為這個世界太愚昧了，人們如果不能脫蒙的話，那麼，「要麼全有，要麼全無」。就後者言，理想或正義如果實現不了，還要這個世界幹嗎？──這就是「目的論」的邏輯）。相形之下，「責任倫理」並不完全拋棄「信念倫理」，但它更「考慮到人們的一般缺陷，正如

費希特所說，他根本無權假定人們的善良和完美；他不認為可以把
自己行動的後果——只要是可以預見的——轉到他人身上」。在韋伯
眼中，一個知識分子，如果堅持後者，那麼，他就是「一個現實地、
真誠地感到對後果的責任、按照責任倫理行事的成熟的人」。而前
者，韋伯則認為是「陶醉在浪漫主義的轟動之中」的「銀樣蠟槍頭」。
需要指出的是，在「信念倫理」和「責任倫理」的對比中，韋伯不
僅強調了後者的重要，而且他更注意到了一味高揚信念倫理所隱含
的危險。也就是說，歷史行為並非不需要信念，但信念卻不是歷史
的目的，當信念目的化、亦即歷史被理想化的時候，韋伯指出了「『善』
的目的」的另一面，即「道德上可疑的、至少是危險的手段以及產
生惡的副作用的可能性」，這種可能性由於信念的迷惑，甚至會導致
「善的目的把倫理上危險的手段和副作用神聖化」。不幸歷史往往如
此。遠的不說，90 年代一些道德理想主義者，正是以這樣的方式為
當年自己的紅衛兵行為作辯，他們承認自己「愚昧、盲從、打架、
兇暴」，但這都算不得什麼，因為，那種行為「其動機其潛力其源泉
完全是正常的乃至是美好崇高的」。正是這種動機決定論，文革的暴
行不但可以一概赦免，而且在世俗泛濫、人欲橫流的今天，為了信
念，為了清潔，甚至還可以把它重演一遍；因為這是「清潔的暴力，
是不義的世界和倫理的討伐者」。在他們眼中，世界上「沒有什麼恐
怖主義，只有無助的人絕望的戰鬥」。在這裏，信念倫理的邏輯是毫
不含糊的，為了崇高，可以殺人。戴東原當年謂其「天理殺人」，這，
就是一個註腳。

六、作為「反面」形象的知識分子

以上筆者從社會倫理和歷史倫理兩個維度探討了知識分子意志
和行為的有關問題，它以「反題」的或「批判」的形式展開。其批
判重鎮就是葛蘭西，當然也不僅僅是葛蘭西，他在這裏更多是一個

「符號」，一個具有廣泛象徵意義的知識分子符號。他的問題，如果
往前溯，可以經由啟蒙而一直追到柏拉圖（這是根子）。就他自己所
生活的時代，他則可以成為他所身心投入的那個「主義」的代表（這
是一個現代版的柏拉圖理想國主義）。而往下延伸，卻又不難推導出
中國的新啟蒙者或道德理想主義。因此，葛蘭西的地位是特殊的，
也是普遍的。抓住他，就是抓住人類歷史上一種久遠深厚的知識分
子傳統。對這個傳統而言，知識分子在具體的主張、主義、理想上，
可以各自不一，甚至大相逕庭。但它們在這一點上卻是一致的，即
它們總是以人類的理性的代表自居，把某種道德理想作為人類社會
生活的目標，並以此規劃和引導歷史的發展。這一使命在柏拉圖那
裏如果是企圖以訴諸君王的方式（最後未果），而中國的道德理想主
義主要是以抵抗世俗的方式（亦難成正果），那麼，葛蘭西則是以訴
諸體制（即組成政黨）的方式來完成（不幸「他」做到了），比較之
下，「他」的危害就最大。因此，對其「有機知識分子」理論作一番
清算，並揭示其內在癥結，就成為筆者繞不過去的一個任務。

　　在結束這項任務（就本文而言）之際，筆者認為有必要闡述一
種與葛蘭西相反的知識分子主張，即「無機知識分子」的主張。「有
機」之謂，有一種反獨立的意思，它不但是和社群集合在一起的概
念，而且有機本身也就是整個社會機體的一部分，甚至是其中代表
上層建築的那部分。但筆者以為，知識分子不但應該「外在於」社
會體制（任何性質的體制、包括自身所構建的學術體制），而且即使
對由大眾為其基本構成的社會機體來說，也應該保持一種「外在於」
的精神姿態。真正的知識分子永遠是也僅僅是知識「分子」，它不代
表任何群體，而總是意味著個人、獨立、疏遠、偏離。因此，在葛
蘭西看來某些不能接受的東西倒反而是知識分子的必要條件。比如
他不能接受知識分子的哲學活動「只是『個人』對於系統的、融貫
的概念的研究」，而主張把哲學「看成是改變群眾的『心態』」（筆者
以為「心態」可能是「心靈」之誤，若此，就不難理解為什麼把知

識分子稱為「人類靈魂的工程師」，它就是用自己的哲學改造人們的心靈，使之與其相同。這是一種可怕的暴力）。並且，他認為，只有像後者這樣，「才清洗掉自己身上的個人性質的知識分子要素而變成為生命」。其實，像葛蘭西這樣的知識分子生命恰恰是對知識分子真正的生命的取消。因此，當葛蘭西明確指出知識分子的任務就是在實踐領域「確定和組織道德和精神生活的改革」，並明確指出那些不這樣做的知識分子，亦即「『結晶化』的知識分子卻是保守和反動的」時，他才真正揭示出知識分子的真諦，儘管他的本義是否定。

這個真諦，就是「反」。知識「分子」的概念，落實在緊要處，也就是一個「反」字。「反者道之動」（老子），因此，「反動」在任何意義上，都不應當是個貶義詞（專制社會例外），至少它意味著一種自由的選擇。當知識分子一旦作出這種選擇時，它就不可能是「有機」的，而只能是「結晶」的。結晶即化解不開，或從有機體中析出，唯其如此，它才能保持自己游離性顆粒的「分子」狀態。這種狀態，就是對那種「有機化合」過程的「反動」。知識分子與社會或大眾的關係，就像它與體制的關係一樣，是「反」而不是「導」。「導」是站在前面，而「反」則是站在對面或對立面。也就是說，除其一些緊要的歷史關頭外，知識分子一般並不是站在大眾的前面，按照自己的設計，引導它們奔赴某個目標。歷史的「正道」是任其自然，知識分子不應以任何意志改變這種自然。但，它同時也意識到，這種自然有時是極其可怕的，因為所謂自然即大眾的自然本能畢竟具有不可避免的盲動性。面對這種「自然／盲動」的無意識過程，歷史並不需要有人出來「導盲」，倒是需要有人「反盲」。能夠自覺充當這個反盲者的，就應該是知識「分子」了。當然，它不是以體制的方式在反，而是以個人的即「分子」的方式，否則，這種反也就變成了另一種強制性的導。在這裏，反的作用僅僅是對那種盲動的過程形成一種必要的「反撥」，而不是徹底扭轉。如果把話進一步說明白，這種「反」並不是因為大眾做錯了什麼。假設大眾作為一個

群體，它們的行為是一致的、意志是共同的、方向也是正確的，知識分子依然需要去「反」。甚至不妨說這是「為反而反」。當歷史的合力由本來的眾多方向而集中到某一個方向上，這時候，這個社會已經不正常了。它的危機性已不在於該方向、該意志、該行為正確與否，而在於它那巨大的盲動性之本身以及由此產生的巨大的慣性，還在於它以群體的意志、力量和行為有可能抑制個人的選擇上的自由。這時，知識分子的作用就是對其「變壓」，它以個體的反的方式來緩解這種慣性，使之盡可能達於某種抑制性的平衡。因此，對人類歷史來說，大眾的意志是其發展的「正題」，知識分子就表現為它的「反題」，這是兩個方向上的力（只有正題而沒有反題是危險的，反之同樣），而它們綜合作用的結果，方才形成歷史發展的「合題」。

　　由此可見，在反葛蘭西的意義上，筆者所理解的知識分子角色就是一個「反面」的形象。這既是出於它的本性，也是它的一種責任，如果它還願意承擔一定的社會責任的話。這樣一種知識分子，在它所表達的社會功能上，就是「只破不立」。立，如果是對自己而言，它可以任意地立意高遠。但它不能也無權立意高遠地去「立人」或「立社會」。因此，對於社會，它所能表達的也就是「破」了。「破」是一種批判的力量，它的所指既是體制也是大眾，泛其言，是一切秩序性和集合性的力量。它專門對這種力量說「不」，以此體現自己作為「另類」的存在。這樣一種存在並非空穴來風，它的典型表徵就是古希臘的蘇格拉底（作為一位最早的知識分子，蘇格拉底總是在體制之外和大眾之外發出自己的反對的聲音，比如他居然反對當時的「民主制」，這是意味深長的。不妨可以這樣解釋，對知識分子而言，如果沒有民主制，他當然是而且應當首先是那種反民主的專制力量的反對者；而有了民主制，他又搖身一變為民主制本身──這也是一種權力機制──的反對者。因為，民主作為一種制度，從來就不是「最好的」，而是「最不壞的」。在這種情況下，知識分子

並不追求所謂烏托邦式的「最好」，而是批判既成現實的「最不壞」。
否則，「最不壞」也有可能導致「最壞」。蘇格拉底後來不就「最壞」
地死於這種作為「群體專制」的民主嗎？此則更可見他生前「反」
的必要）。所以，從蘇格拉底身上倒是可以看出知識分子與社會應該
構成一種什麼樣的關係。從這種關係即「反」的關係中探討有關知
識分子的倫理及其準則，這既是知識分子研究中一直被人們忽略的
一個方面，同時更是一個富有挑戰性的問題。

參考書目：

（一）　葛蘭西著《實踐哲學》，重慶出版社 1990 年 9 月出版，本文
　　　　所引葛蘭西之語俱出此書。
（二）　韋伯著《學術生涯與政治生涯》，國際文化出版公司 1988 年
　　　　9 月出版，本文所引韋伯之語俱出此書。

第八章 「這裏就是羅陀斯……」

——知識分子的「理想主義」終結

一、從批判的轉型說起

不久前的一篇文章中，我曾這樣寫到：90 年代的思想史是很有意思的，如果說它的前半段是「後學話語」和「人文話語」互峙的話，那麼，後半段尤其是靠近世紀末的這一段則是「自由主義」和「道德主義」在批判上的交替。

此語何謂？很顯然，90 年代市場化的運作，先後催生了北京的後學話語和上海的人文話語。前者往往以全球化為背景闡釋當下社會世俗化的不可避免及其合理性，人文話語則立足於知識分子慣有的精神立場，對整個社會（尤其是知識分子）的世俗化展開尖銳的批判。後學話語以後日益向所謂的「全球化」方向努力（這可見最近出版的一套有關「全球化」問題的叢書），而人文話語後來發變為影響日盛的「世紀末的文化批判」（此亦可見同名之書和「抵抗投降」書系等）。現在看來，後學話語一味關注全球化以至忽略了本土的一系列問題尤其是體制問題（這個問題在後學那裏是一塊理論的「飛地」），而人文指向的文化批判其峻急之處僅在於痛詆理想的失落，卻和後學一樣也掠過了那塊敏感的但卻是繞不過去的地方，從而亦成為一種「飛地話語」。在這裏，後學話語由於只是一種闡釋話語而非批判話語，不妨存而不論。文化批判作為 90 年代最重要的一種批判話語，它的批判資源顯然是所謂的「道德主義」。

　　道德主義的文化批判在其實質上是「理想主義」的，它是以某種道德理想作為批判的出發點用以批判 90 年代的社會現實和文化現實。因此，這樣一種文化批判，它的全稱應該是「道德理想主義」——道德張其目而理想根其本。但是，在晚近的一段時間內，道德理想主義的文化批判因其思想資源的先天模糊而失卻了 90 年代中期那激進的姿態和勁健的風頭，於是，文化批判逐漸過渡到以顧准遺著出現為標誌的自由主義的籲求（與此相應的還有在知識界風行的哈耶克的兩本書《向奴役之路》和《自由秩序原理》）。這樣一種批判從經濟自由主義到政治自由主義漸次展開，其表徵就是《公共論叢》、《中國政治》、《火與冰》等書以及《方法》雜誌（改版後）的推出。自由主義是北大在世紀初就形成了的批判傳統，它在世紀末不動聲色地復興（由於批判所指不同和當下語境的關係，它沒有也不可能有道德理想主義那麼顯赫）自有其深厚的歷史根源和現實緣由。因此，世紀末的文化批判從道德理想主義到自由主義實在是一種時代的必然。必然就在於自由主義批判能夠面對道德批判話語（包括後現代話語）所回避的那塊理論飛地。這是一種耐人尋味的比較，理想主義的反面是世俗主義，自由主義的反面則是極權主義。那麼，在 90 年代的中國，文化批判到底應該批判什麼？

　　批判的轉型需要對以前的文化批判進行學理上的反思。本文所以在對「理想主義」批判之前先行描述 90 年代的批判歷程，也正在於顯示這種反思的現實必要。以其反思的視角來看，不僅在於自由主義和理想主義的批判對象判然有別，也不僅在於世紀末逼近時自由主義對理想主義在批判上有所超越，更重要則在於，理想主義本身就是自由主義的批判對象，或，自由主義本身就是理想主義的反面。如上言，自由主義是反專制的，而理想主義恰恰就具有專制的內傾。因此，當自由主義批判現實的極權主義時，它不應當忽視以知識分子話語面目出現的另一種專制的誤區（儘管它僅僅是一種可能）。本文正是出於這樣的體認，方才冒險把知識分子「不死之精神」

的理想主義當作自己的反思對象乃至批判對象，當然是站在自由主義的立場。（申明：我只是為了方便，因而在習慣的意義上使用「自由主義」這個概念，因為我個人無疑反對任何「主義」，自由亦不例外）

二、知識分子為什麼是「理想主義者」

在「理想主義」的批判之始，我首先感興趣的是，知識分子為什麼是「理想主義者」？所以這樣質問，乃是緣於我自己在現實生活中的切身感受。比如說工人可以沒有理想，農民可以沒有理想，但，知識分子卻不能沒有，否則就是缺陷。「知識分子怎麼可以沒有理想呢？」這是我與周圍人就這個問題交談時經常聽到的反詰，儘管他們未必認真思考過到底什麼是「理想」。前幾年在以道德理想為主題的文化批判中，理想主義的聲音慷慨激昂、不絕於耳。我作為這種聲音的批評者也曾聽到過對方這樣的申辯「難道談理想有什麼錯嗎？」這其實是最無力的辯白，但也是最有力的。因為，它踩在知識分子必須談理想的底線上，而這個底線同時也就是高度。知識分子沒有理想，或者，知識分子不談理想，於前者是知識分子於節有虧，於後者則是知識分子的不負責任，尤其是在世俗氾濫的今天。因此，知識分子彷彿成了「理想的華表」，它的存在好像就是以弘揚理想為己任。應該說這樣一種知識分子的人格形象人們很熟悉了，不太熟悉的可能是知識分子作為批判者亦即狙擊黑夜的貓頭鷹的形象。當我決定把「理想主義」作為這篇文章的解剖對象時，我不是沒有這方面的顧慮，因為它來自別人的警告：當今社會已經沒有什麼理想可言了，如果還要否定知識分子的理想主義，那麼……。那麼後面的話我是知道的，但我寧可天下沒有什麼理想主義，也不願知識分子為天下提供任何主義的理想。這個詞在我個人的語境中，它是貶義的。因此，當我就這個問題徵諸一位友人時，儘管他對道

德理想主義也持異議，但卻指出要看什麼樣的理想主義。我強調問題可能不在於什麼樣，而在理想主義本身。這時，友人謹慎地沈默了。於是，我再一次感到知識分子與理想主義的淵源之深。知識分子可以用一種理想主義反對另一種，但一般不會把理想主義本身當作反對的對象。理想是燈，知識分子就是擎燈者。燈一旦失落，知識分子何為？可見理想主義是知識分子的安身立命之處，當然也是它與大眾如引車賣漿者流的根本區別。知識分子作為一個群體可以放棄許多，而之所以不會輕易放棄理想，除了對理想的追求已經教化為一種知識分子傳統外，在某種意義上，放棄它就意味著放棄了優勢，等於把自己混跡於平庸的大眾。這種推論不太厚道，也不無道理。但不管怎樣，知識分子與理想主義的親和關係則毋庸置疑，而這就需要探討其原因。

在最簡單的意義上，知識分子對理想的追求是因為對現實的不滿。它之作為理想主義者，是由於它不僅感到了生活的缺陷，並且意欲使之改變進而抵達完善。這樣，在知識分子面前，就有了兩個世界，一個是它所身處的「有缺陷的世界」，一個則是它所欲達到的「完善的世界」。所謂完善乃是對缺陷的克服。後面這一個世界就它尚未成為現實而言，它是處於理想形態的。問題是，知識分子為什麼認為在有缺陷的世界之外，還有一個完善的世界？這個世界並未現形，知識分子何以執著地相信？再，這個完善的世界，它自身所成立的根據是什麼？如果不是出於虛妄，是否能夠從知識學的角度予以指明？

這些問題其實是對「理想」這一概念的追索。這是一個長線追索，它的始端需要回溯到遙遠的柏拉圖。也許有人不以為然，不就是理想嗎？天天在舌頭上打滾，都說爛了。何必掉書袋。不然。越是說爛了的東西，越是容易疏於追索而造成蒙蔽。理想正是這樣。這原是一個學理意味甚濃的詞，在本意上，它並非指一個少年長大要當飛行員之類的願望，儘管人們往往在這個意義上使用。但這種

使用，與我無關。我的意思是，理想可以作為一種願望，然而願望卻並不等於理想。因此，我不在一般的或日常的意義上討論這個詞。這個以偏正方式構成的詞，恰恰相反，其要義在偏而不在正，亦即在「理」而不在「想」。此語謂何？這就要請出柏拉圖了。如果「想」可以作為一種願望或思想的話，那麼，關鍵在於，這是一種什麼樣的願望或思想。這時，柏拉圖的「理」亦即「理念」就具出了這種願望或思想的內涵。從學理上講，「理想」云云，乃是指柏拉圖意義上有關「理念」的思想（在漢語傳統中是沒有理想這個詞的，它是近世以來一種創造性的翻譯。而在英文語境中，談理想則無法避免柏拉圖）。「理想」（ideal）的詞根就是「idea」（理念、觀念），《簡明牛津詞典》對這個根詞的釋義也很簡明，其義項之一即「柏拉圖的哲學」。因此，討論理想而不追溯作為闡發理念思想第一人的柏拉圖，問題就難深入。柏拉圖乃是人類史上（至少是西方）第一位理想主義者（這有他的「理念論」和《理想國》為證），如果照這個邏輯推論，那麼千載而下，後世任何一個理想主義者，都是柏拉圖爺爺的龍子龍孫。

柏拉圖哲學的全部用力之處就在於把世界分成兩個，一個是現象的世界，一個是實在的世界。前者即我們所生活著的世界，後者則是作為最高現實或最高精神的「理念」的世界。這兩個世界的關係是：前者不僅是後者的比附、分有、反映、模仿；而且，相形之下，生活的世界總是流動的、恍惚的、混亂的、不定的、同時也是充滿著缺陷的；理念的世界則相反，它是明晰的、秩序的、不變的、完美的、當然也是至善的。簡言之，在我們所生活的世界之外，還有一個作為本源性的「ideas」的世界。它之作為複數是因為生活世界中的萬事萬物都有對應的理念。床有床的理念，美有美的理念，人有人的理念，國家有國家的理念。理念的世界是形而上的，它為生活的世界提供了模型，而生活的世界則是以不完美的形式對理念世界所作的不充分的模仿。由此可見，正是柏拉圖關於兩個世界的

劃分，給知識分子提供了上述所言的思維體認，即有缺陷的世界之外，還有一個完善的世界。這個世界是理念的，它作為可欲的對象，便構成了知識分子所謂的理想。換言之，知識分子沉湎於理想的烏托邦習性，乃源於柏拉圖首次從知識學的角度對理念世界做出了誘人的闡發（《牛津》云，理想「僅存於 idea 中」）。

現在來看知識分子為什麼是理想主義者，也許就能看出一些潛在的奧妙。在柏拉圖那裏，理念世界的存在不僅劃分了兩個世界，而且也使知識分子形成了一種有關自身的「文化優勢」（這是知識分子所以執著於理想的一個秘而不宣或察而未覺的原因）。當柏拉圖把世界一分為二時，有關這個世界的知識以及擁有這些知識的人也都隨之一分為二了。當別人問柏拉圖，什麼樣的人才是哲學家時，他指出是那些喜歡知道真理的人。那麼，什麼又是真理呢？即是那些關於「理念」的知識。假如有一個人喜歡聽音樂、看圖畫，亦即愛好一切美的事物，他是否就擁有美的知識呢？不。他不擁有。因為他只是喜歡美的事物，而不是愛好美的理念。假如另外有一人愛好美的理念，亦即美本身，那麼，這個人就獲得了有關美的知識。也就是說，我們今天的知識在柏拉圖那裏是兩分的，只有針對理念的知識才是真正的「知識」。而那些不是針對理念的，比如有關具體音樂和圖畫的知識，柏拉圖則稱之為「意見」。它們兩者的區別，就客體言，意見所反映的是現象的世界（因而是不真實的），知識則對應於理念的世界（因而是真理的）。就主體言，意見只是根據現象做出判斷的能力，即感覺的能力，而知識的能力則是超感覺的，它是對永恆實體的體悟和把握。因此，這兩種能力在質上不可等量齊觀。「知識」無疑屬於真理，「意見」僅僅是看法。知識的兩分進而導致了人的兩分。一般的人只是喜歡聽悅耳的聲音、看悅目的圖畫，他們被柏拉圖稱為「愛意見者」。相反，那些能夠掌握理念知識的人則是「愛智者」。愛智者即哲學家，亦即我們今天的知識分子。顯然，作為知識分子的哲學家遠遠高於一般的人，柏拉圖把他們推崇為統治大眾

的護國者,因為他們擁有他人所沒有的「知識」高於「意見」的文化優勢。擁有這種優勢的人,哪怕只有一個也就可以了,他可以使所有的人服從他的意志,從而按照理念的模型在這個世界上實現其相應的理想政體。由此可見,柏拉圖的理念一旦成為最高的知識,踐履這種理念的理想也就轉化為最高的權力(「哲學王」的權力)。理念-理想-權力,這三點成一線的邏輯進向,雖然未曾挑明,但它早已積澱為後世知識分子的集體無意識。

知識分子所以是理想主義者,還在於這種文化優勢同時也是一種「道德優勢」。如其上,柏拉圖的理念世界是一個複數構成,現象界中的任何物都有對應的理念存在。這些理念雖然無數,但並非亂成一團,而是按照某種秩序排列成一個彼此關聯的整體。這個整體是以「善」為核心的,也就是說,「善」的理念是最高的理念,也是宇宙運行的目的。或者說,不僅所有的理念都在「善」之下,而且「善」還是一切理念的源泉。一般理念的知識僅僅是「真」,但予以知識對象以真理的卻是「善」。「它乃是知識和認識中的真理的原因」(《理想國》P.267)。「真理與知識都是美的,但善的理念比這兩者更美」(同前頁)。因此,「善」的理念是真與美之源,它把真、美集於一體,形成了理念上的真善美的統一。理念世界由此成為人們生活世界的一個理想的模型。生活世界是對這個理想模型的模仿,而且是不完美的模仿;從不完美走向完美,就是作為護國者的知識分子的任務了。如果說知識分子擁有理念的「知識」,能夠超越感官層次,「使用理念,從一個理念到另一個理念,並且最後歸結到理念」(同前書 P.270),這是一種文化優勢的話;那麼,統攝這個理念世界的「善」,作為生活世界的最高樣板,作為宇宙流行的終極目的、同時也作為知識分子最高的價值追求,它也就同時轉化為比文化優勢更重要的「道德優勢」。在知識領域中,知識分子是真善美的建構者;在生活世界中,知識分子則是追求真善美的人格表率。因此,當知識分子一旦以理想自任,分明就已崇高起來、神聖起來。前幾

年的文化批判中，道德理想主義對社會世俗化和文化世俗化的批判
之所以如此高屋建瓴，就因為它擁有這樣的道德優勢。這種優勢意
味著，只要我追求理想，也就獲得了批判別人不追求理想的權力。
其理由在於，人怎麼可以沒有理想而生活呢？它的潛臺詞無非是，
生活本身是有缺陷的，而理想則是完善的，任何人都應過上一種完
善的而不是有缺陷的生活。所以，知識分子的道德批判乃是以反題
的方式進行的一種道德引導（或拯救），即把大眾和社會從缺陷導向
完善。向善的理想不僅使知識分子獲得了道德優勢，反過來，道德
優勢也使理想本身成了不能質疑的對象。當人們以文革為例反思理
想的負面性時，甚至產生了這種本難成立的辯解，即文革的理想是
「偽理想」（理想，就其不是當下的現實形態而言，它無不「偽」；
然而就其一個人的誠信而言，它又無不「真」）。於是耳邊就常常會
聽到這樣的指責，「嘲諷理想、消解崇高、拋棄神聖」，它們幾乎成
為道德理想主義對 90 年代的時代判詞。然而，隱藏在這些嚴詞利句
之後的，卻未必不是知識分子作為道德偶像消失的焦慮。

　　以上是我從柏拉圖出發對知識分子為什麼是理想主義者的一種
闡釋。當然我並不認為從「文化優勢」到「道德優勢」就是唯一的
原因，它並不排除知識分子所以成為理想主義者的其他緣由。事物
的原因往往是多重的、複雜的，纏結一體的，理想問題也是這樣。
鑒於上述原因在知識分子與理想主義的關係中始終隱而不彰，因
此，我以為，就很有必要將其剖明。

三、作為「目的論」的理想主義

　　理想主義理解為一種「目的論」，是因為理想對理想主義者而
言，乃是可欲的對象，亦即通過踐履就可以實現的內容。柏拉圖聲
稱必須是一個哲學王統治國家，非如此「我們擬定的這套制度就永
遠不會實現」。可見，他的《理想國》並非純粹的烏托邦，一則它以

當時的斯巴達為其藍本，一則它把理想國作為一個符合「善」的理念的國家模型從而加以實現。儘管《理想國》的直譯應為「國家」（republic），但意譯的合理在於，這並非一個自然形成的國家，而是按照某種理念設計出來的制度。國家的任務就是通過制度貫徹，模仿或接近那個「善」的國家理念。在這裏，有關「善」的國家理念既是一種國家理想，同時也是國家必須努力實現的目的。

由於柏拉圖的「理念」具有某種神創功能，並且「理念」世界超越於現實世界之上，因此，許多人認為理想國只是一個「人間神國」的幻想罷了。面對這樣一種普遍的看法，同樣是作為目的論者的黑格爾針鋒相對地指出「當一個理想由於理念、由於概念而有其本身的真理性時，它便不是幻想，而是真實的。這樣的理想也不是空虛的、軟弱無力的、而是現實的。真實的理想並非應該是現實的，而乃是現實的，並且是唯一現實的東西。」（《哲學史講演錄》第二卷 p.247）黑格爾的語言中有一種斬釘截鐵的力量，但他這裏的「現實」不是指現象界的現實，而是柏拉圖意義上那種「作為幸福的神自身的永恆世界的現實性」（同上書 p.248）。所謂「神自身的永恆世界」就其不在世俗世界而言，它是形而上的。這似乎是說，形而上的理想是現實的，而世俗世界反倒不現實。是的，正是這樣。黑格爾的意思就是把不現實的亦即有缺陷的世俗世界轉變為沒有缺陷的亦即具有真正現實性的理想世界。因此，理想主義不是別的，就是將彼岸的那種真正的現實性落實在此岸，並作為此岸的目標。這個目標亦即理想之「理」往往具有一定的神性色彩（只有達於神才是至善的，也只有神才具有使人心悅誠服的服從力量）。這一色彩甚至可以參以當時深受黑格爾影響（當然也深受柏拉圖影響）的青年馬克思的自白：「帷幕降下來了。我最神聖的東西已經毀了，必須把新的神安置進去。我從理想主義──順便提一提，我曾拿它同康德和費希特的理想主義比較，並從中吸取營養──轉而向現實本身去尋求思想。如果說神先前是超脫塵世的，那麼，現在它們已經成為塵

世的中心。」(《馬克思恩格斯全集》40 卷 pp.14-15)理想主義本來是彼岸的(除柏拉圖、黑格爾外,又如康德實踐哲學中作為「絕對命令」的理想和中國宋學中作為「天理流行」的理想,等等),馬克思雖然革命性地將其現實化,變成源自此岸的一種思想。但這種思想仍然被賦予只有彼岸才具有的富於巨大感召力的神性。實際上,每一個理想主義者都有自己的「神」,亦即自己的理想目的,對於馬克思來講,他所安置進去的新的神,或曰他的理想主義,就是在全人類實現「英特納雄奈爾」這樣一個理想國。這種理想作為馬克思自己所信奉的「神聖」目的,它就是支配「塵世的中心」。

構成塵世之中心的理想主義,很顯然,作為踐行的目的,它從來就不是個人的,而是廣之於眾的。「理想」這個詞雖然極易與「願望」混同,但,正如羅素所指出「構成一種『理想』與一件日常願望的對象兩者之不同的就在於,前者乃是非個人的;它是某種(至少在表面上)與感到這種願望的人的個人自身沒有任何特殊關係的東西,因此,在理論上就可能被人人所願望。因而我們就可以把『理想』定義為某種並非以自我為中心而被願望著的東西,從而願望著它的人也希望所有別的人都能願望它。」(《西方哲學史》上冊 p.156)在羅素的語境中,理想的目的向來都是非個人的,儘管任何理想形態最初都無不形成於個人。此所謂始諸個人而訴諸天下。但羅素分明說得過於客氣,它(理想)並非在理論上可能被人人所願望,而是不僅在理論上要求人人都願望,並且在實踐中還要求人人都履行。這從它的強化表達亦即所謂的「理想主義」可以見出。所謂「理想主義」實際上就是把某種主義當作理想來推行,或者,把某種理想昇華為主義來貫徹,這是理想的極端形式,它已經帶有強力的因素。因此,任何形式的理想主義,不管它有多麼動聽的聲音和多麼美好的內容,都是我不遺餘力的反對對象。不因為別的,而是因為那種訴諸天下的「非個人的倫理」(羅素語)以及由此而必然導致的強制性。

　　理想的非個人倫理始自於柏拉圖的《理想國》。他的理想不是他自己如何如何，而是一個國家應當怎樣怎樣。這種以「國」為單位的理想，儘管也涉及到個人，但卻是所有的個人，即「人人」，或者說是「人與社會」。由於「人與社會」在理想上的價值指向是「至善」，因此，知識分子所謂「理想」和「理想主義」云云大凡都具有倫理屬性的「道德」色彩，是道德理想主義而非其他。《理想國》的理想就是由柏拉圖所設計的歷史上最早的道德理想，以下莫爾的「烏托邦」、康帕內拉的「太陽城」、莫里斯的「烏有鄉」以及那些空想的非空想的社會主義學說無不如是。同樣，中國知識分子或中國文人的理想主義情結也是道德性的，最早從《禮記》中的「大同」思想，到陶淵明的〈桃花源〉和李儒珍的《君子國》，包括康有為的《大同書》，乃至 90 年代理想主義的聲張，在在都是道德理想的一脈流傳（儘管具體內涵有所不同）。當道德構成了理想的倫理內核時，理想也就成了道德理念的未來實現。它們兩者在此是一種互文。

　　正是在這裏，作為目的論的理想主義表現出它的悖反性。以道德為其座標的理想，無論關於人性，還是關於人類社會，都是企圖達於「至善」。問題在於，這種至善的「理想社會」和遠不至善的「世俗社會」是對立的，前者具有黑格爾意義上的現實性，而不具備現實性的、因而也是有缺陷的世俗社會必須以前者為目的，才有可能獲致那種現實性。這實際上是把本來就在世俗社會之中的道德孤立出來，使之變為社會世俗之上的東西。道德原是因世俗社會的需要而誕生的，否則這個社會無以維持。但，這個意義上的道德只是一種「規範」，世俗社會的規範，它不是也不應是什麼超世俗的「理想」。道德一旦成為理想，就不是它適合世俗社會的問題，而是整個世俗社會來適合它了。柏拉圖的「理想國」正是這樣，他承其乃師蘇格拉底的思想，認為「善」的問題是最重要的問題。人的生活只有追求至善才是符合理性的。而德性就是至善。由於德性不能由個人孤立獲致，只有在社會中形成；因此，作為社會組織形式的國家，其

任務就在於組織社會生活從而實現這種德性的幸福。因此正如梯利
所說，柏拉圖的「社會生活是使個人完善的手段，它本身不是目的」
(《西方哲學史》pp.73-74)，目的則是那個具有神性色彩的、也是外
在於世俗生活的「至善」。

　　這實在是一種悖反、荒謬的體用之悖反。人類社會本質上就是
世俗社會、也只能是世俗社會。同樣，人的社會生活在其本質上也
是世俗性質的。一旦把按照某種道德理念懸設出來的「理想社會」
(德性也好、至善也罷)作為世俗社會必欲達之的目的，那麼，實
際上就是要讓世俗社會變成一個非世俗的社會，這無疑是社會生活
的根本扭曲和異化。社會生活就是社會生活，它沒有也不能有除它
以外的任何目的，或者說，如果硬要使用目的這個詞，那麼，社會
生活的目的就是社會生活本身。和柏拉圖所認為的相反，不是把社
會生活作為使個人完善的手段，而是個人道德上的完善應當是社會
生活得以維持的手段。道德作為手段起源於社會生活中的利益衝
突，其作用就在於以規範的方式抑制其衝突。因此，在發生論上，
道德就不是自足的。一旦把它理想化和目的化，這時，它就倒過來
把作為生活主體的人變為實現它的工具。這樣一種體用悖反，或曰
目的與手段的悖反並不讓人陌生，我們不是常常把某一理想作為整
個社會和全體人眾的一致追求嗎？並且提倡為之而貢獻自己的一切
嗎？可是為什麼不想想，如果一種理想需要整個社會付出代價，那
麼，這種理想實現它又幹什麼？人從根本上不是為了任何一種理想
而活著，社會也不是為了什麼理想而存在。儘管我並非在任何意義
上都反對理想，但，重要的是弄清理想的身份是什麼。我以為，它
毋寧是一種手段，與其視它為目的的話。如果像90年代的道德理想
主義者所稱頌的那樣，「死光了也要追求信仰」，作為個人選擇，我
自然無權置喙；但如欲作為一種正面標榜，我實以為非常恐怖（它
使我想起了一句性質類似的話：哪怕世界毀滅，也要讓正義實現）。

　　目的論理想主義的又一弊端是它的強制性及其專制內傾。既然它的倫理關懷是人與社會，那麼，它的道德指向就必然超越個人，就像「烏托邦」從不烏托於「己」而是烏托於「邦」一樣。但「utopia」（烏托邦）本義為空想的、沒有的地方。如果它只是一個人的空想，那是他的自由。但他偏偏要把這份空想或理想變為一邦之眾的空想或理想，那麼，這無疑意味著別人也得空想著他的空想，或理想著他的理想。強制邏輯就這樣以理想的名義堂而皇之地出現了。柏拉圖的《理想國》正是以理想面目出現的一部人類社會的專制集成，他的「哲學王」之論也正是企圖借助王權的專制以強硬推行自己那種至善的理念。為了達於「至善」，理想國的人們必須接受官方指定的教育，而不得私自去聽所謂的靡靡之音，戲劇和荷馬史詩是被禁止的，因為它有有關人的情欲的內容。同樣，為了達於「至善」，理想國中需要的是平均主義，人們在一起吃飯，不准誰擁有私有財產，金銀一律不准私藏，因為財富和貧窮都是有害的。在理想國中，畸形的孩子和低劣父母所生的孩子都不准存活，他們應該送到一個他們該去的地方。並且，一般的孩子出生後，也要從自己的父母身邊抱走，由國家統一撫育。而他們的父母在當初結合時，亦不是出於自願，而是由國家根據優生需要統一調配。這一切，不因為別的，都是為了達於「至善」。倘佯於柏拉圖的「理想國」，有如流覽一座集中營。這裏有許多動聽的辭彙，智慧、勇敢、節制、公正（大體都是道德範疇的），但就是沒有自由。這不難理解。只要理想一旦超越自我而成為一種「非個人的倫理」，自由註定就是理想排斥的對象。哪怕就是以自由為其理想，你也先得不自由地去追求這個自由。在目的論面前，任何人都沒有其他選擇的餘地。（可以說，理想主義者和自由主義者歷來就是兩種不同類型的知識分子。大凡理想主義的知識分子似乎都稟承了柏拉圖不談自由的傳統，因為自由就意味著可以自由地拒絕理想。最近的例子可見 90 年代的道德理想主義對自由主義的態度。在一個歷來就缺乏自由傳統而並不缺乏理想傳統

的國度中，不同的知識分子所做出的有關自由與理想的不同的價值選擇，彼此都是意味深長的）。

　　站在自由主義的立場批判作為目的論的理想主義，是羅素曾經做過的工作。我很認同羅素對理想主義始作俑者柏拉圖的態度：「我想要理解他，但對他卻很少敬意，就好像他是一個現代的英國人或美國人而在宣傳著極權主義那樣」（《西方哲學史》上冊 p.144）。理想主義的極權傾向不是空穴來風，試看本世紀凡是以國家形態推行理想主義從而企圖實現什麼「理想國」的地方，沒有一個不是極權性的。理想國從一開始就是專制國，理想主義最終也必然導向極權主義。對此，羅素這樣表述：「理想主義和愛好權勢相結合的結果，就一再地把人引入歧途，並且就在今天也還是如此」（同上書 p.138）。他的話是針對那些讀了《理想國》後燃燒著一種要做哲學王之雄心的年輕的理想主義者而言的。但我認為，問題似乎不在於理想主義和愛好權勢相結合，而是理想主義如欲實行則必須訴諸權勢。任何權勢都是有毒的，然而，一旦頂戴著理想的名頭，它的惡就很容易被寬容，理想的目的化往往合法化了那種被視為手段的惡。柏拉圖為了在他的理想國實現「正義」，居然認為政府可以撒謊，並且還是一種「高貴的謊言」（其理由：為了正義的目的，可以採取不正義的手段）。同樣，一位當代理想主義哲學王也這樣坦陳：「在追求自己目標的時候，如果不是不顧一切，殘酷無情去獲取的話，就不能達到目的」。可見那種作為目的論的理想，也就是追求完美和至善的理想，常常是滋生人間大惡的溫床。一個強盜為了錢財可以殺人，可波爾布特為了建成一個理想的「紅色高棉」也可以殺人，甚至一殺就是上百萬。前一種惡，人所共誅，而後一種惡，卻人有所昧。儘管後果令人不堪，但畢竟是因為追求理想。恐怕就連波爾步特也只認為自己是理想主義者而不是什麼殺人犯。可見，作為目的論的理想主義除其前述的悖反性和專制性外，還有一層道德包裝上的迷惑性。正是出於這種迷惑性，或曰誘惑性，因此，人類有史

以來（至少是 20 世紀以來）的大罪惡、大災難，我敢發誓，它們並非一概由人的惡的本能以及那些作奸犯科、道德墮落之類的行為所導致（這類行為還可以訴諸法律），導演它們的，更多是那些欲消滅人性之惡而達於神聖或至善的形形色色的理想主義（這類行為卻往往為法律所原宥）。

四、理想主義：唯理論與非理性

　　唯理論與非理性是一對相反的概念，它們同時出現在理想主義身上，似乎有點不通。但相隔最遠的往往就是最近的，它們以某種內在的關聯，使理想主義同時顯示了這互為矛盾的兩個方面。唯理論是理想主義的學理背景，理想主義是唯理論的實際表現。當理想主義從唯理論一旦進入實踐層面，便迅速走向自己的反面，成為一種非理性的力量，它使人對它的追求呈現出一種不可理喻的狀態。這樣一種悖反，即理性兩極的悖反，幾乎各種各樣的理想主義都未能倖免。

　　作為俄國「新精神哲學」代表之一的弗蘭克，在親歷過二月革命和十月革命並被逐出蘇聯之後，曾於 20 年代寫過一本小冊子，對流行和曾流行於俄蘇知識界的各種精神偶像進行了一次掃描式的清算。這其中包括革命偶像、政治偶像、文化偶像，最後一個壓軸的則是「理想」和「道德理想主義」的偶像（實際上，前面的偶像無不等同於理想，而那些偶像歸根到底依然具有道德理想主義的性質或者它們就是從這裏衍生出去的）。弗蘭克在對這種理想的批判中，屢屢提及道德理想的一個特點，即它的抽象性。「這種道德思潮的主要思想是，人只有當他為某種被抽象的原理服務、為此獻出自己一生之時，他的生命才是正常的和有意義的」。「我們已經不相信作為自足的抽象原理的『善』」。「無論道德理想本身多麼正確，它僅僅作為觀念，僅僅作為抽象『公式』也是錯誤的和有害的」。「社會道德

的理性主義的極端形式，是把人的全部生命都服從於嚴格的、抽象的、統一的道德公正原則的理想」。「當這些抽象理性的、冷酷無性的、人人都要遵守的道德『理想』和『原理』統治著我們的時候，我們就會感到自己是納貢者，是俘虜，是奴隸」（《俄國知識人和精神偶像》pp.110-126）。弗蘭克為什麼老是提及道德理想主義的抽象性？他認為道德理想「是以理性概念形式表現出來的道德規範」，它是「從邏輯上推出作為普遍行為規範的」（同上書 p.121）。純粹從理性的和邏輯的角度而非從生活本身的角度制定出必須踐履的道德理想，這樣的理想只能是抽象的，它似乎是從天上掉下來的。正是這種不近人間煙火的抽象性，表徵了（道德）理想主義的唯理論問題。這個問題依然得從理想主義的鼻祖柏拉圖說起。

在柏拉圖對世界的二重劃分中，既然現實世界只是理念世界的比附和模仿，那麼，理念世界中的一切都將成為現實世界的楷模。「善」作為理念世界的核心，它在現實世界的實現，就成了所謂的理想。這個理想不僅先在於現實世界和人類，還普適於人類和現實世界。前者是它的先驗性，後者是它的抽象性。這兩者庶幾又是一回事。它之先驗，是因為它先在於人類的一切經驗之前，而它之抽象，亦指其脫離人類一切的經驗狀態（即超歷史、超現實、超社會）。因此，這種羚羊掛角的「善」帶有「唯」（即無條件）的色彩。在這裏，「善」即「理」，唯善即唯理。「唯理」是柏拉圖哲學的用力之處，由此形成了哲學史上第一波理性主義的高峰。當然，這裏的「理性」不是今天人們所說的那種在世俗世界中逐步形成的具有認知功能的理性，而是作為一種終極因存在的宇宙論理性。人的理性只不過是宇宙理性的一個有機部分而已。因此，道德理想主義正如弗蘭克所說，是從這種純粹的宇宙理性中推導而出，它是抽象的、邏輯的，形而上學的。

現在不妨把這種唯理論的道德理想主義落實在人性實現的層面上。一個至善的理想社會必須是組成這個社會的人在人性上也是至

善的。而人正如這個世界兩分為理念世界和現實世界一樣，它也相應地分為靈魂和肉體兩部分。「理想是一個有條理的靈魂」，只有通過它才能把握理念。肉體則是和那個有缺陷的現實世界對應的，作為惡之源，它是妨礙靈魂通往理念的力量。那麼如何才能達於理念層次上的至善呢，柏拉圖譴責了肉體的貪婪，認為「在解脫了肉體的愚蠢之後，我們就會是純潔的，並且和一切純潔相交通……，因為不純潔的是不容許接近純潔的……，而純潔化不就是靈魂與肉體分離嗎？」（轉引羅素《西方哲學史》上冊 p.182）這就是說，人為了與那種純潔的、一塵不染的善「相交通」，就必須犧牲自己的肉體。「唯」在這裏是二者必居其一；要麼靈魂，要麼肉體。既然是以至善的理念作為人性的實現，那麼就只能選擇靈魂。靈魂對肉體的解除，柏拉圖謂之為「純潔化」。由此則不難理解以上弗蘭克為什麼把這種唯理論的理想主義視為「冷酷無性」。

後世的理想主義者雖然不會承認自己所追求的理想是抽象的、先驗的，但只要踏上理想的門檻就擺脫不了理想主義的「唯理」模式。這個模式由柏拉圖首開先河，後世的表現無不是其變形。不信可以看一看 90 年代本土道德理想主義的表現。無獨有偶，一位令人敬佩的理想主義者也曾強調過類似柏拉圖那種「潔」的理想。他認為「潔的意識被義、信、恥、殉等林立的文化所簇擁」（〈清潔的精神〉）。無疑這是一座高高的道德森林，它在令人敬畏的同時，其中的「殉」卻更耐人尋味。殉者，獻身也（殉乃形聲字，其形旁為「歹」，義為剔去肉剩下的骨頭）。這意味著什麼？在清潔的精神和所殉的肉體之間，它們兩者的關係是不言而喻的（更何況作者舉了那麼多以身相殉的事例）。這裏的「潔」同樣與肉體不相容，它也需要肉體作為付出的代價。這位張揚「潔」的理想主義者虛構了一個根本就不存在的「唯潔為首」的古代，並且，同樣用一種先驗的、抽象的語言對其進行拔高：「潔，幾乎是處在極致，超越界限，不近人情」。這樣的「潔」實際上就成了柏拉圖意義上的「潔」的理念。這個理

念化的亦即「最高尚的潔意識」，在今天已經被人遺忘了。因此作者對那個「唯潔為首」的年代心神往之。但問題是，既然「唯潔為首」，「殉」也就理所當然。在「潔」與「殉」之間，不難感受到理想主義那不合理的「唯理」（在這裏是「唯潔」）的力量。

在人性求善的向度上，理想主義也好、唯理論也罷，「理」這個詞本身很值得剖析。我以為，用「理想」來對譯英文的「ideal」的確令人驚訝。我不得不佩服這第一位翻譯者，他是如此深諳「ideal」與「理」的內在契合。《說文》曰「理，治玉也」，「玉，石之美者也」。作為美石之玉則蘊於璞中，是為璞玉。因此，治玉的過程就是順著石的紋路解剖，從而去璞求玉。而理想呢，無論就一個社會還是就一個人來說，對理想的追求，恰有如治玉的過程。既然它是「唯完美是求」（人性的完美與社會的完美），那麼就必定要把那些不完美的東西象璞一樣給徹底去掉（「因為不純潔的是不允許接近純潔的」）。這裏沒有商量的餘地，否則也不叫理想主義。但，人即使像璞玉一樣，即柏拉圖所說的肉體與靈魂的合一，又何以能僅僅像璞玉那樣被粗暴地去璞（肉體）求玉（靈魂）呢？

嚴格地說，理想主義的唯理傾向完全能向治玉一樣置人死地。這並非危言聳聽。弗蘭克在批判理想主義這一節中，曾舉證了一個親歷的事件。在革命理想的感召下，莫斯科有這樣一個由大學生組成的革命小組，這個小組被捕後，一個青年以極其殘忍的方式自殺了。「臨死前他承認，使他痛苦的是自己不能成為真正的革命者，自己對這一事業的內在反感，對普通的平靜生活的不可克服的願望」。這個青年死後，弗蘭克們認為是「君主專制」殺了他，因此還舉行了一次反政府的遊行。可是多年後，弗蘭克才意識到「自己對這個無辜的犧牲負有責任，我感到自己是那些為了革命而在特殊狀態下發生的殺人和惡行的道義上的同夥。因為正是我們這些理想的獻身者，用自己追求革命的思想榜樣和革命英雄主義的道德強迫，宣判了這個無辜的年輕靈魂的死刑」（同前書 p.119）──向弗蘭克致敬！

這是我讀到的最真摯也最深刻的懺悔。應當說，這個悲劇的發生，乃是理想主義唯理是求的惡果。由於克服不了自身人性上的弱點，又達不到理想主義所要求的高度，這個青年崩潰了，最後只好以自殺對兩者同時做出了逃避。從此事例中，我的確看到了理想主義殘酷的一面。在社會和人性問題上，對至善和完美的道德追求（並且是無條件的），就註定了理想主義的殘酷。因為，這個追求從根本上就錯了，或者說，從一開始就違逆了人性。人性由肉體帶來的缺點與缺陷，是與生俱來的，它是造物的賦予。除非消滅，否則只能是不完美（而理想主義，如柏拉圖，不就是企圖通過殘酷的肉體消滅使之完美嗎）。人永遠是不完美的人，社會也永遠是不完美的社會。當然，不完美也會導致惡果，但它需要的只是對不完美的抑制，而不是根除（道德作為規範就是抑制，道德作為理想就是根除）。抑制不完美就是美，相反，為完美而根除不完美則是扼殺。理想主義昧於此，所以，對人性對社會的追求，唯以完美為其衡量，並試圖把不完美導向完美，結果卻導向了邪惡。其實，完美是美的敵人，至善也是善的敵人。這一節，不知「唯」字是求的理想主義能否參透。

　　理想主義從唯理論到非理性只是一轉身的事。兩極之所以能夠統一在一起，緣於它相反相成，在邏輯上有其契合與貫通。當理想主義以唯理論為其學理構成時，這個「理」是一種抽象的宇宙理性而非人間理性。兩種理性的區別要在前者是萬能的宇宙本體論，後者則僅僅是人類帶有理智態度的認知能力和批判能力。由於宇宙理性把人類的理性能力僅僅視為自己的派生和有機部分，它只是通過後者來實現自己，亦即實現所謂理想，並絕對排斥後者對自己的反思與懷疑（唯理論的理想主義與人類在進化過程中所生成的那種反思與懷疑的理性能力註定是水火不容的）；因此這實際上是以理性來「非」理性（即用理念的理性力量排斥人類的理性能力）。可以證驗的是，哪位理想主義者在理想面前產生過懷疑（當他一旦懷疑，也就不是一位理想主義者了）。當理想主義釀成災難，他們最多也只是

斥那種理想為「偽理想」，然後又急急忙忙代之以一種真理想，但卻從來沒有打算透過真與偽去逼視理想本身。然而，對理想本身的回避，本身就是理性缺乏的表現。當理想一旦成為一種不容置疑的力量時，真正的理性也就閉上了雙眼，於是人類自身狀態中的非理性力量開始抬頭。由此可見，理想主義堅持唯理論則必然導致非理性，它們捉對而生，並形成合謀，共同遮蔽了人類的理性。

　　非理性作為理想主義的實踐表徵，最典型的就是它那「信仰」的姿態。信仰和理想一樣，一直被當作褒義詞灌輸，久而久之，彷彿自動化一般，分明沒什麼理想的人，張口也居然不是信仰就是理想。反正說了沒錯。的確沒錯，理想與信仰，其關係非同一般，它們也實在可以擺在一塊來論說。信仰本是一種抬頭的姿態，它之抬頭，是因為理想之「理」高高在上；或者說，也正因為理想高不可攀，才需要人以抬頭的姿態來表示自己的虔誠而「信」。但，問題是，當人們很真誠地把頭仰起來時，卻往往容易走失自己，因為他已經看不見腳下的路。而我之所以把信仰解釋為一種非理性的姿態，是因為人們在思想時，總是低著頭的（請看羅丹的塑像《思想者》）。這低頭與抬頭之間，便是理性與非理性的轉換。在這個意義上，我可以說，信仰在，思想不在。反之，思想在，則信仰不存。信仰總是出現在理性或思想喪失的地方。這一點，康德早已作過解釋。他認為，人的理性只是針對現象界而言的，是為「此岸」，但人的理性卻無法進入到作為本體界而存在的「彼岸」，因為一進去就會發生「二律背反」。所以，「彼岸」在拒絕人的理性的同時，就把地盤留給了信仰。然而，這個地盤盤踞著的恰恰是那種與經驗世界無涉的純粹的道德意識，康德稱其為「實踐理性」，亦即人類必須踐行和服從的道德律令。它們既然是一種無上無待的「絕對命令」，人類在它面前也只有信仰的份而無思考的餘地了。

　　猶太有諺「人一思考，上帝就發笑」。這是上帝對人的嘲笑，因為上帝不喜歡人思考，它需要的只是人對它的無條件的信仰。雖然，

信仰從中世紀的上帝到現代的理想，對象變了，但它的非理性的特質卻是不會變的。這並不是什麼理論問題，它可以大量地證諸實踐。近讀《李敖回憶錄》，李敖與嚴復之孫嚴僑的交往引起了我的注意。嚴僑是一個典型的理想主義者，他早年就投入到那個他並不甚明瞭的理想主義運動中去，他這樣對李敖說「這個大運動是成功是失敗不敢確定，但它至少犧牲了我們這一代而為了另外一個遠景」。為了一個誰也說不清的遠景（理想），就如此奮不顧身地投入，並且連犧牲也在所不惜，這只能在道義上肯定卻無法從理性上肯定了。所以，李敖這樣評價「嚴僑投身在中國現代的狂飆運動之中，他投入這個運動，在知識上、見解上、情感上，都強烈受到左派教條的輻射，他們那個時代的這類革命者，一般都有著熱情而崇高的氣質，這種氣質使他們勇於獻身、勇於殉道，心之所善，九死無悔。但是，他們對他們獻身、殉道的對象，卻由於『目的熱』，未免淪於『方法盲』」（該書 pp.72-73）李敖的剖析是深刻的，但亦有嚴重不足（李敖本身就有理想主義傾向），嚴僑們障於理想，固然是方法盲，但他們首先就是目的盲。「目的熱」必然導致「目的盲」。人一旦為熱情和激情所挾（這是理想主義最常見的特徵），就很難理性地思考那個目的到底是什麼、能不能實現、實現了又怎麼樣。而理想所以不考慮這些問題，乃因為它本來就是依仗它的道義力量訴諸於人的熱情而非理智。

不獨嚴僑們如是，試看文化大革命被捲入的成千上萬的紅衛兵，在某種意義上，他們正是嚴僑之後。紅衛兵的理想不可謂不高昂，但同時高昂的正是那瘋長著的被熱情與激情所裏挾的非理性。在這裏，理想與非理性是二位一體的。他們好像明白自己在做什麼（比如捍衛什麼革命路線），但其實他們並不明白自己到底在幹什麼（比如他們的革命給社會帶來的巨大災難）──這就是「目的熱」，也就是「目的盲」。沒有比文革這場浩劫把理想與非理性的必然關係揭示得更清楚了，遺憾的是，恰恰是那些理想主義者一葉障目，拒

絕承認這一點。他們不僅當年做過錯事，而今卻在理想主義和非理性的雙駕馬車上依然故我。對昔日的行為他們抱著「我不懺悔」的態度，理由是，以往的所作所為，畢竟不是出於「卑鄙的目的參加的」，而是出於理想（這很近似李敖的思路，因「目的熱」而導致「方法盲」）。但，用理想超度邪惡，且只看動機，不顧其方法與後果，這種態度本身就沒有什麼理性可言。他們之非理性，是因為他們今天依然是理想主義者；而他們是理想主義者，所以他們今天依然非理性（這裏的非理性僅指其對文革的態度及其當時的表現）。理想主義和非理性的糾結直到今天依然不解，足見其病入膏理。在這一點上，他們的確不如嚴僑。後來的嚴僑「發現我變了，我的精神好像飛向那自由主義的神像」（書頁同前）。從理想主義向自由主義發展是嚴僑可貴的進步（由此再一次可見自由主義和理想主義是不同道的），但嚴僑畢竟還不如弗蘭克。後者更進一步，從一個非理性的理想主義者到一個理性的反理想主義者並對理想本身進行理性的批判。這樣一個複雜而又痛苦的思想蛻變，中國的理想主義者也許很難做到。別說批判，恐怕他們還這樣認為，在功利滔天的今天，堅持理想主義是多麼難啊。可是就在今天，嚴肅地、認真地把理想主義作為反思乃至批判的對象，同樣並不容易。

五、悖舛世界中的理想終結

這個題目換個說法，就是「我為什麼不是理想主義者」。在以前的篇幅中，我曾用標題的方式追問「知識分子為什麼是理想主義者」，現在我卻要回答它的反題了。我為什麼不是理想主義者，不妨請看一個理想主義者的精神自白「我們在走，不知道走了多久，走的多遠，只知道走，拖著疲憊的身子，形單影隻，咬緊牙關，跌跌撞撞摸索著走，我們眼中充滿焦慮，不安，饑渴……」，這是一個跋涉者的形象，又像魯迅筆下的「過客」。可是他最終達到自己的理想

了嗎?不。不但沒有,並且還對自己發生了疑問「我們走向哪裡」?然而,「我不知道走向哪裡」,甚至「我已經無路可走」(轉引《二十一世紀》1998 年第 12 期〈黑夜裏不死的激情〉下引同不另注)。這,就是理想主義者的精神困境。

我當然不是這樣一個理想主義者,儘管我對他們非常敬重。在他們前行時,我很願意送上我的注目禮,但我卻不會跟著他們上路。原因很簡單,連他們自己都不知道最後到底走向哪裡,我又何必盲目抬腿。也許,理想主義者有兩種類型,以上這一種是「懷疑型」的,而另外一種可以姑謂其「鐵桿型」。它們的差別在於,後者的目標總是自明的、不容置疑的,它可以由一連串的正義詞構成,比如真善美等,剩下的就是如何實現。而懷疑型不然,它分明對自己追求的理想和所走的道路產生了疑問——理性的蘇醒,但由於知識分子和理想在本能上的親和,又使他們難以割捨理想,因此便產生了那種在走與無路可走之間的徘徊、焦慮以及自我折磨的痛苦。這種痛苦未必不是好事,它最終可能喚醒智慧,在這個到處是路又到處無路的悖忤世界中,理想不如讓它終結。

為什麼?因為理想是一種「美麗的欺騙」。比如,「他們帶著昨天的(簡單的)希望走進今天,然後發現今天並不盡如人意,有點兒不適應,有點兒不滿意,也有點兒不同意(我們的希望難道就是這樣?)」不幸希望就是這樣。不僅如此,如若他們又抱持新的理想,等到明天到來時,他們還會產生今天的不滿。這不是他們的貪婪,而是他們的失望。因為他們突然發現,當某一種理想實現時,另外一些東西卻失落了,或者是以未必不是更重要的東西作為付出的代價。當一些知識分子以市場經濟的時代作為擺脫專制時代的理想時,市場經濟的實踐卻又使他們大失所望,「社會成為一切人反對一切人的戰場」,「各個人因為利益而重新紐接在一起,並無情地拆除著政治、道德、倫理、情感等等傳統關係」。因此他們發出痛苦的叫喊「這不是我夢中的陸地」。然而,夢中的陸地在哪裡?哥倫布到了

美洲大陸就到不了印度，儘管印度是他到達的理想。反之，當時他到了印度大陸也就到不了美洲。這說明了什麼？理想不但不是「全能型"的，而且它之作為目標追求，在價值上乃是「消長型」的。「月有陰晴圓缺，人有悲歡離合」，這就是世界的悖舛，因此，「理想」一事，在價值上就註定了它自古難「全」。然而，那些「真正」的理想主義者似乎並不明白這一點。他們總認為理想可以解決一切問題。電影《列寧在一九一八》的開始是瓦西里摟著妻子安慰她的鏡頭，他說「會有的，麵包會有的，一切都會有的」。這就是典型的理想主義的「美麗的欺騙」。不錯，十月革命後的蘇聯麵包是有了，但自由卻沒有了。所以，失望的高爾基有了那本《不合時宜的思想》。於是人們又為自由的理想而奮鬥，70年過去了，今日的俄羅斯自由是有了，可是麵包又短缺了。當然，這並不是一個很合適的例子，因為麵包與自由並不在價值上構成對立。然而要命的是，我們這個悖舛的世界，從根本上來說，就是一個價值對立的世界。

作為理想主義的先師，柏拉圖給我們生活著的世界作了二元劃分的處理，理念世界和現實世界。理念世界「善」以為核心，即以善攝真，又以善統美。於是世俗世界以理念世界為其模式，就是趨向至善的理想。這樣一種為後世所承襲的理想主義傳統，它的知識背景是「一元論」的，即世界統一於某一點，一旦達到這一點，所有的問題都大告解決（如以上「一切都會有的」）。因此，它之作為一種理想，其弊就在於它那「一體萬殊」且用一體來解決萬殊的虛妄的一元主義。世界由萬事萬物構成，這就決定了世界本身的多元性而非一元性。那麼，多元意味著什麼呢？它首先就意味著對立。元與元之間的對立、矛盾與衝突，使它們可以共存，但不可以通約。世界的多元必然導致多元的價值，各種價值之間同樣存在難以通約的衝突，韋伯將這種衝突喻之為「諸神衝突」。即以真善美而論，它並非如柏拉圖所認為的那樣，以善來統攝真與美，從而形成一個大一統的三位一體。它毋寧是「一事物雖然不美，但卻可以是神聖的，

還不僅如此，而且神聖就神聖在不美上」。「一事物雖然不善，但可以是美的，還不僅如此，而且美就美在不善上」。同樣，「一事物雖然不美、不神聖、不善，卻可以是真的，還不僅僅如此，真就真在不美、不神聖、不善上」(《學術生涯與政治生涯》p.37)。韋伯把價值領域內這種由悖反所導致的衝突，稱之為「諸神又打架了」。面對這種「令人不舒服的事實」，怎麼辦？以真為理想，很可能要付出善的代價，以善為理想，則又可能實現不了真。所謂魚與熊掌不可得兼。儘管你可以把你的理想神聖化，但奧林匹斯山上居住的是眾神。神了狄俄尼索斯，便聖不了阿波羅。否則，為什麼為了一個金蘋果，諸神們就引發了一場長達十年之久的「特洛伊」。除非你堅持柏拉圖那種一元加全能的理念式理想（所謂「鐵桿型」理想主義者一般屬於這一途），不然的話，任何一種理想都不過意味著此消彼長的一種價值之實現和另一種價值之旁落。正是在這個意義上，我把我們所生活的世界稱之為「悖舛的世界」。這個世界之所以悖舛，是因為它的多元。多元與悖舛是一個問題的兩個方面。柏拉圖的世界是一元的，因而不存在悖舛；非柏拉圖的世界多元的，所以它註定悖舛。那麼，我們是生活在柏拉圖的世界、還是非柏拉圖的世界？如果是前者，也許可以通過柏氏理想來解決所有的問題。如果不是，卻又依然企圖用那種大而化之的理想把問題都擺平，而這實際上又不可能，那麼這又如何不讓人痛苦？所以，我認為，80 年代的理想主義者在 90 年代有很深的失落，蓋因為他們的理想有問題。「我曾經夢想的自由，是所有人的自由；我曾經夢想的幸福，是所有人的幸福；我曾經夢想過的尊嚴，是所有人的尊嚴」。這種張口就是「所有」的理想在一個悖舛的世界中，永遠不可能全部實現。不唯如此，而且這幾個「所有」，在價值實現上也是互為悖舛的。它的追求，只能理解為知識分子出於良知的自慰。

　　這裏我不妨把問題具體化。比如，自由與民主，這是中國知識分子長期追求的兩個理想，已經是幾代人的努力了，至今仍在繼續

努力中。那麼，我的問題是，它們能夠成為天下的理想嗎？不。至
少我不。儘管在本篇理想主義批判之始，我就說過，我是站在自由
主義的立場批判理想主義。言下之意，自由主義是我追求的對象，
是的，一點沒錯。但，我可以為它流血，它卻不可以成為我的理想。
原因很簡單。理想，如果是一種完善的價值，那麼，自由卻根本做
不到價值上的完善。自由的社會決不是一個理想的社會，而是一個
充滿弊病的社會。當這樣一個社會一旦到來，我敢肯定，那些知識
分子又會牙痛：難道這就是我當初的理想嗎？當然不是。自由所以
不能擔戴理想的承諾，是因為它僅僅是人所以為人的基本條件，或
者說，是人的價值底線，而不是什麼更高的價值理想。不滿足這個
底線，人則處於被奴役的狀態；當這個狀態被解除後，各種各樣的
社會弊病恰恰因自由而起並可以反超它的實現程度。所以。儘管沒
有自由是萬萬不能的，但自由卻不是萬能的。非但不萬能，而且有
很多惡果，甚至可以套用以上韋伯的話，一事物雖然惡，但可以是
自由的，還不僅如此，而且惡就惡在自由上。謂予不信，請看示例。
近年來，報紙不斷登載美國中學生持槍殺人的事件。那些無辜的死
者，看起來死於槍口，但同時也是死於自由。因為美國奉行的是「所
有人的自由」，當它落實在美國憲法修正案的第二條上，就從法律
上肯定了公民擁有武器的自由神聖不可侵犯。然而，正是這一點，
註定了許多生命要倒在自由的槍口下。這就是悖舛。除非取締槍
支，但那樣則喪失了自由。又是悖舛。爭取自由需要流血，獲得自
由依然要付出血的代價。還是悖舛。這個世界無處不悖舛，因此上
述「所有人的自由」直接就妨礙了「所有人的幸福」「所有人的尊
嚴」。面對這樣一幅尚未到來的自由世界的遠景，我還可以稱其為
「理想」嗎？

　　民主問題的性質也是如此。很有意思的是，當下學術界有人正
在從民主的角度批判另一些知識分子的自由主義。認為在自由主義
的名義下，社會民主與平等正遭到貶低和否定。這樣，自由就成了

一種少數人所享有的特權。因此,他們追問:自由主義,到底是貴族的、還是平民的。對這種問難,這裏不做評判。我想說的是,他們的追問如果成立,那麼,自由在實現其價值的同時,卻在一定程度上妨礙了民主。這當然是悖舛。反之,如果以民主作為價值追求的理想,它的實現,是否會妨礙自由呢?答案幾乎是肯定的。在雅典直接民主的表決下,蘇格拉底的死是一種註定。薩特從國外返回巴黎,幾千人遊行高呼「絞死薩特」,設若不抑制這樣的民主,薩特就活該去見鬼。臺灣終於進入民主社會,可是伴隨民主選舉出現的卻是令自由知識分子頭疼不已的「賄選」。哈威爾與昆德拉的爭端幾乎使中國知識分子形成了一面倒,原因即在捷克民主化的進程中,後者是冷漠的,而前者卻以理想主義的熱情投注了全身心的努力。然而睿智的昆德拉未必沒有看到這一幕:捷克民主了,可是居住在捷克的幾十萬吉普賽人卻在自由上碰到了前所未有的障礙。一個小鎮以投票的方式同意在鎮上築一道四米高的牆,用以阻止同鎮吉普賽人的來往。在這道「民主牆」面前,另一些人的自由又在哪裡?其實,民主作為一種制度,本意是保護人的自由,但它的前提卻是讓你預先交出一些自由。無限民主意味著交出無限的自由,這樣的民主是極權的民主,人所不取。而有限的民主意味著交出有限的自由,這種民主是自由的民主,人所需要。但它畢竟要以一部分自由作為付出的代價。那麼,為了自由必須犧牲一些自由,這不僅本身就是悖舛,並且,它表徵了民主制度不可避免的「惡」的內傾。既然如此,那麼,我又如何能以民主為其「理想」?

　　夠了,真的夠了。舉凡知識分子可以作為理想追求的所有的正義詞,如法治、憲政、崇高、革命、啟蒙、多元等,都不難作如上分析,它們可能互為悖舛,亦可能自身就與自身悖舛。這樣,我既不可能把它們作為一個整體理想去追求,也不能將它們視為單個的理想去實現。儘管以上這些詞,在不同的時段,我會為之作出不同的努力,但這只是出於「選擇」,並不是出於理想。就象一元導致專

制，多元必然悖舛，我所以選擇多元，是因為它的弊端遠遠小於前者的罪惡。同樣，我以自由作為追求（或選擇）的對象，亦因為自由與專制相比，專制是最壞的，自由則最不壞。那麼，這個最不壞居然能成什麼理想嗎？假如我把它視為理想，那麼，我又如何面對它的弊端？在一個價值多元亦即價值悖舛的世界裏，選擇是必要的，理想則是不可能的。這一點，其實並不難理解。請聽，崔健搖滾歌詞中的這一段「情況太複雜了，現實太殘酷了，理想都破滅了，我也不想活了」。是痛苦秀、還是調侃科？我不知道，但我無法抑制自己的笑聲。

應該指出，當理想已經成為知識分子的一個「誤區」時，事實上，懷疑型的理想主義者已經意識到其中的悖舛問題，這是他們比那些鐵桿型理想主義者的理性之處。於後者，我是感到可怕的。他們的思維是直的，其理想意向帶有「唯」的色彩，又有一種不達目的不甘休的勁頭，再加上那種理想是訴諸社會的，這一切，對他人很容易構成一種強制。懷疑型理想主義不然，至少他們把理想的追求作為個己的事，並不強求於人。這很可貴。但問題是，既然意識到世界的悖舛，為什麼不能走出理想的誤區呢？為什麼還要用理想來折磨自己？今天理想，明天痛苦；後天理想，大後天再痛苦。莫非理想就是為了痛苦，莫非不理想、不痛苦就不是知識分子？我們的神經是不是被理想搞得有點衰弱？須知這是一個怪圈，神經越是衰弱，越是要吃理想主義的安眠藥，安眠藥吃得越多，神經就越衰弱。斷奶吧，我的精神弟兄們，乾脆和理想主義在精神上斷奶，否則我們長不大。當然，放棄了理想主義，並不必然意味著墮入虛無主義。我既反對以理想主義的簡單來衡量世界，亦反對用虛無主義的悲觀對待一切，我毋寧用一種非理想、非虛無的目光「正視」和「直面」這個世界，這個色彩斑斕的、善良與邪惡並存的、讓人不可思議的世界。因此，在理想的誤區中既然感到「無路可走」（因為沒有通往彼岸的路），那麼為什麼不聽聽黑格爾和馬克思都引用過的

一句西方俗諺：當一個人聲稱只要到了羅陀斯，他就能跳多高時（可見理想總是在彼岸），人們便這樣對他說「這裏就是羅陀斯，就在這裏跳吧」！是的，這裏雖然不是理想的在所，但，它就是羅陀斯、就是現實、就是此岸、就是當下。就在這裏跳吧，讓我們！

知識分子與人文

下編

人文論

第九章 「一分為三」的文化地圖
——意識形態 意象形態 意義形態

一、三種不同性能的文化「表像」

文錄之一：

「江澤民在慶祝中國共產黨成立七十周年大會上指出：『有中國特色的社會主義文化，必須以馬克思列寧主義、毛澤東思想為指導，不能搞指導思想的多元化。』這就確定了中國社會主義文化的基本特徵。建設有中國特色的社會主義文化，之所以要以馬克思主義為指導，絕不僅僅是因為它在指導中國革命過程中起過巨大作用。並在現實生活中佔有重要地位，而更重要的原因是因為馬克思主義是在批判地總結全人類文明成果的優秀基礎上產生的，是有史以來最偉大的思想成果……」

——摘自《發展論壇》97 年第八期〈中國社會主義文化建構論〉

文錄之二：

「色彩是流行的先鋒。98 春夏時裝流行色將經歷一個方向性的逆轉，即從上一年度的明豔色素，向著柔和淡雅、溫馨、協調的含灰粉彩色系靠攏。以此為中心主色調，與之相配的有 3 個色組；(1) 綠色組，有中雀綠、橄欖綠、松石綠、深綠等；(2) 紅棕色組，有櫻紅、中玫紅、深紅、紅蓮等：(3) 藍

紫色組，有茄紫、中藍、鈷藍、青蓮等。此外，黑、白、灰是多年流行的常用色。」

——摘自《揚子晚報》98 年 2 月 12 日第 18 版〈時裝三主題〉

文錄之三：

「中國人的理論、學術著作，讀來如一批命令，缺乏純真的樂趣（美學上的享受）。沒有精神參加進去，沒有精神（個性）的活動。或者是抄襲，或者是枯燥的理智，或者宮廷語言的堆積。而思想卻需要普遍性和個人感情（風格）的結合。普遍性必須在個人的心靈中取得它的生存，必須具有人間的形式和血肉的存在，必須表現為一個自由的、理智的、心靈的內心傾述，即個性和人格。」

——摘自張中曉著《無夢樓隨筆》〈無夢樓文史雜抄第 61〉

上邊三節文字隨手摘自手邊即有的書、報、刊，「隨手」的意義在於它不需要你勞心費力，便能很方便地感知當下文化現實的多重性。而閱讀上邊三節文字，其措辭、句式、語態和語氣的不同，又不難於知曉不同文化的不同性能。我們正置身於上述三種不同性能的文化「表象」中，它同時也給我們拼出了一幅 1990 年代的中國文化地圖。我們在這幅地圖上看到了它們的不同色澤和線條，同時也看到了它們之間的彼此交錯和齟齬。「亂花漸欲迷人眼」，如此錯綜複雜的世紀末的文化景觀，如果說是出於某種歷史的必然，那麼現在顯然還不是讓我們額手稱慶的時候。因為在這張文化地圖上，「文化的多重」並不等於「文化的多元」。這裏不是咬文嚼字，如果「多重」是「文化大一統」解構中的過渡，那麼，文化多元或多元文化才是知識分子的追求所在。

「淺草才能沒馬蹄」，文化多元的可能亦即三元文化空間的實現尚有待於形勢的發展和知識分子的努力。在以往對知識分子研究的

篇幅中，已經涉及到「知識分子文化」的問題，如果對這個問題展開，那麼就知識分子文化而知識分子文化是說不出其所以然的。知識分子文化是在與非知識分子文化的比較中顯示出自己的特質，同時也只有擺脫非知識分子文化的控制，方才獲其自身的形成和發展。以上文錄一、二、三昭示了各種話語在文化上的不同質，而這不同質的文化形態在當下文化格局中，地位又極不平等。其中文錄三作為一種「知識分子話語」長期處於被遮蔽狀態，至今尚未獲得它所應有的文化上的獨立。因此，本文的任務是從「知識分子文化」出發，以文案摘錄入題，顯示當下文化現實的多重性，並對這話語三型進行區分與定位，重在從文化性質角度揭示其不同，並予以相應的命名。在此基礎上，進一步鈎沉當下文化格局中的結構性病理，用以探討「知識分子文化」如何走向獨立。

二、「一分為三」的命名儀式

就以上三種文化形態的各自摘錄來看，第一種文化形態的語言我們最不陌生。幾十年來，每個中國知識分子甚至每個中國公民都對這種語言耳熟能詳。它之所以幾十年一貫制，以不變的聲音、不變的辭彙、不變的語勢重複相同的內容，無非是在強調一種「維持」、「規範」、和「權威」。這樣一種文化顯然是自上而下的，它實質上是政治體制為自己權力的合法化而尋求的一件文化外衣，是文化與政治的必要聯姻。作為一種知識話語，它表面上是文化的，但骨子裏卻是政治的。從頭上文摘題目的「社會主義文化」中，社會主義作為文化的限制性定語，便可見這種文化的政治性質。尤其是其中執政黨領袖的表述，更是政治與文化的一體化。是政治文化、還是文化政治？於前者，政治自己亦可現身為文化，尤其是它的指導思想、理論資源以及組織綱領和原則，無不是文化本身。於後者，文化則轉化為政治，它成為政治上的文化表達。葛蘭西認為，一個社

會體制乃是通過兩種途徑維護自己的合法地位，一是強權，即施以暴力；一是文化，即施以道德教化。按之以馬克思的哲學表述，前者是權力的上層建築，後者是權力的意識形態。這兩者是權力體制在不同場合交替或同時打出的兩張牌。那麼，意識形態身為一種話語形態，你說它是政治、還是文化。對與政治無關的純文化形態來說，它是政治，地道的政治。但對機構性政治的上層建築來說，由於它採取了話語的形式，又以知識的名義出現，因而它同時又是一種文化。綜合地看，意識形態半是政治、半是文化，是政治與文化的二位一體。政治實其質而文化張其目。這樣一種文化，由於它的存在就是為了給體制提供合法性，因此，在功能的意義上，不妨把它定位為一種「體制文化」，而「意識形態」就是體制文化的最標準的稱謂。

「色彩是流行的先鋒」，文錄之二的第一句便讓我們感知到這是另外一種文化形態在說話了。它的辭彙色彩、語義、表達方式都與前一條殊然不同。這種不同並非僅僅是文體的不同，更重要的不同則在於它和前者的文化所指以及由此所規定的文化功能存在著重大區別。前一種話語是體制性的，這裏的話語則是大眾性的。大眾是這種文化的訴求對象。更具體地說，這種文化所要抵達的終點並不是大眾，而是大眾的「日常生活」。文錄二所表達的內容是流行服飾，而不是甚麼思想意識。大眾文化與體制文化的不同是多方面的，就其存在的地位而言，作為意識形態的體制文化，按恩格斯的說法，是一種上層建築現象（精神的），它具有某種形而上學的性質。相比之下，大眾文化由於貼近大眾本身以及大眾的日常生活，因此它本然具有一種形而下的色彩，甚至感官的色彩。兩者在客觀地位上的高下當然並不應該成為它們之間劃分等級的根據，因為這種不同主要在於它們分工的不同。大眾文化並不擔負為體制提供合法性的任務，它的功能則在於滿足大眾感官上的各種需要，亦即消費的需要。這種文化的利弊得失且不論，但任何人似乎都不足以斷論大眾文化

因其感官性就一定低級於其他文化。沒有必要在不同的文化分工上給不同的文化形態安排一個座次表。我們最多只能這樣說，隨著時代的不同，某一種文化形態可能在這個時代中佔據主流位置。比如改革前的中國，意識形態無疑是其主流，甚至沒有它流。反之，在當今的西方世界，比如美國，佔據文化主流的就不可能是意識形態，而恰恰是流行的大眾文化，是搖滾樂、好萊塢、迪士尼、時裝以及體育競賽等。需要注意地是，大眾文化的感官性決定了它的話語表達，主要不是「文字」語言而是「形象」語言。因為感官自身就有一種反語言文字的傾向，而形象（主要指視聽之象）則是它的天然選擇。因而大眾文化大都依憑現代高科技的大眾傳媒來執行自己的文化功能。這並非說大眾文化只靠機器而不要文字，上邊文錄恰恰是一種文字性的表述。但這種表述依然讓人感到它向形象靠攏的努力，因為它具有直觀性。或者說，它是一種語言的直觀。各種顏色的排列業已產生醒目的視覺效果。反之，這篇文章如果不能訴諸大眾的視覺，那麼，它就是一個失敗的文本。根據大眾文化的視象性，在和意識形態對應的意義上。可以把它稱為「意象形態」。這個概念要在突出大眾文化的「意象」（即形象）特質。業如前文所述，「意象形態」乃是前捷克作家米蘭‧昆德拉的概念，迄今為止它還未獲得相應的公共性。但這並不妨礙本文用它來指代大眾文化，因為至少在昆德拉的個人語境裏，意象形態之所指，就是以電視、名星、小汽車為主體的大眾文化。更有意味的是，昆德拉本人正是在與意識形態做比較的上下文裏，「想出這麼好一個新詞」。

　　精神、個性、人格、思想、心靈、自由、理智：從文錄之三中摘出的這些語符以及連同內涵在這些語符之後的意義，就足以表明這又是一種面貌不同的文化形態。這種不同僅僅從辭彙的選擇就見出彼此的涇渭。正像文化形態一沒有必要大談精神、自由和個性一樣，文化形態二也不會把這樣的語符當作自己的話語譜系，當然，個別詞語的串用是可以的。文化形態一可以用精神自由來詮釋自己

「百家爭鳴」的文化政策，文化形態二亦不妨用個性這樣的詞來散佈它對某種流行色的推廣。但這僅僅是策略的需要和修辭的運作，如此而已。真正對這些辭彙有著透骨入髓般理解的，還是這些辭彙最經常的使用者，即知識分子，尤其是人文型知識分子。在他們眼中，這些詞決不是冷冰冰的概念，而是可感可撫、充盈著血肉生命的對象。事實上，這些詞所體現的意義連同對它們的追求，已經成為知識分子生命中不可或缺的一部分。在這裏，最有說服力的例子就是說話者本人。「無夢樓」話主張中曉，作為一個優秀的人文知識分子，他正是以自己短暫的人生踐行了上述閃光的辭彙。語言是思想的直接現實，思維的價值取徑不同，文本的語言也就判然兩樣。但各種文化形態語言上的不同還是外在表徵之一，它們更重要的不同則體現在內在的功能型態上。雖然人文知識分子的話語傾向與大眾流行文化相差懸殊，但在面對體制合法性的問題上，它同大眾文化一樣，並不負有直接的話語責任。因為它的功能所在，主要是人類的精神事務而非政治事務。雖然後者經常需要獲得它的話語支援，但它卻絕非僅僅是為提供後者所需要的話語才存在。這裏並不是人為截斷二者間的聯繫，但二者間聯繫的前提首先在於二者不是一回事，其次才有聯繫云云。如何聯繫且不論，所謂不是一回事，則表明它是一種具有獨立文化品格的知識形態，它不但不具有任何依附性，而且和以上兩種文化形態鼎足而三，共同構成一種良性迴圈的文化公共空間。這是一種什麼文化呢，既然它的話語主體是知識分子，那麼這種文化就不妨以「知識分子」來命名。在對舉的意義上，「知識分子文化」既不趨附體制，也不追求流行。它以學術或藝術的面貌呈現自己，並以此為立足，直指人類廣闊的精神世界，且以對它的無限開拓為能事。由於精神世界本質上是一個意義世界，意義是人類以其精神對存在對象進行詮釋的產物，因而人類對精神的追求便是對意義的追求。意義由此成為精神世界的核心。人文學科作為「知識分子文化」的主體構成，從不同的側面介入人類

的精神世界，故整個人文學科又可稱為精神學科。處於這個綜合學科中的哲學、文學、美學、藝術學等，無不以自己的學科方式就人類精神世界的「意義」問題展開不同的學術詮釋。所以，「意義」又是諸人文學科所共有的最重要的關鍵字。基於這樣的理解，所謂「知識分子文化」，不妨比照「意識形態」和「意象形態」而將其稱為「意義形態」。須要補充的是，「意義形態」的主體學科是人文學科，但它的外延亦相容社會科學的相關領域，更寬泛地說，它的所指是以學術面目出現的且與意識形態相區別的所有的知識話語。

三、文化三分的「內在症侯」

九十年代文化狀況的「實然性」即「一分為三」的文化表像已經給人留下了繁富的印象，所謂意識形態、意象形態、意義形態同時並存、一齊在場，各自都在展示自己的文化風貌，努力開拓自己的發展道路。尤其是其中的意象形態，得力於大眾傳媒的支援，憑藉技術和經濟的雙重優勢，大批量的製造圖像化的文化速食，泡沫四起，風光占盡。而老牌的體制文化則老謀深算地打出了向意象形態靠攏的策略牌，用意象形態的某些包裝來改變自己過去生硬的面目，試圖以變化了的形象重新獲得大眾。作為知識分子文化的意義形態則顯然處於當下文化的邊緣狀態，文化主流的角色似乎可以由意識形態和意象形態輪流擔綱，而它卻註定難以有坐莊的可能。政治全能的時代，主宰文化局面的是意識形態，經濟全能的時代，則由意象形態晉為盟主。除非有一個文化全能的時代，例如當年的五四啟蒙，知識分子的聲音才會成為全社會的聲音。但五四啟蒙之於九十年代已是「昔人已乘黃鶴去」，所以意義形態雖為精英，但今天似也只能屈居邊緣，聊備一格。

這樣一種文化格局當然不是正常的，但它卻現示了某種歷史進步性。其進步意義在於，當一個經濟時代取代政治時代時，它終於

可以允許有不同的文化聲音出現。在過去政治全能的時代裏，經濟與文化只不過是政治統治之下的兩個子域而已，它們不是作為一個自足體而存在，因此沒有自身內在的發展邏輯。經濟為政治服務，政治在它身上的表現就是「計劃經濟」，文化為政治服務，政治在它身上的表現就是「意識形態」。而打上濃厚政治烙印的經濟和文化所構成的社會，只能是一個純粹的、不折不扣的政治社會，或者說是政治一元化的社會。此處的政治一元化並非指政治權力的歸屬，它是從社會學角度表明一個社會以政治支配一切所帶來的社會單一化。七十年代西方人稱中國人為「政治動物」，此正可見政治一元化給社會與人帶來的雙重病變。九十年代的社會形勢不然，它的市場化特點決定了經濟必須成為一個獨立的社會領域，才能有效地煥發自身的生命力。這並非說經濟已與政治完全脫鈎，但以往政治對經濟的全盤控制畢竟大為改觀。當經濟率先拱動了政治一元化的板塊結構時，原來單一性的社會空間無疑獲得了裂變性的轉化。從政治裂變中走出來的經濟，其市場化傾向又形成了它對大眾文化的需要。從而又使這種裂變由經濟沿伸到文化。這是一個連鎖反應，不以任何人的意志為轉移。但文化作為一個獨立領域，它的形成，只能是在經濟之後。儘管文化以它的話語優勢——比如其中的知識分子話語——曾為社會的多元化做過不懈的努力，但由於它與政治的距離天然比經濟更近，因而也更不容易擺脫政治的羈絆，它甚至常常需要借助政治的面貌來表達自己的聲音。想想八十年代的「思想解放」運動吧，知識分子所熱中的人道問題、異化問題、主體性問題，如果沒有「思想解放」這面意識形態大旗，它的討論是不可想像的。而知識分子在當時所以不能形成自己的文化形態，也正在於八十年代依然是一個政治化的社會。知識分子所有的話語努力都在為這個社會服務，因此也可以反過來說，如果當年沒有知識分子的話語介入，思想解放的成功也是不可想像的。「成功」之謂顯然是對體制而言，轉對知分子來說，它只是一個必要的驛站。因為知識分

子話語的最高目標不是「解放」而是「自由」。「自由之思想、獨立之精神」是陳寅恪輓王國維的碑銘,也是知識分子文化的精髓所在。但它作為一個問題,只有在九十年代,才有某種實踐的可能,僅僅是可能。實現這種可能,除了知識分子自身的努力外,還取決於整個社會的市場化進程。因此,沒有經濟的率先獨立,則不足以言文化上的獨立。八十年代以來,知識分子與體制關係的幾度跌宕業已證明了這一點。

看到了九十年代文化格局的進步意義,並不等於忽略它所記憶體的結構性病理。它的內在症侯不僅僅在於它只是文化上的「多重性」而非「多元性」,而且多重性本身由於其一元基礎,很可能出於一元的需要而隨時進行策略上的收與放。在收與放的迴圈中,則很難建構一個多元化的文化格局。這十幾年的文化發展,走過了一個大大的「之」字,正如以上所說,八十年代的「放」不過是出於體制的需要,因此放得再開,也有一個底線。記得當時有不諳此道者,振臂高呼什麼什麼的黃金時代到來了。豈不知黃金是可以分割的,而且還有最佳的比例,而這桿比例尺正拿捏在體制的手裏。一旦到達臨界狀態,它就要由放轉收了。這種情況正如楊萬里的一首詩「莫言下嶺便無難,賺得行人空喜歡,正入萬山圈子裏,一山放出一山攔。」楊詩中的第三句尤其值得注意,所謂萬山顯示了山的多重性,甚至某種程度的豐富性。但由於萬山只構成一個圈子,山再多也僅是圈子裏面的山,因此它就必須服從這一圈子的整體需要。八十年代以來文化上(包括經濟上)的收放狀況恰好證明它們不是山外之山,而只是山中之山。當下文化格局表面上的多重與豐富,也只是在山中之山這一圈子內出現的現象。 儘管像大眾文化這一山頭的腳有時不妨跨出圈子之外,但知識分子文化的腳跨出去就相當困難。這裏的形容似乎與上一節的描述有點矛盾,實際上它們既矛盾又不矛盾。就矛盾一面說,這與其是文本上的矛盾,不如說是矛盾著的文化現實本身。就不矛盾一面說,這實際上是一個問題的兩個方面。

當下文化格局的進步意義，在於它為文化的多重性向多元性之轉化
提供了可能；但它的結構性病理又使這種可能難以實現。悖反正存
在於這樣一個兩難之間，根子則在於一元文化體制本身。因此，當
下文化形勢的任務，重要的是把一分為三的文化空間從「表象景觀」
努力落實到它的「本體層面」，亦即不是在多重性的意義上而是在多
元性的意義上真正形成各自獨立、又彼此交往的三種文化。借莊子
之語「道術將為天下裂」，那麼，政治之道、文化之術、經濟之勢就
必需從過往的「三位一體」（一體即一元）的結構合理地裂變為「一
分為三」（為三則三元）的格局。只有在這個社會分化的大前提下，
意識形態、意象形態、意義形態才能真正構成文化多元的公共空間。

　　建構文化多元的公共空間，就是對一元文化體制的消解。當「體
制文化」憑藉自身的權力形成一種文化體制，用以控制全社會的文
化空間時，這樣的文化局面只能是一元性質的。儘管在它的圈子內，
它可以允許多重性、允許不同的流派、允許必要的歧義，但由於它
最終為某種「主義」所一統，故而除其主義成為它的內核外，「一統」
就是它最顯著的外部特徵。在一統範圍內的文化，本質上是一種文
化。就像一棵樹開滿了花，它們也只是一個品種。因此，僅就此喻
而言，這棵樹花開百朵卻不是多元，而是一元。但設若有兩棵樹，
哪怕它們各自只開一朵花，那麼這兩朵花與上述百花相比，卻不是
一元而是二元。為什麼？元的問題並不在於數量的比例，而是質的
差異。「元」者，推始其初也。那一百朵花如果從枝往幹推，最後只
有一條根，不是一元是什麼？一元文化僅僅作為自身而存在，當然
不應受到指責，一百朵花開在一棵樹上，說明它材質優良。因此在
這裏，需要反對的並不是一元文化，而是它的擴張，即「一元文化
體制」。一元文化是多元中的一元，一元文化體制則是取消多元的一
元。後者作為一元，實質上是文化大一統，就它扼制其他文化形
態的發展而言，它又是文化專制。

　　中國文化自古以來就沒有走出過文化專制的陰影，體制文化的手總是超越自己合理的限度，全方位地對文化空間進行監控，從而經常導致文化大面積的洪荒。這種洪荒狀態在文革期間達到高潮。十年下來，僅有幾個樣板戲。當然，文革期間亦有所謂的地下文學，北島的「回答」等詩歌也作於文革期間。它們所以不能公開問世，只能以手抄形式在民間流傳，恰恰說明文化本身是多元的，但它們卻被專制文化扼殺於地下。如果說文革是一個極端的年代，那麼即使在其最好的時期，在所謂「百花齊放」的時期，實際情況也好不到哪兒去。文革期間一棵樹開八朵花，與五十年代一棵樹開一百朵花，能有什麼「質」的區別？本文摘錄之三是張中曉先生的《無夢樓隨筆》，該書出版於九十年代，但它的寫作卻始於五十年代。誰能想像這樣的文字——真正的知識分子文字——會在那個百花齊放的年代面世。原因很簡單，就是千花齊放、萬花盛開，也輪不到張中曉這一株，因為它無法開在意識形態這一棵樹上。幾十年過去了，張中曉的文字並未變成斷爛朝報，反而由此充分表徵了知識分子文化的屬性與特徵。作為一個上下求索的思想者，張中曉是幸運的，在那種黑暗的年代，他居然寫下了至今看來依然是優秀的文字。他的不幸則在於，不僅這些可貴的思想當時只能沉睡於地下，而且他為此付出了自己的健康與生命。

　　當然，這並不是他個人的不幸，也是整個時代的不幸。只是面對這種不幸的悲劇，我們似乎並未找到真正的根源，反而把它僅僅歸結為一個「左」字。因此反左便成為八十年代到九十年代一個跳躍性主題。但僅靠反左能徹底解決問題嗎？反左本身就是一種意識形態語言，而全部問題正在於意識形態本身。儘管反左有助於其他文化形態的生成與發展，但發展依然被限制在意識形態的範圍內，一旦有逾越的可能，意識形態的任務馬上就由「反右」取代「反左」。十多年間反左的間斷性足以說明這一點。「左」與「右」正如同「放」與「收」一樣，已經成為意識形態手中的橋牌，它可以審時度勢、

輪流出打。但文化不是牌，更不是哪個強勢集團手中的牌，文化需要的不是出牌的策略，而是能夠使它在其中得以生長的公共空間。在這個問題上，僅僅防左則遠遠不夠，它必須擴展到整個意識形態，即從根子上解決文化體制問題。

四、「骨牌」邏輯的啓示

改變原來的文化體制、建構多元的文化空間，重新繪製我們的文化地圖，這樣一個任務就在九十年代被推上了議事日程。需要再次強調的是，這一任務絕非就文化而文化所能奏效。文化空間的分割率先依賴於社會空間的分割，如果我們的社會形態仍然維持幾十年來以政治為中心、經濟與文化為兩翼的一體化格局而不變，那麼，文化空間的一分為三只能是紙上談兵。在舊體制的文化格局中，我們無法找到文化分割的合理性。相反，以一元化的方式為體制服務，反倒具有邏輯上的充足理由。當一個社會僅僅現身為政治社會時，這個社會的一切都已政治化，文化不僅莫能其外，而且它的使命就是為其效力。在這樣一個前提下，它當然不需要分割意義上的多元，而只需要一元狀態下的百花。百花足以顯示一元的繁盛，多元則有礙一元的獨尊。所以，不僅顧准、張中曉之類的知識分子話語難見天日，就連日常生活層面上的文化顯示，都受到嚴格限制。文革時，紅衛兵見到畫有古裝人物的東西就砸，因為那是封建文化；見到燙髮的女性就抄剪刀，因為那是資產階級文化。可見，一個以政治為極值的社會，除了政治，其他一切，包括文化與日常生活，都是無足輕重的。這時，你要變革文化，卻把社會變革撇開一邊，斷然事功難畢。九十年代以來，體制高揚市場化的旗幟，這雖然首先出於體制自身的利益，但它客觀上卻為一體性社會的分化提供了可能。當一個市民社會開始形成時，當經濟由計畫開始向市場轉化時，它便意味著經濟可以作為一個獨立的社會構成而存在。這時在理論上

經濟就不是為了政治而存在，而是為了自己而存在。同理，文化作為政治的又一翼，根據梁啟超「一思變甲，即須變乙，至欲變乙，又須變丙」的「骨牌」邏輯，亦有理由同經濟社會一樣，作為一個獨立的社會構成從政治體制中分離。如此，以政治為中心的大一統便一分為三為政治社會、經濟社會、文化社會。在這兩種社會結構中，政治的地位顯然不同。於前者，政治的覆蓋面是整個社會，社會空間有多大，政治的權力空間就有多大。而後者，政治的覆蓋面小於社會。「小於」的意義在於，它不應繼續擁有對經濟與文化的控制權。相反，經濟與文化一改以往的「子從關係」而與它構成平等的交往關係。這是一個正常態的社會結構，作為一個完整的有機體，它對自己三個不同的有機構成進行了功能上的分工。政治負責社會公共事務上的管理，經濟承擔社會的物質生產的運行，文化則滿足社會主要是精神上的需要。在這樣的有機分工的社會格局內，已經沒有哪個子社會可以凌駕於全社會之上，也沒有哪個子社會還需要額外地對另一個子社會負責。它們需要的僅僅是對自己負責和對全社會負責。

如其上，一元社會一旦解體為三元社會時，一元文化格局就喪失了存在的合理性。本質上，一元文化是為一元政治服務的，它們是一個主次分明的配套系統。這個系統打破之後，文化便獲得了它的自為性。文化的自為性為自身的發展提供了廣闊的空間，這個空間不為任何一種文化力量所壟斷，反而是多種文化力量集合的共同體。以上所謂的「公共空間」正是指謂此而言。當然，知識分子是知識性文化的創造主體，但他們的職業分工不同，便決定了他們所介入的文化形態也不同。況且，一個社會一分為三，每一個子社會都有自己的文化訴求。因此，與「政治社會」和「經濟社會」所並列的「文化社會」亦並非鐵板一塊，它作為一個開放的公共空間，事實上也存在著三種基本不同的文化形態。它們正好與上述三個子社會相策應。也就是說，一個政治社會的文化訴求，在其形態表現

上,就是體制文化的「意識形態」。一個經濟社會的文化訴求,它的形態表現就是以大眾文化形式出現的「意象形態」。而文化社會,它的空間在容納以上兩種文化形態以外,便是對人類形而上的精神世界的訴求,由此而成的文化形態,即是作為知識分子文化的「意義形態」。這裏需要解釋「文化社會」的寬狹兩義,在筆者個人研究的上下文中,寬義的文化社會指諸種文化形態的合一,而狹者則專指意義形態的空間。這正如「知識分子」亦有寬狹兩義一樣。狹義的知識分子即「批判知識分子」,寬義的知識分子則指一般知識者。後者可以是意識形態的從業人,也可以是意象形態的投身者。和從事於意義形態的知識分子一道,三者以其各自的話語介面,共同構成了寬義上的文化社會。在這個社會裏,三種文化形態的關係因其所對應的子社會是平行的,因此它們之間的地位也是平等的。它們是平等的交往關係,而非二元對立的統治關係。

令人不無遺憾地是,這樣一種關係的建構僅僅是理論上的,它目前尚未付諸現實。九十年代文化地圖上的三種文化形態,雖然表象上各具規模,但此「三」畢竟是「三重」而非「三元」。原因很簡單,整個社會的一元化格局尚未發生根本性的變動。雖然,自由市場的活躍給大眾文化帶來了生機,但它還須受到意識形態的終極裁決,甚至在某種程度上還得成為意識形態的傳身筒。大眾文化如此,更遑論所謂的知識分子文化了。因此,在當前的文化形勢中,我們需要清醒的頭腦。對知識分子來說,儘管形成真正的一分為三的文化空間,必須依賴於一分為三的社會空間,但後者之所形成,卻也需要知識分子從文化上進行不懈的努力。它們是一種作用和反作用的互動關係。而知識分子正是在「反」字上發揮自己的能動。令人並不那麼沮喪地是,文化多重的局面畢竟出現,全球性大眾文化力量的激長,亦即意象形態對意識形態的取代,也在本土開始展開。儘管意象形態的擴張,具有如此的不合理性,但對知識分子所難以獨立改變的一元文化體制來說,它也是一張「骨牌」。如果我們承認

大眾文化天然所挾的解構性，無疑是一支可以資借的力量，那麼，當下知識分子的文化任務，也許就不是急於對大眾文化進行猛烈的批判、尤其是道德上的批判。它似乎應該把更主要的精力放在對一元文化體制的消解上，也即對一分為三文化空間的建構上。這是一個正反題，也是世紀末本土文化任務的要點所在。

第十章　作為一種「權力修辭學」

——「意識形態」說略

一、「意識形態終結」？

> 親愛的參議員富布賴特：
>
> 　　謹送上「意識形態與外交事務」研究報告二十五份（遵照要求，本報告討論了「意識形態上的主要衝突及其變化，衝突的表現及其目前與將來可能對美國外交政策發生的影響」）。本報告是為了履行哈佛大學國際事務研究中心和美國參議院外交委員會之間的合同而為委員會準備的……

以上是 1959 年十一月二十三日美國哈佛大學教授羅伯特・R・波維寫給當時參院外交委員會主席富布賴特的一封信。50 年代後期，蘇聯成功發射了人造地球衛星，這引起美國有關方面的震動，參院的外交委員會迅速作出反映，決定對世界的發展趨勢以及美國在這方面的政策和計畫進行一次檢查，以便作出相應的調整和修改。此議獲得參院的批准並撥款之後，十五個研究專題被擬定出來，其中第三個題目便是規定從意識形態的角度討論美國的外交事務問題。按照合同，這個選題由哈佛的國際事務研究中心承擔，僅在合同簽署後的幾個月內，以「意識形態和外交事務」為題的近十萬字的研究報告便獲以完成。以上則是主持這項工作的波維先生從哈佛發往華盛頓的報告信。富布賴特接到報告後又為其作了一篇序。1960年元月該報告正式發表，華盛頓的美國政府印刷局又迅即將其出版成書。很有意味的是，此書剛在美國問世，中國大陸旋踵之間就有

了它的譯本，北京的世界知識出版社以最快的速度出版了它的譯文，時間僅在兩三個月之間。這樣的速度甚至為今天「時間就是金錢」的商業時代所不及，唯一能作出合理解釋的便是它屬於政府行為。聯繫當時的歷史背景，不禁令人們想起也是身在哈佛的亨廷頓那篇發在美國《外交》雜誌上的「文明的衝突」。其間亨氏把二戰結束的後冷戰時代稱為「意識形態衝突的時代」，五、六十年代之交，正值這種衝突走向白熱化的階段。因此，當時雙方政府對這個問題的格外敏感與重視也就順理成章了，畢竟這是那個時代最核心的問題。

時隔幾十年之後，面對那紙頁已經發黃、由繁體大字印刷出來的報告，很難不讓人感到一種反諷。時間最是無情物，在意識形態幾乎支配一切的時代，曾是直接對壘的兩國，中美雙方也在十幾年後的七十年代就相逢一「笑」、握手言「和」了。儘管它們還實際存在著意識形態上的巨大離齬，但它卻被置入共同利益的大括弧暫存不論。今日，意識形態在外交事務中的作用更是一落千丈，只有極少數冥頑不化的極權小國還把意識形態放在利益之上（當然這樣做本身也是為了一種特殊的利益）。尤其 1980 年代末，冷戰的雙方，西邊日出東邊雨，歷時幾十年的意識形態對抗風流雲散、土崩瓦解。因此，由哈佛那批學者苦心經營的研究報告，僅僅成了那個時代的一個歷史見證。面對時下這樣的狀況，國內外學者幾乎普遍地作出了「意識形態終結」的結論，這是一個冷面無情的事實，儘管有的人為之雀躍、有的人沮喪、有的人則幸災樂禍。

意識形態真的終結了嗎？它並非是一個簡單的是非問答題。尤其對中國這樣一個老牌的意識形態大國而言，實際情形可能更形複雜。在對這個問題作出回答之前，則有必要首先弄清意識形態到底是什麼。這似乎不成一個問題，對中國知識分子來說，這個概念熟稔之極，以至形成一種集體無意識的化解不開的「意締牢結」——這是臺灣學者對意識形態的音譯，它額外地化生出一種極其巧妙的

意義效果——但，深陷這個「牢結」中的人卻未必能解開這個「牢結」，至少對這個牢結目前存在著因人各異的解釋。這種狀況，非獨國內，海外亦然，它的所指形態莫衷一是。80 年代美國學者傑姆遜曾對意識形態作出了七種不同模式的解釋，而 90 年代的英國學者伊格爾頓，重新梳理意識形態的有關定義已經翻了一倍還不止。是不是還會有新的解釋再生出來？但這種解釋紛繁的狀況已足以說明意識形態對這一世界的重大影響，這是一個近代以來尤其是現代以來曾極大地改變了地球上人類生存狀況的有數幾個的關鍵字之一。雖然今天它已是「明日黃花」，但這並不減損它的「昔日輝煌」，它的明天將是一副什麼樣的命運，雖然不得詳知，但，只要面對這個概念，就無法讓人掉以輕心。

這個據有如此魔力的概念究從何來？

二、何謂「意識形態」

1801 年。法蘭西。「ideologie」。

這個詞的出現即標誌「意識形態」的問世。其推出者是一位哲學家，名叫特拉西。對於這個概念，《簡明大英百科全書》把它解釋為法國 18 世紀末和 19 世紀初的一種哲學運動，主要是探討認識論的有關問題，如認識的起源、本質和過程等。僅僅滿足於這種解釋，意識形態就是一個充滿了學院氣的概念。如果純粹從語文的角度分析，情況又好像確實如此。無論法文中的「ideologie」，還是英文中的「ideology」，都是一個複合詞。以後者例，尾碼「-logy」即「什麼什麼學」或「什麼什麼論」，它以前面的構詞成份作為自己的研究對象，如「ontology」，人們譯為「存在論」，蓋在於它的研究所指即「onto」（存在）。以此類推「ideology」的直譯就不是意識形態，而是「意識論」或「意識學」——一個多麼富有學術意味的冠名。這也的確不違特拉西的意思。從知識概念形成的內在理路來講，特拉

西乃是接著啟蒙時期的孔狄克的「感覺論」繼續往下作文章，他不僅把感覺作為知識的來源，而且進一步認為正是感覺因素的綜合，方才構成心理的和精神的思想之總和。在這個意義上，特拉西自稱創立了一門觀念科學或思想科學，並且，前邊的百科全書也相應地把特拉西及其弟子稱為法國當時的「意識學派」。

然而，這僅僅是問題的一半，而且是非吃緊的那一半。說到底，意識形態不是認識論，越往後它越沒有在認識論的意義上被人們探討過，否則人們可以稱皮亞傑創立的「發生認識論」為科學的意識形態了。儘管這個概念在其發生之初確曾含有認知心理的因素，但如果從知識產生的內在理路轉化為知識社會學，那麼就會看到，這個有著認識論外殼的概念，其內裏一開始就充斥著極其豐富的社會學義涵。特拉西所處的時代，正是法國大革命結束後復辟與反復辟呈拉鋸狀的時代，那個時代的任務表現在政治域是推翻神權，而在思想域則是戰勝神學。特拉西正是在後一領域並通過後一領域的建樹企圖為前一領域效力。所以他的「觀念科學」從認識論入手，將其先歸類為心理學問題，然後提出倫理和政治問題，從感覺的綜合始，至構成社會、道德和政治思想的總和終，這就是特拉西及其第子以「意識形態」的名義走過的路途。揆其本意，特拉西提出「idelogie」，目標就是服務人類並企圖拯救人類，使人們擺脫偏見，從而為理性政治的統治作輿論上的準備。特拉西們甚至設計了一種國民教育制度，以期把法國變成一個理性與科學的社會。這一切，大不列顛的百科全書都有扼要而又詳細的描述。也正是基於此，伊格爾頓把意識形態從認識論的範疇拉出來，將其稱為「理性政治學」。有人認為這裏的理性不僅是反對中世紀的宗教神學，而且也反對大革命時期那種非理性的暴力革命。由此可見，「意識形態」的形成，有兩個方面的動力因素：一、認識論，二、社會學。但並不是表象上的從認識論到社會學，而是認識論與社會學。知識的內在理路和知識社會學都以觀念和思想作為自己的研究對象，因此它們是

並列的。但就其權重而言，顯然社會學的因素又大於認識論。所以，「意識形態」在日後的話語實踐中，其認識論因素逐漸萎縮，以至烏有，最終就變成了人們所習慣的純粹表明政治哲學的話語形式。

　　很難說這是「意識形態」之幸、還是不幸，它一誕生就受到官方統治者的推重。拿破崙不僅支持特拉西和他的弟子，而且將他的學說欽准為法蘭西共和國的法定學說。此舉開意識形態成為統治思想之先河。但「殊榮」不久，終因這個概念的認識論因素，又導致了拿破崙對它的反目。作為「思維科學」的意識形態不僅認為感覺是知識之源，而且強調經驗感覺對知識的檢驗作用，這本是一般科學意義上的表述，卻無意中觸犯了拿破化的世俗權威。殊不知，後者所以需要意識形態，僅僅是需要它為權力統治作理論張目，當它一旦僭越這個界限，並且企圖對其進行理性的檢驗時，權力也就把它當成了對立面。拿破崙開始宣稱它為異端，並且無稽地將戰爭失利的責任亦歸咎於它。蒙遭這樣的打擊之後，意識形態幡然醒悟，立即從「觀念科學」搖身一變為「觀念形態」。有意思的是，當初特拉西將「ideologie」命作觀念之科學時，意在與當時流行的各種解釋性理論、體系或哲學區別開來，結果，它也一改初衷，變為一種觀念解釋。這不禁讓人感慨，哪怕是就純粹的知識生產而言，到底是知識分子的力量大、還是世俗權力的力量大？因此，「正確」的說法似乎是這樣，與其說特拉西創立了「意識形態」，毋寧說它的實際創造者是拿破崙。因為是拿破崙而非特拉西給意識形態作出定位並確定其實踐功能，這一點越是見諸意識形態的日後應用則越發明顯。相形之下，知識分子特拉西僅僅是貢獻了一個被抽空了原初內涵的「空洞的能指」。然而，「意識形態」一旦落入拿破崙模式，馬上便與真理作別，轉而與利益掛鉤。拿破崙對意識形態的先恭後倨，由取而棄，無不是從利益的需要出發，因而利益理論便成為意識形態理論那龐大表象之下最隱密也最簡單的詮釋。它可以是科學的真理的，當它出自利益的需要時。但這也就是說，不是科學真理選擇

意識形態，而是意識形態選擇科學真理，意識形態乃是根據自己的需要將科學真理為我所用地觀念化。因此科學真理一旦變成意識形態即被變形為解釋學上的實用主義，就成為青年馬克思所憤怒指責的「虛假意識」。哪怕是就它的最好情況，斷也難免於此。

　　社會學化了的意識形態既然服從利益的需要，那麼，社會利益的不一致——這當然導源於社會集團和階層的不一致——是否可以說一個共時態的社會必然存在著眾多不同包括針鋒對立的意識形態呢？這是關於意識形態釋義的一種強勁有力的說法，然而又是一種聽之有理、析之無據的邏輯，即意識形態表現為不同利益集團的觀念體系或信仰，甚至有認為任何一種觀念或思想都具有現實的意識形態性。在這裏，意識形態成了各種思想的通用符號。顯然，這是對意識形態最為寬泛的解釋，它把這個特殊概念與任何一種意義上的思想體系作了同一性的理解。其不當在於，如果以階級社會為例，位居統治地位的思想觀念固可以稱為意識形態，反過來，作為被統治階層那種反抗聲音的表達，如中國農民起義時慣用的口號「均貧富、等貴賤」也可以名為意識形態嗎？恩格斯曾斷言「中世紀只知道一種意識形態，即宗教和神學」，這正因為宗教充當了統治階級的信仰體系。而哲學作為它的對立面是沒有資格入圍意識形態的，除非它婢女一般或被迫或自願地為宗教辯護。儘管馬克思和恩格斯在使用意識形態概念時，語義有寬窄之分，但他們奠立的社會結構學說從經濟基礎到上層建築到意識形態，已然表白意識形態不僅範屬國家上層建築，而且直接就是上層建築本身，即「觀念的上層建築」。也許阿爾都塞的表稱更能說明問題，他直接將其稱為「意識形態的國家機器」。因此，在一個社會中，能夠獲得意識形態榮譽稱號的絕不是被統治的和非主流的思想。誠如馬克思所說，在貴族統治時期占統治地位的觀念是「忠誠、信義」等，那麼，人們就有理由指出，後來成為資產階級意識形態的自由平等觀念在當時就不是意識形態；當資產階級自由平等觀念占思想上的統治地位時，馬克思的學

說也不可能是意識形態，非但如此，而且直接就是意識形態的反對。當然馬克思學說最後也走上了意識形態之路，但那是二十世紀的事，其標誌就是它被「主義化」。從馬克思學說的戲劇化捩轉——即從反意識形態到意識形態——已經不難讀出意識形態究屬何物。它的確表現為一種觀念體系和信仰，但絕非任何一種觀念體系和思想都必然是意識形態。如果不曾忘記意識形態這個稱謂最初和拿破崙的關係，那麼似乎只能這樣說，意識形態就其實質言，乃是國家統治階級的思想意志，轉就其具體表現言，它又是體現這種意志的知識形態和話語權力。

這樣一種話語權力，便是推行馬克思‧韋伯所謂的「對統治合法性的信仰」。任何一種統治都無法憑其自身的暴力證明其合法，它必須為自己的權威從道德上、哲學上或宗教上找到存在的依據。此依據可以借助各種既有的思想和觀念、也可以自行炮製其信條、或者兩者結合。要之，它必須以一種觀念的方式向社會證明權威的合法地位，並且把自己所證明的那一套觀念通過強制性的灌輸，使之逐漸轉化為社會全體成員的共識。因此，論證權力的合法性乃成為意識形態自身的「合法化職能」，由此並獲得至高無上的知識權力。它用權力來生產知識或改造知識，從而使自身的知識話語就近成為一種「權力修辭學」。雖然，「意識形態」作為一個概念乃是 19 世紀的事，但它的實際歷史早在一千九百年以前就已經開始書寫，統治權力從哪裡開始，意識形態就從哪裡起步。這也是一種歷史與邏輯的統一。試看《詩‧大雅‧文王》，所謂「周雖舊邦，其命維新」，僅八字，就是有周一朝的意識形態。在漢文化語境中，它也許是人們所能見到的最早的意識形態表述之一。假借「天命」——這也是那個時代的最高意識——為一個剛執政的千年舊邦披上一件合法性的外衣。儘管借助了詩的形式，卻也不難看出其意識形態運作的痕跡。然而這種准宗教的表述方式是意識形態的粗陋形態，隨著時代的推進，它的表達更加精緻化和理論化。於是人們看到了自稱「哲

學主要是或者純粹是為國家服務的」黑格爾哲學，它為當時普魯士政府作出的合法性闡釋，有效地體現在這樣一句格言上「凡是現實的，就是合理的」。在一個一切都得接受理性法庭檢驗的時代，將現實合理化遠較天命化更具理論力度。因此黑格爾此舉獲得了普魯士政府的好評，當時的文教大臣阿爾騰‧施太因專門寫去了感謝信，聲稱由於黑格爾的努力，「使哲學具備了對待現實的唯一正確的態度」，並使人們不致染上對現存事物方面的「有害的狂妄心理」。黑格爾哲學由此「被推崇為普魯士王國的國家哲學」，他本人也榮膺了所謂「官方哲學家」的稱號，並領銜柏林大學校長一席。

三、「意識形態」的轉型

　　意識形態不僅僅作為一種統治思想，而且更作為一個時代的標誌，甚至這個時代可以用它來命名，這只能是現代的事，尤其是二戰結束、世界劃分為兩大陣營之後的事。此時，意識形態不僅面對本國之內，而且成為國際爭鋒的焦點，這在以往的意識形態發展史上不曾出現過。中世紀只有一種意識形態，近代社會也只有一種意識形態，即取代了宗教神學的、以自由民主為核心的資產階級思想觀念。只是現代以來，一個時代只有一種意識形態的格局宣告破裂，隨著蘇聯的誕生並以其為標誌，兩種意識形態形成了長達幾十年的對立，這種對立在二戰結束之後達到高潮。因此亨廷頓有理由將這種衝突描述為世界性的衝突，而構成這一衝突的時代，就其衝突的根源來看，也只能是意識形態的時代。正是在這一時代裏，意識形態的功能得到了急劇的發揮與擴張，它們竭力為各自陣營的統治合法性作信仰上的詮釋。儘管對立的雙方未曾動槍動彈，但這種冷白熱同樣給那個時代帶來了極其緊張的氣氛。本文開頭哈佛報告的出現，便是那個時代氣氛緊張的一個歷史註腳。值得注意的是，那份公務報告對現代意識形態的劃分不是一分為二而是一分為三，即立

憲民主、共產主義和民族主義。前者率指歐美諸國，中者則指前蘇聯及其東歐衛星國和中國，後者則泛指東方的印度和拉美以及伊斯蘭世界等。在其互比的角度上，該報告是這樣評述上述三種意識形態的：「共產主義是最明確、最教條主義、最制度化的；主要是從歷史經驗得來的民主信仰則比較沒有教條性質；而民族主義，特別是在殖民時代已成過去階段，在內容上最缺乏一貫性，基本上它是一種迫切要求自治和經濟發展的表現。」對這三種意識形態內部錯綜複雜關係的分析以及探討它們之間的相互影響構成了哈佛報告的內容主體。首先，它注意到了社會主義陣營內部，共產主義意識形態雖然是各國之間的粘合劑，但因各國利益和權力的不一致，對統一意識形態的解釋又存在著從隱含到公開的不一致，如南斯拉夫。因為「當陣營內部存在著基本上獨立自主的國家時，就會產生某種類型的意識形態上的分歧。」後來的中南大論戰和中蘇關係的大決裂以及中國指蘇聯為修正主義等不無證明了這一點。因此在那樣一個意識形態衝突的時代，其衝突的對象不僅是兩大陣營，而且同一陣營內意識形態紛爭也同樣尖銳激烈，甚至不下於兩大陣營的對立。因此哈佛報告找到了它的突破口，它建議以東歐為跳板，廣泛地與東歐集團的知識分子包括政治家接觸，努力把這些衛星國拉入歐洲集團，或以它們為「傳送帶」，向蘇聯輸送西方的原則和觀念。最後通過它們，「來影響蘇聯內部的演變」。人們終於從 1989 年的歷史中看到了這份報告所提供的意識到形態策略是如何得到了令人感慨的兌現。另外，哈佛報告對第三種意識形態即民族主義思想體系的關注與分析，也充分見出它的眼界不凡。儘管當時提出這一概念的部份目的依然是為了分裂蘇聯陣營，同時也是為了把奉持民族主義的眾多國家作為中間力量來拉攏或分化。但不管怎樣，將民族主義作為一種意識形態而提出，說明它已意識到這一概念在現在和將來的國際事務中的重要作用。這種意識同樣具有超前性。人們已經看到，當前兩種意識形態的對立消解之後，正是民族主義迅速

飆升為當今世界動盪的新的衝突源。它使原來的世界格局由東西分裂轉化為南北對立，尤其是伊斯蘭世界和西方文明世界的對立。亨廷頓敏銳地抓住了這一點，從而把新的世界衝突解釋為以民族（或種族）為核心的不同文明國家或地區之間的衝突。但亨廷頓的思路早在哈佛報告裏就已經孕育成型了。亨氏的傑出在於，他不再把這種民族文化的衝突繼續理解為單純的意識形態的衝突，因為這種衝突從現有的狀況來看，已經超越了意識形態的範疇而直接訴諸戰爭和暴力。

那麼，意識形態到底終結了沒有？根據以上，答案應當是雙重的。當意識形態作為一個時代的軸心，由它來支配時代的一切事務，尤其是外交事務，並據此構成不同國際力量之間的衝突，這樣一種時代的確是壽終正寢了。在這個意義上，也可以說意識形態終結了。這無疑是一件令人歡欣鼓舞的事，儘管這種終結是以一種意識形態對另一種意識形態的戰勝為前提。但，意識形態雖然在國際事務中日益淡出了歷史舞臺——僅就這一點而言，似乎也不能輕率地絕對化，那麼它在國內事務中，意識形態非但沒有終結，而且依然潛在或顯在地發揮中控作用。並且從理論角度言，意識形態作為一種權力話語，只要國家統治還繼續存在，它就不會失去自己的存在合法性。因為它畢竟是國家上層建築賴以統治的有效方式之一，它必然要在文化領域顯示一種精神上的感召力和凝聚力，從而體現自己作為如葛蘭西所說的「文化和道德上的領導者」。阿爾都塞曾極有見地從社會再生產的角度討論意識形態的作用，所謂社會再生產主要即指勞動力的再生產，它不僅再生產出一定的勞動技能，而且將勞動者對現存統治秩序的順從態度也再生產出來，意識形態的作用即在於此。因而阿爾都塞索性把凡是能夠起到這種作用的學校、家庭、傳播出版機構都一律指認為意識形態的國家機器，雖不免有泛化之嫌，但作為統治階層的權力話語幾乎無所不在（尤其是對體制單一的國家）卻也是無爭的事實。

有必要指出的是，意識形態沒有終結，但卻可以轉型。比較一下60年代和90年代的意識形態內容，便可以見出它們明顯的差異，從前者的以階級鬥爭為綱和政治掛帥，到今天以市場為綱和經濟掛帥，可以感受到時代變化的白雲蒼狗。現下的時代乃是一個商品氾濫的時代，這個時代最流行的格言就是「怎麼都行」，它好像消解了原意識形態的一元性與中心化，但這僅僅是個表象。雖然人們對商品的追逐，已經近乎瘋狂，這種商品拜物教，使阿道諾不得不承認「商品已經成為它自己的意識形態」。詹姆遜認為，阿道諾這句話的含義是指出意識形態的變化，因為在過去時代裏，人們認為思想、哲學之類的觀點很重要，並以之作為自己的意識形態。但在今天商品消費的時代裏，只要你需要消費，怎麼都行，至於你持什麼樣的意識形態則是無足輕重的了。我們現在已經沒有舊的意識形態，只有無止盡的商品消費，因此商品消費也就變成了自己的意識形態。詹姆遜的話不無道理，但在他的語境裏，意識形態的轉型已純然是一種民間行為，民間流行的思想觀念就是意識形態了。假如把阿道諾那句話植入本文的語境，事情就並不那麼簡單。商品所以成為自己的意識形態，換句話說，人們對商品追逐所以成為一種流行的觀念，這正是國家意識形態已先行轉型，即從階級鬥爭轉到市場經濟上面來的緣故。因而這是一種因果關係，見果循因，那麼我們就會知道，看起來好像「什麼都行」，但它本身就是市場中心這一意識形態運作的結果。然而，市場問題一旦意識形態化，經濟的事也就變成了政治的事。意識形態的政治底盤乃是把市場經濟當作眼下的最大的政治來推行，而市場經濟從其發生學的角度則應是自發的民間行為。這樣就不免讓人留有隱憂，假如意識形態的重心隨其權力的更替而發生轉移，那麼市場經濟又靠什麼來保證？從這裏，不難窺見意識形態的另一面，即它作為合法性存在之同時那「超合法性」的一面。所謂超合法性即它在知識話語領域內的壟斷性。意識形態以階級鬥爭為綱，那麼所有的知識話語都不准與其相左，否則便會

招致批判。同樣，當以市場經濟為綱，所有的知識話語又必須向心於它。意識形態在哪裡，知識話語就應該跟到哪裡。兩者間唯一的關係便是後者對前者的服從而不允許相異或相反。可以說，由意識形態話語所導致的知識霸權由來已久，有唐之初，自漢而下的儒家經學界分南北、各有派宗，不僅意見紛紜，而且章句繁雜，它既不利於朝廷以經取士，亦不利於大唐政治統一。唐太宗便詔孔穎達為五經撰其義疏，並將其欽定為《五經正義》。如此一「正義」，孔氏的義疏便成了意識形態，其他一切有關五經的解說必須以其為標準。可見，意識形態不僅使知識變成了權力，而且扼制了作為知識權利的其他的知識話語，它以自己的合法存在遮蔽了其他文化形態的存在合法。在中世紀的宗教神學面前，布魯諾學說的合法性又在哪裡？原本作為文化範疇之一的意識形態卻本能地做出了種種反文化的行為。

　　應當中止這種行為，在這裏，不是反對意識形態，而是反對它的知識霸權。在承認意識形態必要存在的同時，必須規定它的話語許可權，並終結其話語壟斷，這是另外一種意義上的「意識形態的終結」。這一終結隨著大眾文化的勃興而終於顯出跡象。大眾文化是憑藉文化工業而得以形成的一種新興文化形態，這裏不妨將其稱為與意識形態相對應的「意象形態」，它的出場改變了前者一統天下的文化格局，而且自恃其功，居然企圖成為新的文化霸主。人們已習慣用「眾聲喧嘩」、「狂吼」來形容它的文化聲勢，這樣一種聲勢目下可謂蒸蒸日上、方興未艾。關於意象形態的問題這裏不遑討論，現在需要提出的是，意識形態適應的乃是政治時代的需要，意象形態適應的則是經濟時代的需要。意象形態所以和意識形態分庭抗禮，顯然是全球性社會化語境發生變遷的緣故。馬克斯·韋伯稱謂近代以來西方世界完成了由宗教社會向世俗社會的轉變，殊不知，當代以來，尤其後冷戰以來，整個世界又逐步完成或正在完成政治社會向經濟社會的轉變，這是意象形態誕生的時代土壤，也是意識

形態消隱於歷史前臺的外部動因。但是，誰也不能低估意識形態的活性能力，阿道諾那商品已經成為它自己的意識形態正可說明：意識形態的內在轉型使得它依然企圖通過變化了的方式來控制社會。當然意識形態的轉型乃是根據統治意志需要。可以看到，在中世紀，意識形態的內容主體是神學，它的支配方式是憑藉「超驗信仰。近代以來，它的內容所指則從神學轉化為哲學，其內容表達則借助「話語論辨」。隨其後工業化時代的到臨，意識形態的內容表達勢必又要尋找新的對象，而具有粗鄙生命力的大眾文化、商品、科學等，很有可能成為它的權宜選擇，如果這種選擇至少在眼下符合其統治需要的話。這樣意識形態仍然可以以變形的方式來表達自己的意志。

這意味著什麼呢？意象形態雖然是意識形態的分解力量，但也有可能成為它的表達。這種狀況，謂為合流。於是就需要提出「第三種文化」的概念，它是從既往的意識形態中分化出來的一種文化形態，即「知識分子文化」，在彼此呼應的角度上，可以稱其為「意義形態」。由它和前面的意識形態及意象形態形成一個文化的三元格局。這種格局不但保證三種文化各自發揮其功能，並且力防其中任何兩種文化的合流而導致新的文化專制局面的出現。因此，在本篇「意識形態」之後，按照邏輯順序，當另行描述它的另外二元：「意象形態」和「意義形態」。

第十一章　「現實幻像」的眩暈

——「意象形態」描述

一、「要緊的是有了這個詞」

> 「這是電視、搖滾樂、廣告宣傳、大眾文化和鬧劇的世界；
> 歌星、汽車、時裝、精美食品商場，今日風度翩翩的實業家，
> 明日搖身一變而成電視明星，凡此種種，不一而足。」

這是米蘭‧昆德拉移居巴黎之後，在巴黎寫下的那個關於巴黎的文本（《不朽》）對巴黎、也是對整個西方後工業時代的評價。這位從東歐的陰森恐怖中逃離出來的小說家，腦袋裏滿是舊有國家留給他的熱情與檢討、政治與監禁、意識形態與國家機器這類已經滲入到血液中的概念，突然又置身一個目迷五色、耳亂八音的絕對摩登的花花世界，那麼，這兩個世界因其底色不同而造成的前後反差，給這顆「人類學的腦袋」留下的深刻的擦痕是什麼呢？昆德拉憑其作家特有的嗅敏，感受到一個時代的到來，即「一種普遍的、全球性的從意識形態向意象形態的轉變正在出現」。

「意象形態！誰率先想出這麼好一個名詞？是保羅，還是我？這無關緊要。要緊的是有了這個詞……」看來昆德拉本人也為這個詞十分自得。在《不朽》第三章中，他專門以其為標題討論了這個概念。順便說說，《不朽》在某種意義上堪稱一部「概念小說」，概念不僅是小說的內在骨骼，而且小說中的人和事往往圍繞概念而展開，更作為概念的需例而存在。昆德拉是二十世紀小說中對概念最情有獨鍾的一位，他的小說曾給我們推出過一個概念譜系，如「媚

俗」就是我們十分熟悉的一個。這些概念如一粒粒閃光的珍珠折射出昆德拉複雜而又精睿的思想。然而在他迄今為止所推出的概念群中，「媚俗」雖然是影響最大的，至少在我國；但意義最深遠的（這需要時間），我相信無疑就是這個「意象形態」了。儘管他在小說中的闡釋、或用小說的方式來闡釋，難免有未盡人意這處，但「要緊的是有了這個詞」，這是一個具有劃時代意義的「關鍵字」。至於對它的各自所釋是允許的、也是其次的。僅僅為了這個詞，我想我也應該傾一杯法國香檳，向昆德拉這個老頭遙致敬意並且慶賀一下的！同時也要感謝譯者寧敏（先生還是女士？）對這一純粹個人化概念的妙譯！

在昆德拉那裏，意象形態是作為意識形態的對舉形態而出現，並且是用來取代它的。這種取代如何發生的呢？昆德拉借用這樣一個事例加以描述：

> 「大約在一百多年前的俄國，被迫害的馬克思主義者開始組織秘密小組，學習馬克思的宣言：他們為了把這種思想意識形態傳播到別的小組，便把它的內容加以概括，而那些小組的成員又進一步簡約，再往下去；這樣，馬克思主義便不斷傳播開去，以至於在整個地球上變得家喻戶曉。」

但是，昆德拉筆鋒一轉：「由於有了以上簡單的概括，馬克思主義卻被歸結為六七條鬆鬆垮垮地綁在一起的口號，它很難被認為是一種意識形態了。而且，由於馬克思剩下的全部東西不再形成任何符合邏輯的思想體系，只是一系列提示性的意象和標記（手挾錘子微笑的工人，向黑人和黃種人伸出手去的白人，振翅起飛的和平鴿等）。」說到這裏，昆德拉不無篤定地說：「我們有理由認為，一種普遍的、全球性的從意識形態向意象形態的轉變已經出現。」

這就是意象形態的誕生？在昆德拉來看，意象形態脫胎於意識形態，而且成為它的形式化身。馬克思主義從一種邏輯體系轉化為

持錘子微笑的工人形象──多像是《共產黨宣言》的形象注釋,倒確實切中了意象形態的本質。它之不同於意識形態的關鍵處,即在於意識形態有其內在的邏輯,而它僅僅是一種表象。意象形態在對對象進行「表象化」或「形式化」處理時,正像形式邏輯上的「內涵縮小、外延擴大」一樣,已經逐步地掏空了對象的內容。它使自身在某種意義上成為一種脫離內涵的「空洞能指」。在《不朽》的第四章中,昆德拉曾就「感情」的問題比較過作為歐洲兩極的俄國與法國,比較的結果,使他得出這樣的結論:俄國是感情的故鄉,法國則是「形式的故鄉」。這指的是,俄國人的感情尚存一種實在的內容,而在法國這個古老而疲憊不堪的的國家,感情的內涵早已消失殆盡,僅僅剩下形式了。可見「意象形態」作為脫離了實在內容的一種表象形式,它得自於昆德拉客居法國時產生的切身感受,儘管昆德拉舉的卻是一個有關馬克思主義的例子。

然而,僅憑這樣一個單薄的例子便斷言意象形態的時代到來,結論固然精彩,但令人擔憂的是它卻可能使那個例子本身不堪其重。也許,需要「篡改」一下昆德拉了,這在對一個人文概念作解釋形態上的意義重估時是可以的,也是必要的。那個所謂的「馬克思主義小組」與其說是意象形態之所誕生,毋寧認可它為闡釋意象形態的一個需例。事實上,昆德拉對意象形態的種種描述,除去那個所謂的「發生學」的例子外,整個對應的都是法國社會的後現代狀況。因而你沒有必要把那個例子看得那麼重,重要的是這個概念本身。作為一個劃時代的概念,或者作為一種新的文化形態,「意象形態」不是誕生於一個馬克思主義小組的活動,而是資本主義後工業時代的產物。它的出現,劃分出了兩個世界,一個是昆德拉當時尚未脫身的東歐世界,這是一個由農業文化形態正在向工業文化形態轉化的世界,我們中國也正光榮地屬於這個世界,「意識形態」是這個世界的座右銘。另一個則是昆德拉投奔而去的世界,那是以巴黎為代表的由工業文明向資訊文明轉化完畢的整個西方世界,這個

世界又叫後工業社會或消費社會,「意象形態」是它的最突出的外部
特徵。

二、打開了的「潘朵拉的盒子」

意象形態對意識形態的取代,大體是分兩步來的。

第一步首先發生在西方國家的內部,自 60 年代法國學生運動沉
寂之後,西方社會的左派知識分子發生了分化,堅持對資本主義進
行意識形態批判的固有其人,但轉變自己立場的亦不在少數。典型
如美國學者丹尼爾‧貝爾,其人雖不在法國,但他卻先於五月運動
提出了著名的「意識形態終結論」,這表示他放棄了以往的激進思想
和社會革命的立場,轉而接受「福利國家、權力分散、混合經濟、
多元政治」的社會方案。於是在西方國家內部,知識分子與統治階
級的意識形態的論爭不再佔據主導地位,相反由於大眾文化的勃
興,它倒成了知識分子頻頻抨擊的對象。而這正意味著「意象形態」
作為一個時代的開始。丹尼爾‧貝爾僅僅宣告了一個時代的結束,
米蘭‧昆德拉卻以小說家的聰明喻告了另一個時代的到來。然而這
僅僅是第一步,無論他倆當中的哪一位,恐怕都難逆料,意象形態
能夠突破西方的疆界,獲得全球的擴展。

這是它的第二步:八十年代末,九十年代初,隨著東歐巨變、
蘇聯崩潰、中國推行市場經濟,世界政治格局發生了天翻地覆的變
化,原先對立的兩大陣營,一方自潰,另一方因失去對手亦近乎自
解,持續了幾十年的所謂「冷戰」即意識形態之戰終於熄滅燔火,
於是,西方後工業社會的「意象形態」,以各種豐富的能指,彷彿是
打開了的「潘朵拉的盒子」,蝗蟲一般,不管你是第幾世界,鋪天蓋
地地撲了過來。現在,除了戰爭地區,地球上每一個城市幾乎都是
它的落足。以至我們今天若要為這個眼花繚亂的世界命名,還非「意
象形態」而莫屬。當然,對中國來說,這並非是說意識形態已經取

消，而是說作為時代性的最顯著的標誌，原來的意識形態「逐步」
讓位給今天的意象形態。在意象形態「不戰而勝」的強大攻勢下，
意識形態以隱蔽的而非抗爭的形式不再在昔日話語中心的位置上頻
頻拋頭露面、亮相表演了。

　　意象形態的形成，適應的是後工業時代工商社會的需要，所謂
工商社會，主要已不是一個生產性的社會，而是大眾消費的社會。
按照丹尼爾‧貝爾的劃分，近代社會經歷了一個「前工業社會」、「工
業社會」、「後工業社會」的發展過程。前工業社會人類的主要任務
是面對自然的世界，工業社會面對的則是一個製作的世界，這兩個
世界都需要人類大量的生產投入。而後工業社會由於生產率已極大
提高，哪怕是最原始最落後的農業，一個人亦能料理一大片農場，
因此社會的重心由生產轉化為消費，「服務」成了這個社會最主要的
工作，「銷售活動變成了當代美國最主要的事業」。正是在這樣一種
大社會背景下，「意象形態」以廣告為中心飛速地發展起來。儘管廣
告最先萌生於工業社會，但只有到了後工業時代，它才借助各種高
科技媒介，不僅使自身發展到極致，並且由此滾動起一個連帶性的
龐大驚人的大眾文化家族。

　　意象形態以廣告為起點並非偶然。廣告最初只是單方面地適應
商品傾銷的需要，爾後其功能急劇增值，不但變成大眾的無意識欲
望的巧妙引誘和培養，從而能動地改變人們的生活習俗乃至生活方
式。比如牛仔褲的暢銷，就不僅僅是它本身耐穿、方便的問題。與
其說你是在穿上一條時髦的褲子，不如說你是在穿上一種時髦的觀
念，這種觀念是和廣袤、神奇、遼闊、浪漫的「西部」聯繫在一起，
而它的時髦，又是以「西部」作為發達文明社會的反叛形象分不開，
這是一種刺激，也是一種無意識的嚮往。因此當你套上了牛仔褲，
已經在想像中過上了一種「擬西部」的生活，那無垠的曠野、青黛
色的遠山、火紅的夕陽、疾馳而去的駿馬以及馬背上喁喁依偎的情
侶，一齊隱密地訴諸你的深層的無意識欲望，這種欲望的共同性，

馬上形成一種使人眩暈並流行開去的「集體幻像」。這樣我們便看到了它的結果，看到了滿街晃動著的顏色深深淺淺的牛仔褲。牛仔：西部的象徵。所有這些，無一不是出自廣告的絕妙作業。如果沒有這種觀念，沒有這種眩暈般的「集體幻像」，那麼牛仔褲還能這麼時興麼？它不過是類似我們七十年代淘汰的勞動布而已。

然而，這就是意象形態：以牛仔褲為其視覺表象，以西部世界為其欲望隱象，它打動了你的無意識，並形成一種相應的生活觀念。和意識形態不同，它不是強制性地訴諸你的理性意識，而是以視聽表象軟性地訴諸你的感官，於是你不知不覺甚至欣欣然變成了它的俘虜。當你穿上了「李寧牌」運動服，你會產生廣告暗示給你的類似王子般的榮耀感，而你買回了「美的」空調，那位大明星的微笑好像就滲入了你周圍的空氣，同樣，當你端起一杯濃濃的「雀巢」，連同飲下去的似乎還有那美目盼兮的女子的柔情。廣告以它那無所不用其極的視象手段，已使它大幅度地脫離了產品對象的實際內容，而消費大眾為其形式表象所惑，實際上消費的已不僅是產品的使用價值，還包括由廣告所帶來的不無虛擬的心理價值，並且後者比前者更重要。因此，在某種意義上，大眾所使用的不是產品，而是產品的產品即產品的影子和產品的表象。廣告的勝利，是意象形態的勝利，它作為意象形態最早的表意形式也是它的最經典的形式，它以視像當作自己的話語表述，現在可謂已成鋪天蓋地之勢。當你晚間漫步在熱鬧的街區，這無論是紐約的曼哈頓、東京的銀座，還是北京的王府井、上海的外灘，你都會無所適從地感到自己處在一個五彩繽紛的意象形態的汪洋大海中，這正如同六十年代中國人民處在黃帽子、紅袖章、白紙黑字大標語的意識形態的滾滾洪流中。

意象形態生成於廣告，但並不僅止於廣告，廣告已遠遠膨脹出商業範圍，顯示了一種強大的文化再生能力。它以無聲的語言和看得見的手造就了一大批現代社會意義上的「大眾」，而大眾社會的形成，遂使文化工業踩著廣告的路子創造了一種相應的文化形態即「大

眾文化」。大眾文化不但反過來將廣告吸納其中，並且以文化的身份直赴廣告的初衷：製造消費。它們相對而行，然後會晤，因此它比廣告為甚更烈地對大眾進行淺層次的文化撫慰並且是誤導誤引。在這裏，意象形態就擴張為大眾文化形態，大眾文化構成了意象形態的絕對主體，並形成了一個龐雜無序的組構。大略說來，它包括娛樂影視、卡拉 OK、MTV，甚至那些影音光碟、錄影帶、地攤雜誌、卡通畫報，亦還有搖滾樂，太空舞、流行歌曲和時裝表演，統統菁蕪混雜，一齊在內。這是一個多重層次和多重層色彩混和的世界，它既有維生素，又有黃麴黴。然而無論它如何門類繁多，體制不一，有一點是共同的，即都以「視像」或「視聽之像」為其話語表意方式；之所以用「意象形態」來集合大眾文化諸形態，也正因為它的話語形態不是「語言文字」而是「視聽圖像」。

在這裏，不能將這種「視聽圖像」之「意象」與中國古典藝術中的「意象」混為一談。後者之「意象」浸透了文人氣韻，它在本質上是「語言文字」的產物，由「象」而「意」乃是一種語言文字的品味。而大眾風習之「意象」，乃是抽掉了語言文字深度的「平面圖像」，因此，它本質上正是反語言文字的。原因很簡單，語言文字所提供的乃是人類大腦的心智活動，而」平面圖像「提供的則是眼睛的直接觀看，在以享樂為流行的大眾社會，大眾文化的宗旨就是製造消費，因此，以眼代腦則是非常自然的了。由是我們「有幸」看到一個文字蛻化時代的到來──《三國演義》變成了肥皂劇，古代經典變成了蔡志忠的漫畫。在這個文字不敵圖像的時代裏，「觀看」成了流行，「閱讀」則日益成為奢侈。正是在這一層意義上，西方有學者告警：當心電視培養一代白癡！意象形態的生產已不是沉思的精神的生產，而是一種消費性的生產，它所生產的也不再是精神，而僅僅是一種快感。然而在當代文化格局中，以意象形態為其表徵的大眾文化當仁不讓地坐上了統領文化潮流的主席。誰是它的對手？高唱主旋律的意識形態已漸趨沈默，而知識分子的文化形態在

它面前是潰不成軍，幾聲淒厲、幾聲抽泣。這難道就是大眾的勝利？在大眾文化眾聲喧嘩的狂吼中，意象形態露出了它最迷人的笑靨。與此同時，一場精神生態的危機正在向我們全面逼來。說到底，那水銀瀉地、無孔不入的大眾文化，刺激的是感官，引誘的是欲望，追求的是流行，操作的是遊戲，滿足的是娛樂，最後造就的是馬克斯‧韋伯所說的「沒有靈魂的享樂人」。

三、「幻像的本質」

　　意象形態，我們這個時代的徽記。儘管我們可以隨意檢舉它的種種不是，但我們畢竟處在一個巨大的文化轉型的時代，而意象形態的運作分明是時代轉型的強勁推動。柴契爾夫人面對大眾文化的滋長是這樣的無奈：西方文化娛樂工業已使政權成為不相干的東西。這話如果換著說，就是意象形態使意識形態成了不相干的東西。意象形態對意識形態從疏離、冷落到取代（注意：不是取消），走的是一條不戰而勝的路。相形之下，知識分子與意識形態幾多齟齬與衝突，總是以自己的失敗而告終，就連米蘭‧昆德拉最後也只能「三十六計，走為上策」，這恐怕還是最不壞的結局。然而，知識分子辦不到的事，不入知識分子流的大眾文化居然辦到了，這真有點諷刺。大眾文化成功地轉移了公眾的群體意識，化解了幾十年糾纏在身上的政治情結；它把公眾誘入到自己的意象空間來受洗，讓政治公眾搖身一變為消費大眾；而且它還有效地向大眾灌輸一種新的生活方式並形成相應的價值觀念，使大眾原先高漲的政治狂熱變本加厲為痛飲生活之酒的享樂與狂歡。而這種狂歡又反過來促動著意識形態作自身之轉化，這種轉化甚至已經在機構的層面上進行。且不說民間的大眾文化機構已屢見不鮮，昔日喉舌般的意識形態機構如電臺、電視臺、報社等，不但在其欄目或板塊的組織編排上向意象形態靠攏，甚至專門劃分出子機構，以適應大眾社會的娛樂需要。如

從電臺分解出來的「文藝台」、「音樂台」，在原來電視頻道之後又新
開辦的各種「有線頻道」、「衛星頻道」，報社辦日報同時又兼辦晚報
以及各種活期增刊，等等。這些都可以視其為官方性的意象形態機
構而加以考察了。

　　然而，儘管意象形態日益取代意識形態，也儘管它與意識形態
有著巨大的反差，但在下面這一點上，它們卻有著驚人的一致，即
它們的存在在本質上都是一個有關大眾的「意識的控制問題」（盧卡
奇）。不妨讓我再一次回到米蘭‧昆德拉。當年他從紅色意識形態的
控制下逃生，身上還有它烙下的傷痕，但是巴黎的日子不久便使他
感到他又在接受另一種方式的控制、一種同樣可怕而又無可奈何的
控制。這種意象形態的控制「影響我們的行為舉止、政治態度、審
美趣味、直至我們讀什麼書、地毯用什麼顏色」。於是昆德拉深有感
觸：「這與當年我們受意識形態的擺佈一模一樣。」一樣嗎？一樣，
又不一樣。一樣者，意象形態原來也是一種「知識／權力」的結構；
不一樣者，它比鷹隼般的意識形態婉約，至少它在權力之外，用迷
人的意象作了一次軟包裝。雖然，它從來不逼使你做什麼，相反它
讓你感到有極大的選擇自由；但是這種自由從來沒有超出過它的權
力定向之外，只是它把手腳做得讓你覺察不出來而已。喝咖啡要「雀
巢」，領帶要打「金利來」，鞋子要穿「耐吉」，到底是你選擇它還是
它在選擇你，這已不言而喻。我的手邊，此刻正有只「雀巢咖啡杯」，
在杯壁廣告文的最後，赫然一句：「雀巢咖啡就是您的選擇」。這話
看起來恭敬得很，尊你為「您」，但「就是」一詞卻橫出一種指定性
的語氣。雖然你可以不理睬它的指定，但你逃脫了「雀巢」，還能逃
掉接著來的「麥氏」？在意象形態面前，你永遠是個喪失個性和主
見的從之者，大眾原來就是「大受眾」。它被意象之餌所誘，心甘情
願地去順竿咬鉤，這是一種怎樣的權力運作！於是，涇渭就看出來
了，在意識控制的問題上，意識形態充任的是「鷹派」，意象形態扮
演的則是「鴿派」。但，無論鷹鴿，既然它們的目標都是大眾意識的

控制，那麼，這就不能不讓人關注起它們的「合流」的可能。意識形態不是不可以套上意象形態的踩腳褲，上述意識形態機構的意象形態化似能多少說明一點問題；而意象形態反過來也可以搖身變為意識形態的一種新的形式。因此，當意識形態通過意象形態實現自己的功能，或者它們的功能互相切換，那麼，意象形態就有可能成為意識形態的變形。這樣看來，西方左派學者對資產階級意識形態的直接對抗終結之後，他們對文化工業和大眾文化的批判，實際上仍是曲折地、間接地對其意識形態的批判，霍克海默、阿道諾如此，丹尼爾·貝爾如此，詹姆遜亦如此。昆德拉雖是從一種意識形態跳槽到另一種意象形態，但他在呼吸巴黎上空那自由清新的空氣之時，也分明領略到了躲閃在夜巴黎那五彩虹霓之後的意象形態的「崢嶸」。

作為一個知識分子，昆德拉站在精神自立的立場，對意識形態和意象形態同時展開了批判。他並不因為棲身巴黎，寄人籬下，就一味地對它唯唯說好。至少在《不朽》中，他是以一個知識分子冷峻的目光審視著花花綠綠的巴黎。在這個物和物的表象所構築的意象形態的世界中，他終於看清了這個世界的「幻像的本質」，這種本質居然和他早已領教過的意識形態的幻像本質毫無二致。意識形態的幻像本質可以追及到馬恩描述意識形態本性時所使用的概念「虛假意識」，它們構成一種因果存在。儘管這種「虛假」乃為一切意識形態所難免，這也是它的一種合理的存在限度，但由它所達成的「現實幻像」，畢竟帶有一種欺騙性。對此昆德拉是這樣描述的：「有這樣一種信仰，在資本主義發展的過程中，無產階級會日益貧困化，可是當人們發現全歐的工人都開著自己的汽車上班，他們真恨不得責問上蒼是否現實在欺騙他們。」然而意象形態的幻像本質同樣具有欺騙性。它不篡改現實，但卻虛擬現實。對此昆德拉又是這樣描述：「而在巴黎，我們鄰居在辦公室工作……然後開車回家，打開電視，當他聽見播音員說最近一次民意測驗顯示，大多數人認為他們

的國家是全歐最安全的……，他喜不自勝而打開了一瓶香檳，實不知就在這一天，他這條街上發生了三起盜案兩起謀殺。」多麼絕妙的對比！意象形態與意識形態的「虛假意識」不同，它表現為一種「虛幻意識」。其虛幻性在於「意象」本身就是脫離了實在對象的一種表象形式。詹姆遜把這種「意象形式」的意象稱作「類像」，在文化工業無限擴張的今日，「形象、照片、攝影的複製、機械性的複製以及商品的複製和大規模生產，所有這一切都是類像。」世界意象化了、類像化了，真正的現實也就喪失了，人便置身於一種「恍兮惚兮」的現實幻像中。且看那些意象形態機構，如電臺、電視，不是「快樂半小時」、「娛樂製作間」，就是「本周流行榜」、「明星大看臺」，它們輪番向我們傾銷著什麼金童、玉女、帥哥、靚妹，讓他們唱著、跳著、歌著、舞著、走著、笑著、瘋著、榮著，於是我們的眼前，那只「愛情鳥」正幸福地張動翅膀，耳畔又傳來「明天會更好」的甜蜜許諾，呵！我們的生活真美滿。但不知多少嚴峻的現實問題，如土地問題、能源問題、人口問題、教育問題、體制問題等，一齊都被那意象形態的「鳥翼」給遮蔽了。真正的現實究竟在哪裡？我們從哪裡獲得現實的真正感受？當然這樣說，並非是要大眾文化為上述問題負責，它壓根也負不了這個責。它從來沒有真正地面對現實過，現實的一切問題在它那兒不是被回避，就是被省略。因此由意象形態展現給我們的現實，不是真正的現實，只是現實的幻像。這種幻像使大眾其樂融融，陶醉其中，從而更加慶幸和相信自己的美滿的生活——這也並沒有什麼不好。但有一點，它所切合的恰恰正是意識形態的職能。於是，在這裏，我們又一次看到了意象形態和意識形態「合流」的可能。這種可能，正如美國學者克拉克和科溫等人曾指出的那樣：作為大眾文化主要生產構成的「傳播媒介已成為第二政府」，並且「近來第二政府與第一政府間進行了顯著的交流」。交流，還是合流？辭彙並不重要，「流」的結果，一是意象形態從業人員進入意識形態機構，如「曾是演員的一對男女入主白宮。

一位演員出任墨西哥大使。一位歌舞演員選舉當上美國參議員。」
另一結果則是以上剛指出的那樣，意象形態文本相容了意識形態的
內涵，分明屬於大眾文化類型片的《好主意》，在首都華盛頓上映時
讓人們感覺到「華盛頓的世界與電影中的世界不知為什麼交織在一
起……它心安理得地展示，虛構故事能摹擬現實生活」（以上引語俱
見《美國特性探索》一書，中國社會科學出版社 1991 年版）。「摹擬」
一詞是原本用的不准，還是譯本翻的不確？這有點像現實主義了，
然而它的關節卻在於，用虛構的生活幻像取代現實生活本身。當然
這是美國的文化情形。本土呢？這樣的端倪非可不察，那火爆一時
的影片《紅櫻桃》，正是在兩種文化形態的縫隙裏來回遊移。意識形
態的內傾和意象形態的外裝（瞧那柔弱少女雪白胴體之上那威猛無
比的黑色大鷹），使得它也以「虛構故事能摹擬現實生活」的面目獲
得政府與大眾的一致喝彩。

四、誰是「意象形態」的操縱者？

　　在對意象形態做過一番描述之後，這是一個必然的問題。如果
說意識形態的操縱者是政治與國家機器，那麼意象形態呢？從表象
上看，它的操縱者可以是一些昆德拉稱之為「意象設計師」的人，
如時裝設計師美容師各種發明家以及大眾傳媒等。大眾傳媒是意象
設計的實踐機構，意象設計師正是通過它來操縱大眾的愛好傾向和
趨勢。但，這僅僅是外在的現象。比如廣告，一個廣告設計者，他
作為意象設計師僅僅是一個意象形態的「操作者」而非操縱者，他
之被操作的一面正在於他必須受制於廣告商。皮爾・卡登作為時裝
設計大師，他也是意象操作者，但由於他自己同時作為老闆，一身
二任，因此他乃是用自己的一種身份操縱另一種身份。歌星操縱歌
迷，但製作人又操縱歌星。那麼，廣告商、老闆、製作人是否就是
意象形態的操縱者呢？答案並不到此終結。事實上，廣告商與老闆

依然是一個被動的主動者，決定他們作出投資意向的乃是他們可以預算到的遠遠大於投資的回報。因此，揭開意象形態那急管繁弦般的喧囂表象，作為它的操縱者，乃是一隻看不見的手：利益與欲望。

其中的道理很簡單，市場時代作為意象形態的催生物，後者不過以文化形態滿足了正在生長著的市民社會的需要。是的，市民社會，一個塵封多年的名詞，一旦說破，卻讓人觸目驚心，說白了，市民社會就是有產社會，因為在老黑格爾和馬克思那裏，市民就是有產者。成為有產者業已成為這個時代最公開的秘密，因而市民社會的發展主要以「利益和欲望」而不是「道德和理想」作為內在的驅動。那麼，意象形態作為與其相伴的文化發生也就不可能有回天之力擺脫利益與欲望的掣肘。相反，或許正是這二位一體的看不見的手方才成為意象形態運轉的某種合法性所在；當然，如果我們首先承認利益與欲望的合法性的話。

問題是如此地明朗。在意象形態取代意識形態的表象之後，乃是無產政治和有產經濟之間的交接。而當政治迅速轉向從而把經濟作為自己的頭等目標予以貫徹時，那麼這種帶有政治動因的經濟，也就成為意象形態與意識形態合流的隱密之因。既然它們雙方在這一點上達成一致，以「娛樂」為其標誌的意象形態的時代也就全面到來，正是在這裏，意象形態那無度的膨脹與擴張，使它的非法性、負面效應和正面功能同時畢顯。當一個社會僅僅在利益與欲望的圈子裏打轉，而一個人又僅僅在感性娛樂的消費中度日，那麼這只能是一個畸型的單向度社會和單向度人。單向度是一種巨大的殘缺，因而它理所當然地要遭到人文的抗議。這是一個美國個案。八十年代初，三位新西蘭旅遊者被安排旅美九日遊，先後在加州游了瑪麗皇后號遊船、電影蠟像館、狄斯奈樂園、洛杉磯鬧市、玩具和玩偶博物館，又遊聖達戈，長灘、海洋世界、野生動物園等。於是一位美國婦女投書報紙，在信中憤然寫道：「誰安排出這樣的遊覽都該受到嚴肅的責問。一連九天難道都該在這些輕鬆逗樂、夢幻世界和娛

樂活動中度過嗎？我們鼓勵三個人至少花費七千美元到這裏，觀看上述這一切，而不是訪問任何具有歷史意義和文化意義的東西。我們是在給加尼福利亞和美國傳播一種淺薄的形象。」（引同前書）

　　向這位美國婦女致敬！並不是因為她在維護美國的名譽，而是因為她對意象形態的抗議，同樣也因為她特別地提到了「具有歷史意義和文化意義的東西」。意義在意象形態之時代乃是一放逐之物，它幾乎像稀有金屬那樣罕見。但意義又必然是人的精神生命的不可或缺之物，除非你安於生命的單向度狀態。因此在那位美國婦女所言的歷史與文化中，抽繹出其中的意義，並使其知識化和譜系化，由此便生成了另外一種形態的文化，即「意義形態」。意義形態雖然難以成為具有時代標誌的文化，一如意識形態和意象形態，但它卻可以也應當在邊緣作為一種類型文化而存在。這是一種人文類型的文化或知識分子文化，與意象形態對應，它不是立足於形而下的欲望而是植根於形而上的精神。正如意象形態以娛樂的手段窮盡人的欲望的可能性，意義形態則以昇華的方式滿足人類精神之發展的更高需要。顯然，意義形態的生成，不是為了取代或壓制意象形態，它乃是與意象形態亦包括意識形態共同構成文化結構的「三元」。至於這一元文化形態的具體內涵與狀貌，不妨在「意義形態」的名目下再作描述。

第十二章　「沒有終極的追求」
——「意義形態」勾玄

一、「詩人何為」

「當哲學家工作的時候，他們究竟在幹什麼？」

——這「是一個古怪的問題」。

當伯特蘭·羅素著成兩大卷《西方哲學史》之後，又勾玄提要地以三十多萬字的篇幅寫出了一冊濃縮兩幹多年哲學史的《西方的智慧》。在這本本身就充滿了智慧的書中，開篇就提出了連他自己都認為是古怪的問題。對此，羅素似乎是決心古怪到底。你看，他逕直繞開了自己提出的問題，非但不去回答哲學家們「幹什麼」，反而不厭其煩地試圖「說明他們不幹什麼」。

「偉大的捷克詩人在一首一百零四行詩中，用幾乎孩童般的樸實，探尋最莊嚴最複雜的意義，他寫道：詩人並不發明／詩在那後面某個地方／它在那裏已經很久很久／詩人只是將它發現。」這是米蘭·昆德拉引用捷克詩人斯卡塞爾的詩句就詩人工作的時候他們在幹什麼所作的詩化的揭示。

是否可以說，羅素回避的問題，昆德拉給說了出來了？或，昆德拉在借筆言說詩人的工作時，也道出了哲人工作的真諦？

但，詩人的工作是「詩」，哲人的工作是「思」，相去甚遠的表象之後，是否存在其溝通與涵化的可能？再，詩人與哲人，荷爾德林與海德格爾，兩項不同的職業、兩種不同的氣質、兩類不同的運思，可有同聲相應、同氣相求的簫劍之合？

　　海德格爾，二十世紀有污跡的哲聖，《存在與時間》，詩之思、還是思之詩？對「存在」的探討，乃是感慨於存在的遮蔽和時代的貧乏。「在一貧乏的時代裏，詩人何為」——此正是詩人荷爾德林《麵包與酒》中的詩句。麵包會有的，酒會有的，然而，一旦有了麵包與酒，貧乏的又是什麼？詩的問題、還是思的問題？海德格爾接了過來，以「詩人何為」為題，把住「存在」的命脈，描述了諸神遠去之後存在的尷尬。

　　屈原，中國文學史上第一個文人詩人，《天問》，一篇詩化的哲學討問，問自然、問歷史、問神話，一百五十餘問，首以「曰」字領起，一氣而下，其間充斥著尋根究底的懷疑精神：「遂古之初，誰傳道之？上下未形，何由考之？明明暗暗，惟時何為？陰陽參合，何體何化？」是詩、還是思？屈子是詩人、還是哲人？

　　劍氣簫音，詩思化一。「詩人何為」即羅素之問，昆德拉的詩引也即哲人所為。詩人與哲人，也許可以共一個名字，是「知識分子」。詩與思，也有其一統性的稱謂，叫「人文」。

　　在海德格爾那裏，追索「詩人何為」緣於時代的貧乏，貧乏的原因並非麵包和酒，而是「上帝的缺席」。「由於這種缺席，世界缺乏那支撐它的基礎。作為深淵之詞（Abguud）最初意味著大地和基礎，作為最低處，某物順坡而下滑向此地。但是……」但是什麼呢？對於世界來說，「基礎乃是為了在其中紮根和挺立的大地。沒有基礎出現的時代，它懸掛在一深淵之上。」這樣就不難覺解詩人何為，詩人目睹著諸神遠逝的背影，面對著沒有基礎的世界，它的天職就是叩問存在。只有存在才能給世界以支撐的基礎。海氏如是說：存在的重要性不是「關於存在者之存在的問題」，「決定性的問題是『存在的意義』……」因為「『意義』顯然在概念上被描述為一般之存在據以為基礎得以顯示，並能成為真理的東西。」簡其言，「存在」的意義在於它是存在者的基礎，後者構成了世界，而「存在」則是那

個世界後面的東西，是它使這個世界成為現象學層面上的存在。這就是「基礎」的含義。

話題由此繞回到昆德拉。對於詩人或哲人，也就是知識分子，貧乏的時代並非僅僅在於「上帝的缺席」，換一種說法，它是「基礎的缺失」或「深度的缺乏」。知識分子，借用昆德拉的說法，作為「存在的勘探者」，其存在的意義，即現身於世的意義，就是探索存在者之後的存在。因此它與常人拉開了間距，並自身體現為一種「深度的存在」。他們的目光總是掠過世界的表象，而關注於浮華其後的本體，那是一個彼岸的在所，這個在所作為世界之基，成為歷代哲人孜孜探求的對象。赫拉克利特追尋一切皆流，萬物常新之後那「萬古長存」的「邏格斯」。在《簡明不列顛百科全書》中，對邏格斯的解釋是「蘊藏在宇宙之中、支配宇宙並使宇宙具有形式和意義的絕對神聖之理」。這絕對神聖之理到柏拉圖那兒，一變能指而為「理念」，中世紀，它又再變為「上帝」或「神」，到了近代的康德，邏格斯穿過現象界又變成了「物自體」，黑格爾卻把它叫作支配宇宙運轉的「絕對精神」。迄自海德格爾，直承古希臘的巴門尼德，它又是存在者之後的「存在」。從邏格斯到存在，一個多麼漫長的稱謂繁富變化的「功能表」。但，義理不變。大英百科全書關於「邏格斯」的定位，是以上所有哲人概念的通約，它們不過以其個人化的方式表現為「邏格斯」的變格。洋洋一部哲學史，在某種意義上，居然就是哲人們各自尋找「邏格斯」的過程。

是的，詩人何為、哲學家們在做什麼？原來他們是在尋找「邏格斯」——那世界後面的東西。作為世界的基礎，它構成了世界的深度，世界據此而存在。這種存在，便形成了世界的「意義」。意義出場了，它使世界長長地鬆了口氣。在世界之後，它起著內在的支撐，因了它，世界方才「雜然賦流形」。昆德拉如此頌贊詩人斯卡塞爾：以孩童般的樸實，「探尋最莊嚴最複雜的意義」，這「意義」儼然是停居於世界之後的「詩」。於是不難看到，無論詩人還是哲人，

談及世界之後，儘管措語不一，但都不避於一個共同的指向「意義」。無論邏格斯，還是理念，抑或物自體和絕對精神，甚至神、上帝。「意義」乃是它們的功能所在。作為一個統名，邏格斯和理念只不過以歷時性的排列構成了一個譜系性的「意義形態」。在這裏，意義的位格凸顯而出。有關於世界的基礎、深度、重心、終極之類，一應為「意義」之所屬。「上帝的缺席」乃是「意義的缺席」，「深度的缺乏」當是「意義的缺乏」，「基礎的淪陷」亦是「意義的淪陷」。一旦失去了意義，世界便失去了基礎、深度與重心，因此懸浮無著於深淵之上的世界，便讓人體驗到昆德拉式的「生命中不能承受之輕」。而海德格爾把世界的這種狀態稱之為「存在的暗夜」，它失去了意義的詩性光輝。因此，作為「救失者」，詩人何為？詩人在滿世界打撈世界的「意義」。哲學家在幹什麼？哲學家在尋找世界後面的「詩」。作為知識分子，他們面對的乃是同一份工作。

二、「為天地立心」

然而，這裏需要對「意義」有所「訂正」。意義作為世界之詩，在昆德拉看來，已經先於人而在世界之後的某個地方，並且已經待了很久很久，它似乎深深地隱匿，只等著詩人將它請出。因而，對於意義，詩人的任務不是「發明」而是「發現」。它力圖透過世界紛繁的表象，發現那居處其下的「意義」所在，就像赫拉克利特在世界背後發現「邏格斯」，甚至像哥倫布發現「新大陸」。這樣的理解在我看來是錯的，至少我不願意同意昆德拉。意義，不是一場捉迷藏的遊戲，詩人也不是在世界的地殼上四處磕碰的淘金人。說到底，世界上雖有「意義」這一說，卻無從尋覓「意義」這一體，正如世界的後面既沒有「邏格斯」，又沒有「物自體」，也沒有「絕對精神」或「存在」。這一切如果有就像上帝一樣荒唐（如果你不是有神論者

的話）。六祖禪言「本來無一物，何處惹塵埃」。世界無任何附加物，
如你所視、亦如你所聞，自不可能有什麼「意義」藏身。

　　這本身就有點「兒戲」，一邊追索意義，一邊又取消意義，莫非
是後現代的德里達那邊書寫邊擦抹的消解遊戲？世界賴意義以存
在，可是滿世界又找不到意義的影子。「意義何為」？顯然，意義並
不天然地存在於世界之中，而是來自於世界之中的人。世界是因了
人才有意義，就像喜馬拉雅山無人去爬就無所謂什麼意義不意義。
海德格爾論宇宙四維「天、地、神、人」，在一個沒有宗教背景尤其
沒有基督文化背景的民族中，我所奉持的則是三維宇宙「天、地、
人」，而人乃「為天地立心」，這才是由天地構成的世界的意義所在。
就像波伏娃說女人不是天生的，意義卻是生成的。它等待著的不是
人的發現，猶如天文學家發現天邊那一閃尚待命名的輝光。不，意
義是人的發明，是人對世界的賦予，它如同是人的智慧發射而出的
衛星，以其精神的光華，環繞在我們所生息的這個小小的星球上，
並留下了自己閃爍的行跡。邏格斯、理念、物自體，無不可以看作
是聖哲們向世界發出的意義衛星，它們的出現，豐富了如此荒蕪的
世界空間，也豐富了這個世界中人的、人類自我的精神空間。基於
對「意義」的這般理解，也許我便獲得了「訂正」斯卡塞爾那首詩
的某種合法性：「詩人們並不發現詩／詩人們只是將它發明」。

　　「意義」的生成性使它表現為一種純粹的主觀形態，因而便和
『價值「保持了必要的距離。而以往，這兩者之間常常被打上等號，
意義即價值，反之亦可。在當今有關人文精神的討論中，對意義的
追求經常被訴之為對價值的追求（筆者也不例外），似乎兩者從不存
在等差。如果把「意義」詮釋為主體精神對世界的某種意向投射，
那麼「價值」體現的則是世界於人的有用性。因而後者具有著一種
客觀性，它客觀地迎合了人之於對象的某種需要。故爾，相對於意
義由主入客而言，價值的取向是由客而主，兩者不在同一個方位。「太
陽」於人是有價值的，光照與太陽能的利用，使它可以成為人類取

用不竭的資源，但太陽的這種有用性固然可以體現為「價值」，但並不等值於「意義」。意義無值。在太陽的光合作用下，意義無法出場。太陽如果有意義，它只誕生於人對太陽的精神賦予。「東方紅，太陽升」，正是在這種歌頌「中國出了個毛澤東」的比興方式上，太陽方才獲得一種象徵的意義，然而，此時的太陽卻被抽空了它的有用性。因此，意義與價值不妨用這樣兩個命題來比較：世界於人是有價值的／世界因人是有意義的。它們難道一樣嗎？價值固然在某種角度上可以表現為一定的意義，如馬克斯・韋伯的與「工具理性」相對的「價值理性」和尼采的「重估一切價值」，但更準確的說法依然是「意義理性」和「重估一切意義」。這個來自於經濟學的概念，最終免不了價格的衡量，因而，意義一般卻不必表現為價值，如「彼岸」，它是有意義的，但卻是沒有價值的。因此，非價值性即非有用性和非實在性亦即其虛構性，繼其「生成性」之後又成為意義和意義形態的重要表徵。

　　有人可以疑惑、有人可以不屑……，意義是什麼？莫須有之物、無用的東西。看不見、摸不著、來無形、去無蹤。既然它不能夠給人提供以確切的知識，我們要它幹什麼？可憐的詩人和哲人，居然把一生託付於此，而且反過來教導別人，自誤誤人呵。但是，且慢，偉大的帕斯卡，曾經這樣說過：人是一根脆弱的蘆葦，但人又是一根會思考的蘆葦。脆弱，是人在地球上如此的孤立無援，會思考卻又使它拔於萬物而挺立於天之下和地之上，甚至神之前。思，是人之於物的唯一的優越，它的結晶形態之一就是哲學。哲學，意義的策源地，它以形而上之思，為形而下的物性世界提供意義的澤被。人，難道不是身在形而下卻心向形而上嗎？否則它又與貼地而行的四腳獸相異有何，或者它又為什麼站起來建造通天塔。既如此，什麼人能有理由指責意義不能給人類「提供確切的知識」——一個十足的實證主義命題，甚至責備它到底有什麼用——依然是一個經驗

主義的訴求。「大用無用」，這本身就是哲學，「意義」的精髓或正沉
潛於此。務實於認識論的角度，則無法窺其堂奧之妙。

三、什麼是「意義形態」

　　讓我回到開頭的「羅素之問」，既然羅素不直接回答哲人們幹什
麼，卻繞彎子列數他們不幹什麼，那麼就不妨來看一看吧。在羅素
的例舉中，「力學和熱力學」、「解剖學和生理學」以及「天文學」等
是哲人之所不為，因為「所有這部份非常確定的片斷知識歸屬於某
一科學」。羅素在一次旅美講演中指出：「哲學不是精確的知識，因
為那是科學」。在他看來，哲學乃是「科學步入沉思的境界」，「沉思
活動是一種探究，其中便有哲學」。羅素之言不禁令人想起了古老的
希臘哲學。西元前六世紀文字史上第一個哲學流派米利都，泰勒斯，
這位有文字記載以來的第一位先哲，有關他，無法讓人忘記這樣一
個故事，仰觀天象而失足落井，身旁一位美麗的色雷斯女僕揶揄：
泰勒斯先生只顧天上，忘了周圍的一切。是的，這位斷言世界起源
於水的哲人，至少忘卻了腳下的陷搆和身邊的誘惑。那麼他對天象
的迷醉，是要獲得天文學某種實用意義上的知識嗎？非也。當他受
到人們的嘲笑，譏諷他的貧困，並指責他的哲學高蹈無用時，泰勒
斯憤怒了。他用自己的方式進行了還擊。當他租下了當地所能租到
的所有的榨油機時，事實上，他已經預料到來年的橄欖大豐收。果
然，當人們面臨這豐收的橄欖卻又找不到榨油機時，他們只能接受
泰勒斯先生的高額租價。賺了一大筆錢，泰勒斯不過是借此嘲笑了
原來的嘲笑者：哲學家如果願意賺錢的話，有的是機會。但顯然，
泰勒斯對天象的熱衷，並非要通過什麼知識來解決實際的問題，他
對後者不感興趣。他的興趣只在於找出一種因果關係，從而滿足自
己的智慧上的需要。於是西哲史上便誕生了這樣一個智慧的命題：
世界產生於水。一個多麼幼稚和大而無當的命題，泰勒斯卻企圖用

它來詮釋世界的本原，又是一個毫無價值的動機。然而正因為如此，同為哲人的後來者，亞里斯多德心領神會地說：希臘人對知識的愛好，不是為了實用。而是為了智慧。

是的，智慧，希臘人愛智慧，舉世所聞。普羅泰戈拉之流是「智者」而不是「知者」，蘇格拉底的「催產術」是智慧術而非求知術。在知識與智慧之間，哲學選擇了後者。對於智慧的強調，似乎偏離了意義的本題。其實不然。意義即智慧，世界並無意義，正是智慧創造了意義，意義同時也成為智慧本身的顯現。因而意義形態本質上就是一種智慧形態，它們通過哲學的仲介，完成了由後者到前者的轉化。哲學作為智慧形態的運作，正是以其「思」與「沉思」的方式，從事著意義的生產。意義生產出來了，諸如邏格斯、理念、彼岸、絕對精神。如果從認識論的角度，它們自屬「唯心」一系，但轉從智慧論的角度，這些不結果實的智慧之花，卻格外地昭示了人類精神的創造本性，因為它們超驗。在「經驗的發現」與「超驗的發明」之間，蜿蜒著一條科學與哲學的「楚河」，它們分別形成了不同類型的知識，實證知識和智慧知識。其區別在於，實證知識是人類智慧的具體運用，而智慧知識則是智慧本身的體化。因而，由實證知識構成的知識形態表現為「科學形態」，而由智慧知識所構成的知識形態則是非科學性質的「意義形態」。哲學，「意義形態」的中軸所在，由此牽動而出的美學、文學、神學、藝術學、神話學、語言學等俱加盟為「意義形態」涵化之下的知識譜系。它們作為人類精神本身的智慧折射，使世界產生了靈性和意義，或者說，在世界的無限範圍內，慧之所及，即成意義；而以邏格斯、理念、彼岸、絕對精神等命名的意義座標，包括中國的「道」與「理」以及印度的「梵」與「禪」（中印合一），一道構成了「意義形態」無限展開的知識內涵。

固然，「意義形態」的知識不是科學意義上實證的知識，既然沒有「道」，又從哪裡找知識去證實它呢？那麼，意義究竟是什麼知識、

進而意義形態又是一種什麼樣的知識形態，至此，話題已然涉及到自然科學（包括社會科學）與人文學科的分解，也即科學與人文的分解。如其上，作為「意義形態」範疇之下的哲學美學文藝學等，都是傳統的「人文學科」，但「人文」這個概念卻一直謬以「人文科學」的假名而與真正的科學相淆。一直到了所謂「人文領域裏的牛頓」——狄爾泰那裏，人文依然冠以「科學」之名，謂之為「精神科學」。這固然體現了人文的進步，亦即定位在「精神」上；但人文的本義卻不是「精神的科學」而是「精神的化育」。作為一種化育人類精神的活動，不是「科學」而是「詮釋」才能透析人文的旨趣。人文學科以人類精神的不同活動作為自己的展開形態，而精神在非科學意義上的展開——如果沒有絕對精神，就創造一個出來，這裏套用的是大啟蒙者伏爾泰的句式，只不過他的所指不是絕對精神而是「上帝」。那麼，有關絕對精神的知識若以科學的方式求取，只能是妄想。非求證的知識是詮釋的知識，詮釋的本質是創造。在這裏，與「詮釋」對舉的是「理解」。後者作為科學的認知方式，它總是面對著一個實在的對象，而對象的內在規律即「理」則決定了它必須「循理而解」。「理」的本義是「治玉」，玉蘊於石，只有破石現玉，才能形成自己的知識形態。人文則不然，其學科的精神屬性，不是面對玉，而是自己本身就是玉，故爾它的任務不是發現玉，而是讓玉自身向世界閃光。這樣，它的實現方式便不是「理解」對象，而是用自身的精神之光去「詮釋」對象，從而賦予對象以意義。甚而，在極致的意義上，它簡直是在創造對象，一如歷代哲人以各自不同的表述在世界之後撐起了一個無形無實的「彼岸烏托邦」，這不正是人類智性詮釋的產物。意義作為詮釋，實際上更廣泛地體現在日常語用中，當我一旦以「在某種意義上」作為領起句式時，這就意味著我馬上就要對對象作賦予性的詮釋了。故，意義如果是一種詮釋性的知識的話，那麼，「意義形態」則不妨視為人類精神對世界（對象）進行意義賦予的詮釋形態。

　　頗含玩味的是，人為何要詮釋世界、為何要賦世界以意義？世界分明沒有一個深度，人為什麼偏偏要拉出一個來？前曾言及「為天地立心」，但誰都知道，世界本身並不需要意義，需要意義的正是輸出意義的「人」。原來，人是一根脆弱的蘆葦，它無法生活在一個缺乏意義的世界裏，當它給對象世界輸入意義時，它其實是在為自己尋找託命之所，以至不讓自己在一個物的世界和自然的世界中沉淪。出於這種自我救贖的需要，賦予世界以意義實質上是賦予自己的生命以意義，世界的深度在此轉化為生命的深度，而「為天地立心」也邏輯地轉換為同位格的「為生民立命」。所以「存在的意義」、「生命的意義」、「人生的意義」包括「世界的意義」之類有關「生活世界」的問題便經久地成為「人文」一而再的追索。尤其是希臘本體論哲學中經近代認識論以後，除其科學主義一脈堅拒形而上學外，十九世紀，以叔本華、尼采為發端、中經胡塞爾、海德格爾、直迄薩特、卡謬，這一路而下的人本主義潮流，以其丰采多異的詮釋形態，使哲學的「人文」主題獲得了長足的發展，人文就此也與科學產生了更深刻的裂痕。科學作為對世界的發現和人文作為對世界的發明（詮釋意義上的），一是以技術的形態索取世界，不斷滿足人的無窮無盡的物欲；一是以其意義的形態，向世界作意向投射，以此尋找人類生命的託命之所。當科學對人文憤怒地聲討時，在西方表現為維也納學派斥形而上學命題為「偽命題」，在中國則表現為丁文江要痛打張君勱身上的「玄學鬼」，人文挺身應戰，揮戈反擊。典型如胡塞爾，這個人本陣營中最不人本的哲人也披掛上陣，痛陳「歐洲科學的危機」給人類自身帶來的「主體性的消失」。這裏的「危機」自非科學本身的危機，而是近代科學的片面發展給人類存在造成的危機。「在我們最緊要的危急時刻，這種科學並沒有告訴我們什麼」，或者說，儘管科學的發展速度很快，但我們卻不知道為了什麼，在高科技的加速運轉下，人失去了生命的方向感。這樣，「生活世界」

的問題即使在高蹈的胡塞爾那裏，也邏輯地被推向哲學的前臺，而正是這一條思路，可以通向海德格爾的「存在主義」。

四、敞開「意義」的本真

一切好像都是合理的。但，令人深思的是，海德格爾的轉型在先，胡塞爾的「生活世界」理論在後，況且，以哲學趨赴人生世界又並非胡塞爾的初衷，他的本意還是想使哲學回到關於人類「意識本身」的討研，只不過此刻以對科學的反省作為轉化的契機。先驗現象學畢竟不是生活世界的哲學。但，海德格爾既然走上了不歸路，兩人的決裂也就在所難免。「胡海裂痕」並非個人恩怨，這裏，既不是胡將海「逐出師門」，也不是海對胡「吾愛吾師，吾更愛真理」。這是兩種哲學志趣的趨異。當哲學與科學作別之後，以「存在」問題為代表的有關生活世界的問題是否就「合法性」地成為哲學的唯一？海德格爾當然是無辜的，他對存在的探討、對存在意義的闡釋，無非是使人這根脆弱的蘆葦在這個瘡痍滿目的地球上「詩意地棲居」。海德格爾的方向，自然是作為詩人或哲人的人文知識分子的工作方向。但，哲學僅僅是海德格爾？在某種意義上，他的老師胡塞爾可能更深刻。「生活世界」作為人類精神的一個投射之域，從此而返意義之所生的人類精神世界本身，即是胡塞爾的畢生努力。不必重複他個人有關現象學還原那近乎繁瑣的論述，我可能不懂；但他的研究方向卻令我肅然起敬，儘管他所欲達的目的卻又讓我不太苟同。他在明確反對科學的同時，分明又力圖使自己的先驗現象學變成科學──一種不同於自然科學的科學，即哲學的科學。然而「人文」的涵要並非在此，哲學的本性亦非在此。因此，需要我注意的不是他的工作方式而是方向。從對象世界到精神世界、從「所思」到「思」、從海德格爾到胡塞爾，這樣一個「還原」的過程，正是偉

大的哲學從古希臘由內入外而後又自外入內向著「意義」的圓心作
自身回歸的過程。

　　回到精神、回到智慧：哲學發展的第三波，人文的曲致於此畢
現。如其上，哲學，從遙遠的古代以「本體論」即對客體的研究為
發端，自笛卡爾的「認識論」轉型之後，迄康德止，大略又完成了
對主體的認識機能的研究。因此，十九世紀末，一種「價值論」的
思潮湧動於哲壇，它的典型命題繼「世界是什麼」和「我們認識世
界如何可能」之後，表現為「世界對我有什麼用」，一個赤裸裸地帶
著實用色彩並以貌似公允的態度把主、客雙方都囊括並作出一種偽
超越的姿態的命題，真正地敗壞了哲學的形象。是的，真正的。它
與哲學之初的「愛智慧」的本義相去何遠。哲學，走在它自己的歧
途上。然而，從「價值論」轉化為「意義論」，以此作為哲學的新向
度，把有關世界方方面面的問題交給自然科學、把人類自身的認識
問題交給心理學和思維科學。從而使自己在「智慧」的立足上，向
內，化育人的主體精神；向深，探險人的靈魂性界；向上，拓展人
之內宇的無限空間。哲學啊哲學，除此之外，你還能幹什麼、還需
幹什麼、還想幹什麼？

　　「轉識成智」，禪如是言。人類之精神，智慧是「體」、認識是
「化」、知識是「果」。「何體何化」，不可不察。面對世界上的一切
之一切，哲學說得太多了，它已經疲憊不堪，精神不是永動機，它
需要反哺，需要自己給自己充氧。把這交給哲學吧，讓哲學收回它
那貪婪的視線，永遠不要自居為「科學之科學」。科學的活動是「智
慧化」，哲學的活動則「化智慧」。成就智慧，才能運用智慧；因此
讓哲學駐足於精神自體，啟動之、滋育之、言說之。羅素為什麼在
第二次重寫西方哲學史時，把它命名為「西方的智慧」？雖然他至
終沒有直接回答哲學家幹什麼，但他卻為哲學訂做了一個漂亮的定
義「哲學是某種為其自身而從事的遊覽的冒險活動」。多好！「為其
自身」，何複他求。老柏拉圖不也是宣稱哲學是「帶有體育性質的科

學」，體育的本質是活動，當然這個「體」不是物質之體，而是精神之體。希臘人所以在擲鐵餅者那強悍的肉體之外，亦有其強悍的精神之體，正在於他們像酷愛肉體的體育鍛煉一樣，也如此狂熱地從事著精神的體育鍛煉，如蘇格拉底之好辯。因此，不妨將哲學活動表義為我們人類的「精神體操」。甚而我們自己的每一次的人文書寫，不都可以端視為一次精神上的受洗。精神——智慧——認識，它的外化形態：人文——哲學——科學，作為「愛智慧」的哲學目前正徘徊於上述十字路口，向左，還是向右？

不妨敞開「意義」的本真吧。人類精神既然表現為一個內宇宙的無限空間，那麼它就潛伏著發展的無限可能，因而人類熱衷於對世界作出趨於無限多樣的意義詮釋，本質上正是人類精神無限延伸的能量表現。於是，每一種新的意義發生，都不妨看作是精神潛能無限發展的一個新的實現。意義的現實化過程，如此深刻地表徵了人類精神生命的自新性。從「邏格斯」開始，「意義形態」以它不斷更新地綿延——而且依然將無止境地綿延下去——最大限度地貼近了人類精神內在發展的跳動著的脈搏。「邏格斯」，在海德格爾的考證中，「言說」是它的第一要義。因此，以「邏格斯」為標誌而誕生的「意義形態」，不正可以詮釋為人類精神無限可能的「言說形態」。

詩人何為？哲學家何為？知識分子何為？尼采的聲音可以傾聽。這位德意志思想史上受過傷的貓頭鷹，所以尖銳地聲稱「上帝死了」，是要對上帝衡定的價值進行意義重估。當上帝阻塞了人的精神道路，甚至將精神導向信仰，尼采宣判了上帝的死刑，並在相反的意義上宣佈：「從民族主義和歐洲中心論的歷史畫面的灰燼裏，誕生了作為意義創造者的新人的觀念」。「意義創造者」，這不正是詩人、哲人、知識分子的身份，多麼恰如其份的表達！詩人、哲人、知識分子，他們的義務、責任、工作不就是從事「意義的創造」嗎？這樣的分工考慮可能是合理的，在一個社會有機體內，大眾作為社會的「感官」，以大眾文化的「意象形態」滿足人們快樂的需要。知

識分子呢？作為社會的「大腦」，無疑當以自己的知識形態即「意義形態」追求人類精神向上發展的需要。注意，向上發展不是皈依上帝。人文的追求是精神的「詩性」而非「神性」。目下的人文討論較多用及神學的辭彙，以至人文有變至「新神學」的傾向，這是很危險的。神學固屬人文一脈，但它把尼采推翻的上帝重置精神之上，使之成為追求的終極，這是人文的誤區。而詩人，作為人類精神自身的靈光，它並不向外趨赴，而是照亮自己的智慧路途。正是在這一點，詩與哲學達成了默契。哲學的詮釋是思，思的詮釋是詩，詩的詮釋又是哲學，一個完滿的「詮釋迴圈」，而居於迴圈中心的是「精神」。精神之母，孕而為思，釀而為詩。作為精神之光的閃射，詩思化一，同臻「智慧之境」，並由此敞開自己的意義之旅。由於意義的無限伸展和精神的無限可能，故此，「意義」作為知識分子的「終極追求」，在其本意上則是「沒有終極的追求」。

　　無望的知識分子呵，在這沒有終極的精神隧道裏，你將以什麼樣的姿態言說？

第十三章　話語權利，還是權力話語
——意義形態與意識形態

　　文化是一個大命題，意義形態與意識形態是其中具有不同知識性質的兩種不同的話語。如前述，意識形態如果不妨視為「體制文化」的話，那麼，意義形態顯然就是一種「知識分子文化」了。它們之間的界線本當是顯而易見的。但是，在既往的歷史過程中，這個界線非但不清晰，而且兩種文化的內容更是互為淆亂。這主要表現為意義形態為意識形態所同化，並且意義形態直接變身為意識形態。儘管從其知識形成的角度上看，意識形態的知識話語往往來自於意義形態，但後者一旦成為前者，便不復為其自身。孔丘的儒學在先秦尚可視為體制之外的「士文化」，然而兩漢以下，隨其儒學成為意識形態，「士文化」本身也就不復存在了，抑或說它已為體制收編，從而現身為體制文化了。因此，「知識分子文化」的面目一直很模糊，其存在特徵一直也很不穩定，它往往是有其名而無其實。關於這一點，古老的《詩經》堪可表徵。所謂「六義」即「風雅頌賦比興」，後三者作為藝術表達方式且不論，而前三者作為表達的內容，如果用今天的語言去套擬的話，「十五國風」為各地歌謠，屬民間話語，這在筆者個人研究的語境內，不妨叫做「意象形態」了。周魯商之「三頌」作為廟堂之歌則屬體制話語，是典型的「意識形態」。相形之下，「大小雅」，本應表現為一種知識分子話語，也即今天的「意義形態」。如是，則是我們今天所提倡的合理的「一分為三」的文化空間。但，當時的實際情形是「形三實二」，在風雅頌三者中，風與頌的所指非常明確，而雅的面目則模糊不清。為何？因為雅沒

- 221 -

有形成屬於自己的話語，它的內容半在民間（比如那些民歌）半在廟堂（比如那些宴飲之詩），兩相分割之後，自己已經找不到「北」。所以，雅在這裏只能是一個「刑名」相違的空洞的能指。當然筆者在此並非研究詩經，如上的讀解，不過是借它來說事。因為知識分子的文化狀況自詩經時代迄今，始終存在著能指與所指錯舛的問題。所以，對「意義形態」的張揚也就是試圖把歷來被意識形態所遮蔽的知識分子文化從中剝離出來，為其「正名」，亦為其「正實」。然而轉就本篇言，它的任務主要是將意義形態與意識形態作「派對」，探討這兩種話語形態之間的「交往關係」，並就此作出一些相關性的比較。

一、從歷史的角度看

在原初的意義上，亦即在上古「王官治教」合一的時代，的確是談不上文化分流因而也談不上什麼文化交往的，除了民間之外，體制文化和知識分子文化是一回事而不是兩回事，因為「學在官府」，官府壟斷了文字的權力也就壟斷了知識的權力。此刻並不存在前者對後者的「遮蔽」，毋寧說它們本來就是連理的。剪斷這個連理的時代是在東周與春秋，「學」自官府而下降到民間，由此形成與官學相對的私學。私學的出現，從「形式」上把「學」與「官」分離開來。所以標出「形式」，是因為即使學已為私，但是它的知識內涵依然未脫「官」與「政」。這一點，從春秋時「百家爭鳴」所爭鳴的內容可見一斑。然而，儘管如此，形式分離的意義依然是重要的。學壟斷於官府，決不會出現爭鳴的百家。百家的存在不但顯示和確立了「學」之為學的獨立價值，並從此逐步開始形成在君權之外還有教權存在的兩分局面。需要解釋的是，中國歷來就是一個「政教合一」的國家，這個合一乃是指政與教的知識內容合而為一。但是，政權與教權自春秋以降卻是一分為二的，它們既磨和又衝突，後者

在孟子那裏發展到極至，竟有「誅一夫」之論，這就是因為君權完全悖離了教權所奉持的「道」。位君者一旦無道，便不是「道君」而是「一夫」，又有何不可誅？泛而言之，孔孟之儒與當時統治者的種種不合，無不是教權與君權的不合。這種不合恰恰表明「教與治」或「學與官」已經是兩回事而不是一回事了。由此可見，學下官府和士文化的誕生，在當時，是一個歷史的進步，於今天，則是我們討論知識分子文化的一個契機，同時也是描述兩種文化進行交往的邏輯起點。但是，必須清楚的是，當時的「士文化」並非等於今天的「知識分子文化」，正如同春秋時代之士也不是現代意義上的知識分子，因為兩者在知識內涵上存在著相當大的差別，並且這種差別具有本質意義。而我們著眼於士文化的原由，蓋可在形式分離的意義上，不妨將它視為知識分子文化的前身。從歷史發展的角度來看，知識分子文化的形成，最先就是從士文化的形式分離起步的，爾後才是內容分離的開始。這是一個從名到實的過程，如果說詩經時代有「雅」名而無「雅」實的話，那麼直到今天，知識分子文化的「刑名」關係依然未達令人滿意的狀況。否則本文的寫作純屬多餘，而中國的歷史也就這樣無謂的漫長。但沒有完成的任務終究需要完成，該結束的歷史沒有理由不讓它結束。知識分子文化的「名實俱歸」乃是世紀之交知識分子從事文化建設的根本任務。這一任務不獲完成，「意義形態」就和當年的「雅」一樣，只是一個誘人的「空名」而已。

如其上，士文化的人格主體「士」在春秋時業已脫離官府成了社會上的遊走者，他們的知識話語在其形式上也就理所當然地與體制無關了。但是，這並不意味著體制離開了他們便不復有自己的觀念形態。任何一種統治都必須擁有一套觀念體系用以作為自身權力的合法支撐，至於它的知識內涵是什麼、操作主體是誰倒是其次。就前者，它可以是知識理性、可以是宗教情感、可以是傳統觀念、也可以是神話迷信。《詩經》的「大雅」裏，就有利用時人的「天命」

觀念為周文王「代殷而統」作合法性闡釋的大量詩句，比如「周雖舊邦，其命維新」、「有命自天，命此文王」、「上帝既命，侯於周服」、「勉勉我王，綱紀四方」。這樣一套觀念作為有周一朝的意識形態，出自「大雅」便是出自當時的知識貴族。可是，當士離開官府之後，誰來繼任意識形態的操作呢？自秦統一天下之後，李斯出了個絕招，直接把法律條文作為意識形態、亦直接以官僚作為律法的教師，這就是韓非所謂的「以法為教，以吏為師」。李斯的做法主要是針對春秋士文化的「書簡之文」，尤其是針對孔儒那套取代「天命」邏輯作為新意識形態的「先王之語」。他似乎是想一刀斬斷體制和士文化的關係，一邊把統治內容作為文化本身，一邊滅絕性地把士文化的所有子籍付之一炬。然而，他這樣做不僅顯示了他是當時士文化亦是今天知識分子文化的死敵，而且他的策略也並不利於統治本身。把法律條文作為意識形態恰恰等於取消意識形態，因為法律屬於「剛性」的上層建築。法所以為法、又所以能律，無不需要法哲學上的說明，後者作為意識形態一則為法本身闡釋它的合理性，另則通過輿論的力量使其深入民心，從而樹立其權威。因此意識形態作為統治的一個環節，不僅是不可缺少的，而且相較於赤裸裸的強制，它的權威性甚至可以使它利用較少的政治資源進行控制。這是一種統治經濟學。然而，李斯不諳此道，他一手秦火了整個士文化，一手又拆除了維護政治統治所必須的意識形態，結果搞成了兩敗俱傷。因此，「法教吏師」作為強硬的鐵腕政治，它的暴力性既迅速耗盡了自身的統治資源，又在民間引起以暴易暴的強烈反彈。秦之亡，實亡於李也。

由此不難看到，儘管士文化與王官的分離客觀上為兩種文化的交往提供了可能，但是這種可能直到李斯為止並未從邏輯轉化為歷史。李斯以前的整個春秋戰國時期，雖然諸多士子紛紛向各路諸侯或國君奉計獻策，但這並不是文化交往，因為體制這時需要的僅僅是政治方略，而不是思想文化。所以奉行「仁義」之說的孔丘孟軻

在當時到處碰壁而沒有什麼思想和學說的張儀蘇秦輩卻能飛黃騰達。交往云云，如果有，那也只是發生在諸子之間，它的表現形式就是「百家爭鳴」。按照雅斯貝爾斯的「軸心時期」的說法，中國文化或曰漢民族文化作為一個文化整體正是在春秋時代形成的，它的知識主體就是在彼此爭鳴中成長起來之士文化，而非徒具形式的王官文化。後者拒絕交往，前者彼此交往，因而同是一個春秋，於政治，是一個混亂的時代，於文化，卻是一個黃金的時代。此處可見政治與文化不可通約的一面。然而，秦統一之後，文化上的黃金時代卻急轉直下為血與火的「黑鐵時代」（旁白；政治上的大一統向來導致文化上的大衰退，反之，文化的活躍，往往出現在政治上的動盪期，這似乎是中國特有的政治與文化不可通約的「悖反律」）百家爭鳴固然有利於文化的再生成，但卻在思想上有礙於政治的大一統。因此李斯對先秦諸子「各引一端，崇其所好，以此馳說」的自由言論，與其說是仇視，毋寧說是畏懼。於是他用上層建築的力量鎮壓了整個士文化，這樣也就徹底斷絕了體制與士文化之間的交往可能。劉漢王朝無疑從多方面接受了秦朝二世而亡的教訓，僅僅靠上層建築的硬的一手充其量只能服其眾，但卻難以服其心。任何一種政治權力除了本身的物質力量外，還必須為自己尋找一個能夠訴諸民心的「道德和法律的基礎」，這就是所謂的合法化問題。這個問題無法通過上層建築解決，只有依靠意識形態。秦朝在此摔了跟頭，漢朝則是前事不忘了。但問題到了意識形態的頭上，也就是到了文化的頭上。意識形態本來就是半政治半文化的混合體，它的指向是政治，但取向卻是文化。由於從春秋時起，文化的主體已在民間而不在體制，官學旁落，私學興盛。因此，這個「道德和法律的基礎」還必須回到以前之士文化中去尋找。這樣，交往問題，士文化與體制文化的交往，出於彼此對對方的需要，方才第一次被歷史提上日程。

很顯然，這樣的交往並不是意義形態和意識形態的交往，它僅僅是意識形態和士文化的交往。就士文化這一方而言，它本能地具有意識形態的內傾，從知識內容到話語取向無不是在為意識形態作前期準備，當時的百家爭鳴實際上也就是百家爭為意識形態。因此，在士文化意欲走向意識形態的道路上是談不上真正意義上的交往，交往只能發生在兩個位格不同的主體之間，而不是兩者最後成為一體。嚴格地說，不僅當時之士文化，甚至就是今天的一些知識分子的思想意識，也談不上兩種文化形態的交往。90年代的知識界有「重返中心」之說，這個中心實際上就是體制性的意識形態。那意思無非是知識分子在80年代作為意識形態運作的「思想解放」中扮演了文化英雄的角色，而今天隨其意識形態和經濟實踐的主題轉換，知識分子淡出時代的前臺並走向邊緣，這是一種無可奈何的失落。因此，重返中心的口號就其心理而言，不過是對80年代的鴛夢重溫，也是知識分子重返體制或成為體制的一次無意識的心態暴露。然而，一旦重返，也就如同當年之士文化一樣，在合久必分之後，又走向新一輪的分久必合（甚至並未分）。交往的前提是分而不是合，因此，意義形態和意識形態的交往在本土文化語境中至今還是一種理論預設，它缺乏真正的實踐。而僅僅在形式分離的意義上談論這個問題，那麼，交往，無論是意識形態和當年士文化的交往，還是和今天依然未脫士文化本質的知識分子文化的交往，它們都未能擺脫那種非交往意義上的「需要／迎合」的異化模式。

但，無論在異化還是在非異化的交往狀態中，意識形態的「需要」動機總是不變的，上面那個模式的病變不在前而在後。僅就前者，誠如葛蘭西在分析資本主義文化統治時所指出的那樣：意識形態實際上就是建立一種文化霸權，因為文化霸權是一種必不可少的統治形式。統治階級要統治市民社會，就必須借助知識分子和文化機構，使自己的倫理、政治及文化價值成為全社會普遍認同和接受的行為準則。這裏的表述和以上建立一個「道德和法律的基礎」理

同一也。只不過葛氏的話更直接地表達了意識形態的建構對知識分子的依重，按照他的意思，意識形態雖然具有一定的文化性能，但主要卻並不扮演一個文化生產者的角色（固然它可以擁有大量的文化闡釋者以及衛道士），毋寧說它是一個文化監控機構。以文化監控文化，自身必須擁有一種文化，那麼，這種文化並非自產又所從何來，當然是來自自身之外的知識分子。因此，研究意識形態和知識分子文化的交往，僅僅就意識形態這一方來說，實際上就是看它如何解決自己「知識資源」的問題。

這個問題在漢代最終以儒道二學進入或成為意識形態而告終，從時間順序來說則是先黃老而後孔儒。當然，漢初劉邦採納道家策略尚不具自覺的意識形態意識，而更多是一種權宜。直到董仲舒廢黜百家、獨尊儒術之後，意識形態作為統治階級必不可少的需要方才成為一種自覺。可以說董仲舒這個人不但是漢代今文經學的大師，更是中國第一位自覺的意識形態創建人。他和李斯一樣，對士文化的「師異道，人異論，百家殊方，指意不同，是以上無以持一統」的局面極為討厭，但他既不燒書，又不坑人，因為他深諳，大一統在思想上恰恰需要用「一」來統，而不是用「無」來統。與其誅滅百家，不如百裏挑一，以一禦百。當然這個「一」是什麼，需要在百家中選擇。如我們所知，董仲舒是把孔子的學說作為思想統治上的「一」的，用他的話來說：「《春秋》大一統者，天地之常經，古今之通誼」。於是，董仲舒一手之間同時做了兩件事，既為漢家王朝以及其後的各朝各代奠立了意識形態，又援引儒學作為這種意識形態的知識資源。就這樣，儒學連同漢初盛行的道學便從有漢一代以互補的形式交替成為中國封建統治階級的意識形態。當然，儒道二學作為士文化的有機構成所以又能成為流貫千載的意識形態，完全在於它們的知識內容吻合了統治王朝的需要。先秦儒學奉守周公所創立的「禮樂」制度，已不是用《詩經》中的「天命」來論證其合理，而是利用其血緣情感，走心性化的路子，以「仁義」代「天

命」來配「禮樂」，從而使制度化的禮樂內傾為人的自我需要。這非常高明的一手既是以治心的方式來治天下，同時又符合節省統治資源的經濟原則，因此，儒學牢牢地作為國學、作為意識形態的「第一小提琴」並不是偶然的。同樣，作為互補的道學，並不是什麼，或者至少不是「儒在廟堂，道在山林」式的互補，它正是在廟堂之中與儒互補，並和它配對在意識形態內上下其手。很顯然，道學與君主秩序的吻合，在於它能夠以「天秩」為基礎來構造「人秩」。不僅為統治階級提供「治人事天」的具體方略，比如「無為」，而且直接從「天道」的角度為「人道」作合理性的論證，非常哲學。與儒學意識形態的心性化和情感化相比，道學意識形態更顯得思辨化、理論化。因此，它受到統治階級的青睞——比如當年的宋徽宗不僅大興道學，而且策封自己為「道君皇帝」也就並非奇怪了。

二、交往中的「批判」要義

當士文化以儒道二途進入意識形態後，本身也就變質了。諸子百家風流雲散，其中重要的如墨家、名家等幾已成為絕學。因而春秋之士文化在後世已經僅僅萎縮成儒學意識形態的專名。在兩種文化日益趨同之時，實際上也就談不上什麼交往。交往的雙方應當是異質性的而非同質性的，所以在中國文化語境內，只能在非交往的意義上，或者僅僅在形式分離的意義上談交往，而這種交往也只能是以上所說的那種異化了的「需要／迎合」的模式。只有打破這種模式才可能使交往真正誕生，當然其前提首先是作為知識分子文化的意義形態的獨立形成。形成之後的意義形態與意識形態的交往關係，如果僅從意義形態這一方來看，不僅它的知識話語在內涵上與意識形態並不同源（這主要因為凱撒事務和耶穌事務的自然分工），而且，即使意識形態出於實用主義的需要，把意義形態作為自己的話語取徑，那麼，意義形態也不是轉過身來對意識形態作一味的拒

絕，或就此面向意識形態而為其提供話語，用以使自己成為一種教義。相反，在迎合和拒絕之外，它為自己選擇的是第三種姿態：批判。這是一種意識形態的批判，它既批判作為一種文化霸權的意識形態本身，也批判已經成為意識形態的一切知識話語，當然包括曾經作為意義形態的知識話語。就是說，意義形態乃是以對意識形態的批判作為它和對方的交往。因為，對意義形態來說，迎合，實際上是泯滅交往，拒絕，也只能是拒絕交往。所以，真正的交往只有在批判中誕生。批判，由此則成為這種交往在意義形態上的獨特表現。

　　非常遺憾的是，現在需要置換語境來討論這個問題了。因為兩漢以後，在體制之外並不存在對意識形態和已經成為意識形態的儒學的批判，所存在的僅僅是意識形態單方面的通過科舉對士文化的吸納。這種狀況歷久不變，這正是董仲舒所稱謂的「天不變，道亦不變」。此道即意識形態一統天下文化之道。然而，研究的視點一旦西移，情況就發生了變化。儘管依然存在著意識形態對知識分子文化的需要，但同樣還存在著知識分子對意識形態的尖銳批判，這當然是中世紀以後的事。就西歐而言，當時先進的知識分子思想家從城市市民社會的實踐中提煉出理性、科學、真理、自由、平等、人道等思想，這些思想不但有效地完成了對大眾的啟蒙宣傳，並且，在資產階級革命之後，它們又在整體上成為國家意識形態的思想資源，或者說，資產階級國家就是按照這套思想體系建構起來的。然而，這一切並未成為知識分子只批判中世紀意識形態而不批判本時代意識形態的理由。早年馬克思作為純粹的知識分子，就是一個傑出的意識形態批判者，他除了從本質論的角度率先指出意識形態乃是一種「虛假意識」外（這正是知識分子批判意識形態的合理性與應然性），並且多方面地揭露已經意識形態化了的自由、平等之類概念的虛偽與真相。法蘭克福學派作為早年馬克思的精神傳人，他們的「批判理論」也是典型的意識形態批判，其中包括科技理性批判、

大眾文化批判和文化工業批判、法西斯體制批判、官僚科層的批判
等，甚至包括對啟蒙本身的批判。這個學派從它創立的第一天起，
就把對資產階級社會的批判作為自己的宗旨，而力避培養那些維持
現狀的「文化貴族」。同樣，毗鄰的法國知識分子，那些可以被稱為
「後現代」的思想家，亦是批判資產階級意識形態的急先鋒，可以
說，上述意識形態譜系中的幾乎所有的概念，都被他們梳篦般地批
判過。他們不但批判這些本來屬於知識分子的思想話語，而且更把
批判的鋒芒向內深入，戳穿這些話語如何經由意識形態的作用從而
成為現代神話。例如，「科學」作為啟蒙的遺產，無疑是資產階級王
國的重要神話之一。但，福科偏偏指出，科學的產生並不是純粹的
知識活動，是意識形態在控制著所謂的科學話語，科學在一定程度
上已經具有了意識形態的功能。因此，他認為，同科學之類的意識
形態功能做鬥爭的重要方式，就是揭露其哲學前提，批判它的話語
構成，研究意識形態的話語實踐是如何製造出所謂的知識或真理。
就是這樣，對國家意識形態的批判，彷彿像一根紅線，從近代的馬
克思到現代的法蘭克福又經過後現代的法國，一直貫穿到今天，它
始終是西方社會中批判知識分子的一項重要作業。只要意識形態還
存在，這份作業就會繼續做下去。需要指出，意識形態既是這種批
判的對象，也是它的閾限。就是說，這種批判是知識的、話語的，
它並不訴諸行動或實踐，也不以暴力革命為指歸，比如像 60 年代學
生運動風起雲湧時，阿道諾、德里達等非但不是介入者，而且採取
的是一種疏離甚或冷落的態度。

　　作為知識意義上的意識形態批判並不是「知識分子文化」的構
成主體，後者更多是圍繞人類的精神事務而展開，但這些批判話語
同樣也是「意義形態」的有機構成，甚至是它不可或缺的組成部分，
它正是依憑這一部分的知識內容從而與意識形態構成所謂的交往。
儘管，在客觀上，意義形態可以為意識形態提供知識資源，但這更
多出於意識形態對意義形態單方面的需要，後者在滿足這種需要的

同時，更重要的是根據自己的知識立場對其進行話語批判，這才是意義形態與意識形態主動交往的方面。如果把以上東方文化語境中那個「需要／迎合」的異化模式拿過來作比，顯然，這裏的模式則是「需要／批判」的。兩相比較的結果，前者作為交往因為僅具形式意義，故爾只是一種「前交往」，而後者則是交往的正常形態。這兩種性質不同的交往不僅是兩種文化語境的差別，更重要的則是時間上的差別，亦即「現代」與「中世紀」的差別。東方文化語境中的中世紀狀態歷歷久矣，它的超穩定性使得本文在作文化交往的描述時，儘管從本土之士文化開始，但最後卻不得不轉到西方文化的路徑上去展開，否則無以完成交往從中世紀到現代的轉化。但現在需要的是對這種轉化進行再轉化，亦即在本土文化語境內完成由「前現代」到「現代」的轉化。在此，時間問題又變成了空間問題。這個問題的難度不難想見。原因在於具有前現代屬性的意識形態和現代屬性的意義形態並不共用一個具有公共意義的話語空間，或者說一直缺乏這樣一個公共空間。兩種話語的主從關係使後者總是處於被壓抑的狀態，前者對整個話語空間的控制儘管因 90 年代以後「意象形態」的產生而有所鬆動，但是尚未發生根本性的變化。意義形態自身的完形（從名到實）以及它與前者的批判交往，至少在目下看來還是一個預支的話題。針對這兩種知識質地如此不同的話語，也許通過某些相關性的比較，問題可能會更清晰。

三、兩種話語的三點比較

首先，意識形態話語和意義形態話語在其「知識的構成」上，走的是兩條迥然不同的路。扼其言，意義形態的話語主要是依據知識本身的「內在理路」而生成。相反，意識形態往往是根據「外在需要」構成自己的理論體系。這個「外在」是指外在於知識，因為意識形態的形成動機，本來就是出自知識以外的需要。關於這一點，

恩格斯曾做過精到的論述，在《路德維希·費爾巴哈和德國古典哲學的終結》一書第四章中，就宗教如何成為意識形態這一問題，恩格斯這樣指出「任何意識形態一經產生，就同現有的觀念材料相結合而發展起來，並對這些材料作進一步的加工，不然它就不是意識形態了，就是說，它就不是把思想當作獨立地發展的、僅僅服從自身規律的獨立本質來處理了。」這句話描述的是意識形態的知識運作，但卻分明暗含了另外一種話語形態的知識生產。原文後句中那種能夠把「思想當作獨立地發展的、僅僅服從自身規律的獨立本質來處理」的話語，顯然就屬於「意義形態」了，所謂對自身規律的服從也就是服從知識的內在理路，作為一種學術話語，它天然就具有「為知識而知識」的稟性。由於它是以思想的內在辯證運動作為知識形成的主要動力，且又以知識邏輯上的「真」作為自己的價值追求，因而它並不趨附自身以外的功利目的。意識形態不然，它是個典型的「拿來主義」者，它既不生產那種具有原創性的知識，也不對某一知識系統進行原版複製。一般說來，它是根據自己的需要，把已有的知識當作可供選擇的材料來作取捨和加工，從而合成出自己的話語。對它來說，知識本身的真值邏輯並不重要，重要的則是現實的需要。在這個意義上不妨說意識形態與真理無關，它趨附的是利益。當然，並不排除真理也能成為意識形態，但必須有一個前提，即它適合了意識形態的需要，或它至少不與其利益相排斥。在「需要」這個鐵的邏輯面前，意識形態的知識實用主義甚至可以把曼海姆所稱謂的、作為自己對立面的烏托邦也收歸己有，使之質變為新的意識形態。比如，基督教在當年羅馬統治者的運作下，就「成功」地經歷了從下層人民的烏托邦到國家統治階級的意識形態的大轉移。

其次，在知識的表現」上，以上兩者亦呈現出相反的風貌。當年培根說過「知識就是力量」，經由福科，它同時又可以表述為「知識就是權力」。知識和權力的內在關聯日益從以往的遮蔽狀態中澄明

出來。但相同的一句話在意義形態和意識形態那裏卻有著截然不同的表現。就知識和權力的關係言，如果說意義形態所體現的是一種「話語權利」，那麼，意識形態所體現的則是典型的「權力話語」：兩者正相頂針。就前者言，話語作為知識的表達，是每個人都天然擁有的自由權利，不言而喻，它屬於人權的一部分。但這種權利不是直接支配別人的權力，而是自我言說的權利，它既不能被賦予，也不能被轉讓。因此，話語權利之於意義形態，無非是在理論上承認，人人都可以按照自己的自由意志和自由理解來構築屬於自己的話語。並且在意義形態這一總名下，人人都是根據自己的知識運作進行各自的話語獨白，誰都無權使自己的話語凌駕於別人之上，也就是說，在知識面前人人平等。意識形態不然，憑藉體制的力量，它不但本然地擁有話語的權力，而且，同樣憑藉體制的力量，它還要讓自己的話語成為一種權力話語。這個權力已非自我言說的權利，而是支配他人言說或不言說的權力。所謂「權力話語」在這裏至少具有兩重含義，一、權力構成話語，二、話語顯示權力。意識形態的知識運作本來就是用權力作支撐的，權力先於知識，知識是在迎合權力需要的基礎上從而形成其話語。並且，它的話語形成，本身就是為了顯示意識形態作為話語中心的權威。馬克思說：統治階級的思想就是占統治地位的思想。這正是指意識形態而言。然而，某一種思想佔據統治地位後，它和其他思想之間的平等關係也就消失了。因此，兩相比較，在意義形態的知識格局內，所有的知識都共存於一個平面，它們遵循各自的「遊戲規則」，進行各自的話語遊戲。而在意識形態的知識格局內，所有的話語都必須服從一種話語，這種話語作為居高臨下的指導思想，使得其他話語只能圍繞它作向心運動。恩格斯聲稱中世紀只有一種意識形態，即神學，而其他一切學科，如哲學、法學等都已成為它的婢女，表達得正是這個意思。由此可見，在意識形態那裏，已經不是什麼知識就是權力，這句話根據需要已被修改為「權力就是知識」。

另外，在「知識的屬性」上，兩種話語形態的差別在於，意識形態的知識話語具有「規範性」的特點。而意義形態則反向呈現出「原創性」的語義特徵，這兩個捉對的概念在表義上是相當不同的。規範性是為所有的話語建立某種規範，這個規範就像一個大前提，其他所有的話語只能順著它進行詮釋或演繹，而不能與此相左。比如，對董仲舒來說，儒學話語就是意識形態的規範話語，它是一種制約，也是一種邊界，凡逾越此外者，「皆絕其道，勿使並進」。因而在其話語表達上，意識形態往往是求同而不是求異。異，只能作為殊途而存在，其目的則是為了同歸。但，對意義形態來說，異則恰恰是它的目標追求，而同反而是它力避的對象。正像康得曾指出過的，新知識往往誕生於歸納推理而非演繹推理。由於演繹推理的大前提已經是既定的知識，它的推理過程又是在大前提內而非大前提外，所以，最後得出的結論不是新知識而只能是舊知識。相反，歸納推理每一次接觸的都是新的、不同的對象，它的推理過程直接就表現為產生新知識的過程。意義形態本來就是以知識的生產為其職事，求新是它的本能，而這個新僅僅走認同一路，是永遠也走不出來的。所以，它需要不斷地求異，不斷地走出原來的大前提，亦即不斷地在同之外開拓新的可能，並把這種可能不斷地轉化為新的知識現實。顯然，這種新的知識現實從其精神特徵來說無不具有原創性，它非但不規範，甚至反規範。僅僅就知識生產而言，規範，尤其是思想上的規範，更多是原創的障礙。意識形態因其規範的需要，它的話語最終必然走向「輿論一律」，因而「集體性」、強制的集體性則是它的又一知識特徵。同樣，意義形態出於原創的需要，它的話語不是走向一律而是強調「自律」，不但「律自己出」，而且僅僅自律於己，並不他律於人。所以，意義形態沒有集體的話語，只有個人的話語，它不追求話語之間的通約性，反而著力於每一個話語主體的「個人化」或「個人性」。由此可見，意義形態和意識形態之間，存在著巨大的話語分野，它給兩種話語的交往帶來了一定

的障礙，這個障礙顯然出自意識形態。在權力話語主政和輿論一律
的知識格局內，是沒有交往，或至少沒有平等的交往可言。因此，
對意識形態來說，關鍵的問題是需要進行一次轉化、一次從前現代
到現代的轉化。否則，以上那種「前交往」的歷史，將會不合理地
繼續延宕下去。

第十四章 精英「下課」以後……
——意義形態與意象形態

一、精英「下課」了

　　意義形態和意象形態的關係不僅是兩種文化之間的關係，而且也是兩個時代的關係。儘管意義形態迄今尚未走出體制格局而成為一種自足的文化，但 80 年代它以「精英」的面目和寄身體制的存在方式卻大出風頭。如果把那個時代叫做「精英化時代」的話，那麼 90 年代則風向頓轉，意象形態的崛起既在一定程度上消削了作為政治文化的意識形態，同時也順便把依託意識形態而存在的知識分子文化放逐到一邊。精英「下課」了，而歌星、舞星、影星、模星、球星之類的「大眾偶像」卻開始登臺亮相。很明顯，大眾需要通過對偶像的崇拜來完成自己的消費狂歡。因而現下的 90 年代乃是一個不折不扣的「大眾化時代」。由於大眾不可救藥地迷信明星而不理睬精英，所以，人文圈中存在著一種朦朦朧朧的「80 年代情結」。知識分子們在 90 年代念念不忘「啟蒙」，除了非常清醒地意識到啟蒙任務並未完成之外，更隱秘甚至是潛意識的原因顯然在於他們所迷戀的那種高高在上、我啟你蒙的「上課」方式。

　　所以先行強調時代的因素而非論述兩種文化本身，是因為它們的落勢和上揚這一戲劇性變化首先就是由時代之手導演的，而並非在於兩種文化本身的優劣。當然，一個時代之所以選擇這種文化而不選擇另一種文化作為自己的文化主流，也並非無關於文化的各自屬性，但時代的因素依然是無與倫比的先決條件。80 年代精英文化

的優先地位，本身就是一種政治時代的選擇，比如當年《班主任》《傷痕》的流行，其意義就不在文學而在政治。「實踐是檢驗真理的標準」也首先是政治的需要而非哲學的需要。體制需要借助知識分子的話語來反左並完成自身的某種蛻變，知識分子也需要借助體制的輿論空間來表達自己的思想和意志，這其間雙方有一致也有衝突，並從一致走向衝突乃至激化。如果給 80 年代命名的話，體制無疑認為它是一個「思想解放」的時代，知識分子則更傾向於它是一個「思想啟蒙」的時代，然而，無論兩個稱謂在內涵上幾多相左，它們卻從不同的方面證明了 80 年代是一個政治的時代。

　　90 年代的市場化運作標誌著中國社會由此進入到一個經濟時代，儘管這種經濟是典型的政治經濟（它的出現是政治權力作用的結果），但經濟本身的生長邏輯卻使得整個社會日益走向泛經濟化而非泛政治化。甚至在一定程度上經濟遮蔽了政治——這僅指二者目前對民眾的吸引力而言。正是在這樣一個時代背景中，知識分子文化失去了存在的重心。因為以往的政治社會，體制解決問題往往需要從上層建築和意識形態的高度出發，而知識分子文化天然又具有「形而上」的知識屬性，二者相合，各有所需，所以，後者經常被推到極其重要的、乃至中心的位置。經濟時代不然，它從政治的上層建築返身而下，重回經濟基礎意義上的日常生活，這時它在文化上就不需要那種高蹈的形而上，需要的倒是能夠貼近市場並對其形成刺激的另一種文化——這就是「意象形態」了。意象形態 80 年代開始啟動，但是它的道路並不平坦，流行歌曲最初問世，竟從政治上被認為是靡靡之音（回憶一下當年對李谷一《鄉戀》的撻伐），然而，曾幾何時，靡靡之音卻甚囂塵上、遍地狂吼，變成了不可一世的文化霸權。從知識分子文化和大眾文化的消長起伏，委實可以看出不同的時代對不同的文化所做出的不同選擇。

　　這一點，如果把它放到全球化的語境中去，似乎更能看出問題。當中國從政治時代走向經濟時代時，西方世界的市場經濟早已從生

產的時代走向消費的時代了。在前一個時代，比如 20 年代的美國，大眾崇拜的還是那些來自工業、企業、商業包括科學等領域的知名人物，他們的誕生顯示了大眾渴望成功的「美國夢」，也顯示了美國大眾的人生追求的向度。但是，40 年代以降，隨著生產社會向消費社會的轉向，大眾明星的人物譜系基本上已為娛樂界和體育界所取代。這時已經不是成功的企業家而是成功的歌星和球星佔據了大眾的視線，也就是說傑克遜、喬丹等人成功地為大眾修改了美國夢的內容。他們的成功適足以表明以娛樂和體育為主體的大眾文化已經在美國牢牢佔據了主流地位。用美國學者傑姆遜的話來說，知識分子的高級文化和大眾文化間的舊的界線被取消了。實際上這只是一種委婉的說法，因為界線取消的結果，是知識分子文化更加萎縮，它僅僅局限於學院內，很難像過去那樣對大眾和社會施加影響了。影響大眾的文化除去影像視聽外，就是那些流行的「讀者文摘文化」（傑姆遜語），然而，極具諷刺意味的是，《讀者文摘》的老闆公然聲稱這份刊物就是為不讀書的人辦的。因此，說白了，大眾文化──哪怕它以書的形式出現──也是一種不讀書的文化。當然，美國是大眾文化最盛行的國家，如果說在法國，大眾媒體廣為報導的第一位愛滋病患者還是一位叫做阿隆的社會學家的話，那麼最初在美國競相報導出來的第一位愛滋病患者，就輪不上知識分子，而是一位娛樂明星哈得遜了。這個對比固然能表明知識分子及其文化在這兩個國家的不同地位和影響，但即使如法國，一個老牌的「精英文化」帝國，也依然無奈於大洋彼岸好萊塢對自己的文化侵襲。這種跨國入侵的現象，非常有力的證實了大眾文化已經成為這個時代的國際性的文化主潮。尤其是冷戰結束之後，國際間舊的意識形態對立渙然冰釋，新的意識形態又尚未形成，意象形態則以此為良機，在全球貪婪地進行自身勢力的文化擴張。

二、「吊詭」中的批判

在這樣一種大走勢的時代背景下，作為知識分子文化的意義形態的確是有點生不逢時了，它不像西方的知識分子文化，歷來都是一種完全自足的形態，它甚至迄今還未能有效地從意識形態中分化而出，並且，若干年前又受到對方致命的重創，也許現在剛剛喘過氣來，正在努力進行話語上的獨立，卻偏偏又碰上意象形態這樣一個強大的異質力量。此真可謂先天不足、後天失調。如果再回顧一下兩種文化形態的交往，80年代初，當意象形態遭受不公正的對待時，是知識分子出於道義而援之以手，為它的存在合理性大力聲張。但知識分子文化落難時，它非但未予支援，甚至連同情的表示都沒有，反而拾級而上，占盡風光。面對自己曾經聲援過的文化怪物，就好像一個魔術師能變出一個魔鬼來，但最後卻發現無法把它收回去了。因此，對大眾文化以及由此引起的社會世俗化的批判，便成了90年代知識分子一樁非常投入的事務，它甚至還有一個響亮的名字「世紀末的文化批判」：這是一道令人矚目的風景，由此開始了意義形態與意象形態之間的批判交往。

這種批判是單相的，是知識分子一方獨立宣戰，意象形態並未對此作出積極反饋，它奉守的乃是「不戰而勝」的策略，這就像它對意識形態的疏離一樣。從理論上講，意識形態和意象形態當然是知識分子批判的雙重對象，前二者對意義形態的話語形成也是極大的障礙。但，理論畢竟是抽象的，它需要被置入當下的文化語境作具體分析。意象形態對意義形態來說，固然是一種強大的、甚至是「邪惡」的文化勢力，然而它並不構成對意義形態的直接壓制，它是通過搶佔大眾效應來擠兌意義形態本該在大眾那裏所應得的文化榮譽。說到底這是一種競爭，甚至是一種不公正的競爭。但是，另外一種力量就不同了，它毫無競爭可言，直接就是專制。它可以放行意象形態，但絕不會放鬆意義形態。意義形態的文化獨立，正

是在這裏遇到了致命的困難。面對這樣一種情形，知識分子的「雙重批判」恐怕就不應該勢均力敵了，它需要在策略上講究輕、重、緩、急。

　　當然，緩急並非意味著批判的取消，這裏更重要的倒是批判的方式。目下對意象形態的批判有兩種流行式，一是道德化的批判，一是法蘭克福式的批判。前一種批判具有「一棍子打死」的取消性，它壓根就否認大眾文化也是一種合理性的存在，因而這種批判本身就顯得不合理。後者的問題在於它的模仿性，機械套用他者的辭彙和思路而未能顧及自己的文化語境，故有生吞活剝、圓鑿方枘之嫌。這裏，馬克思當年對新興資本主義的批判似乎值得回味，在《共產黨宣言》中，他既對資本主義的興起作了幾乎是史無前例的肯定，又用發展眼光道破了它消亡的結局。據此，傑姆遜認為「馬克思有力地促使我們去做那似乎不可能作到的事」，即「同時以肯定和否定的方式來思考資本主義的發展」，顯然，這種批判方式是「辯證的」。它給我們的啟示是，儘管我們對意象形態率先堅持批判的態度，但我們也依然可以同時用「否定和肯定」的方式來思考這個批判對象。就像馬克思那樣，「在一個思想中同時把握資本主義的被證明是邪惡的特徵和它那不同尋常的解放動力」，而對大眾文化亦如是觀，是因為它的確也具備與資本主義相類似的兩面性。在傑姆遜看來，大眾文化本身就是晚期資本主義文化邏輯的體現，因此，他和馬克思對資本主義的態度一樣，把大眾文化「既視之為災難，又視之為進步」。

　　無疑，這是一種可取的批判態度，當下也正需要這種辯證的批判姿態。意象形態首先是作為意識形態的離心力量走向文化前臺的，儘管它的擴張對意義形態的生長非常不利，但換個角度，由於它的疏離對舊的一元文化格局客觀上具有消解性，所以，僅就這一點來說，它又未必不為意義形態所需要。如果說意象形態對意義的消解的確是一種「邪惡」，那麼這種邪惡也同樣針對舊文化格局，這豈不又是一種「解放」？吊詭正是在這裏出現，假如它不能消解意

義，它也就沒有能力消解專制，這正像義大利學者艾柯說，一個事物如果不能撒謊，也就不能表明真相。如果再喻之以現代科技，那麼，它能給你帶來多大益處，也就能帶來多大災難。這都是一個理，是一個事物的正反面。所以，誰都不該如此天真，既要求有太陽，又要求無陰影。問題是必須弄清，現在到底最需要的是什麼，明白這一點，那麼，在獲得自己所需要的同時，當然也就要承受相應的代價。

當然，一些知識分子（包括筆者）在看到意象形態的消解力量之同時，又看到了它與舊文化體制「合流」的可能，於是便對其展開了法蘭克福式的批判，因為，「西馬」這撥才子就是把意象形態當作晚期資本主義的意識形態來批判的。對歐美社會來說，這的確是兩者合流。然而，面對本土，合流云云，細審之下，幾乎成了一個偽辭彙。其間的邏輯很簡單，所謂意象形態，在解析的意義上，「意象」是指以此作為表徵的「大眾文化」，而「形態」則指製造這種意象的「大眾傳媒」，後者既是前者的生產機構，又是它的傳播機構，所以沒有後者就沒有前者，在地位上它比前者更重要。由於歐美國家的大眾傳媒是在體制外，因此就存在著由它所生產的大眾文化和意識形態與其說是「合流」不如說是「取代」的可能。但這種可能性在本土卻並不存在。因為「大眾傳媒」本身也是一個偽辭彙。本土所有的電臺、電視臺和報紙，一切媒體俱在體制內而非體制外，這種非民間的媒體構成，嚴格地說，是不應叫做「大眾傳媒」的，體制自己就習慣稱其為「輿論工具」或「喉舌」（此正可見媒體尚未獲得獨立存在的本體性）。應該說，體制傳媒對大眾文化的投入已經體現了原有功能的分化，這是一種進步，但如若同時看到了兩者的一致性就套用「合流」來批則不免草率。因為從「形態」的角度它們說到底還不是兩回事而是一回事。所謂合流的現象不過是原媒體自身功能的又一表現，自屬其題中應有之義。這時，如果簡單照搬「法蘭克福」，必然因其文化語境的不同而難以做到對症，因此，與

其批判所謂的合流，倒不如反過來促成其合流的「可能」，因為合流的前提是真正的「分化」。意象形態現在只不過在「意象」的層面上、亦即在大眾文化的表像上開始走向分化，然而，更重要的分化，亦即「形態」層面上的分化尚未提上議事日程。這是過程的一半，並且還不是那更重要的一半。就此，知識分子在感受到進步的同時已經感受到邪惡，但為了更大的進步就必須面對更大的邪惡。只有當意象形態的「媒體構成」獲得真正的獨立或走向多元時，意義形態也才能形成自己的獨立與自由。這是一份同步的時間表。現在，無論意義形態還是意象形態都不過是預支的「假名」，它們尚未脫離舊一元文化格局而獲得完全的自立，這樣，當下最重要的文化任務就是打破這種格局，促成三元分立。既然事莫重於此，知識分子就有義務通過自己的話語努力，在推動大眾文化「意象」分離的同時，更進一步促成其「形態」上的多元──為對方、也為自己、更為這個社會在文化上的合理。因此，意義形態和意象形態的交往關係，在前者對後者保持批判姿態──辯證批判──的同時，還必須注意到它們在當下相輔相成的另一面。

三、兩種不同的文化資本

中國古代有諺曰「明知不是伴，情急且相隨」，用在這裏似乎是一句戲言。囿於目前的文化語境，它們之間固有其「相隨」的一面，但用前瞻的眼光看，恐怕「不是伴」更將伴隨著它們今後漫長的交往，因為這畢竟是兩種互為異質的文化形態。法國學者多洛 80 年代出版過一本名為《個體文化和大眾文化》的小冊子，書本身並不怎樣，但書名卻很好地揭示了這兩種文化的不同性質。正像「知識分子」的要義不在知識而在「分子」，它的知識話語也勢必打上「分子」或「個人」的色彩，因此，意義形態作為一種泛稱只能是個體性質的文化形態。「個體性」是它的存在特徵。相反，大眾文化追求的不

是個人而是大眾，在這裏，大眾乃是個人的「量的擴張」。然而，真正的個體無法在量上擴張，它是獨一無二的，這種擴張一旦可能，真正的個體也就虛脫了，它已被量「同質化」了。有個體就沒有大眾，反之，大眾存在的地方也不會有個體。當所有的人為傳媒所鼓動，紛紛湧向影院去看所謂的大片《鐵達尼號》，並為其中煽情化的愛情而一掬其淚時，這裏就很難有「個體」的存在。由此可見，大眾的非個體性決定了大眾文化是多洛所說的「共用的文化」，而「群體性」就是這種文化的存在特徵。

相對於意義形態的「個體性」而言，意象形態和意識形態在這裏似乎有更多的共同點。比如它的「群體性」就可以和意識形態的「集體性」構成對應，這兩種話語形態都需要文化受眾的數量。當然，集體性帶有鮮明的強制意味，它是集權體制從上到下的思想灌輸，是從意識上把所有的人都「集」為一體，從而形成「輿論一律」。比較之下，群體性是鬆散的，並具有一定的選擇自由，就像你可以自由地拒絕一則廣告，這是因為意象形態畢竟缺乏意識形態那樣的文化強權。但群體性同時也就意味著盲動性（否則「群」不起來），就文化受眾而言，硬性的「一律」不存在了，存在著的卻是選擇上的「他律」。筆者最近讀過一篇文章，題目叫「沒有廣告，不知怎樣生活」，文中這樣調侃「廣告便是《聖經》、《古蘭經》和《論語》」，因為它像過去的宗教一樣支配著我們的一切，包括衣食住行。這就是意象形態給大眾接受上所造成的「他律化」，這一點在大眾的娛樂生活上表現得尤其突出。「今天看什麼？」當然是《鐵達尼號》。幾個月來，大眾狂熱地「群起而看之」，這與其是大眾的選擇，不如說是傳媒為大眾預先制定的選擇。面對這樣一種「集體化」和「群體化」的傾向，意義形態保持了自己的反對立場，因為前者壓根沒有自由，後者則自由地喪失了自由，所以它反向地走上了一條「個體化」的道路。這倒不是為了較勁，而是意義形態作為形而上的精神生產，如果失卻了獨特的個體性，也就無法顯示一種真精神。真正

的精神創造必須摒棄外在的「一律」和「他律」而堅執於個體本身的「自律」，這是它的內在需要，也是精神之為精神的特質所在。然而，正是意義形態的精神個體性決定了它不可能像其他兩種文化走「量化」的道路，它是自由的，但付出的代價卻是孤獨。它之不為大眾接受，就像大眾不為它接受一樣。所以，在意義形態之前，有過一個意識形態的時代，而在意識形態之後，則必然會有一個意象形態的時代，意義形態本身則很難作為一個顯赫的時代而存在。這裏就產生了矛盾，知識分子的文化屬性是個體的，但知識分子往往又具有強烈的「大眾情結」。它總是幻想整個社會都在傾聽自己的聲音，比如就像 80 年代那樣。而 80 年代所以成為知識分子的「集體記憶」，也在於它今天經歷了從中心到邊緣的失落。因而，它對大眾文化的批判，其峻急之處，多少也緣於後者侵佔了它所應有的文化位置。這種批判隱衷，哪怕只是下意識，也應當引起警惕，因為它畢竟潛含了與意義形態本質相違的「從個人推向大眾」的意識形態內傾。

　　以上淺略的比較，已然可見意義形態在兩種文化交往中的不利地位，這倒並非個體不敵群體，而是在一個日趨世俗化的時代，作為精神生產的意義形態天然不敵作為娛樂生產的意象形態。這才是問題的實質。然而，問題並不僅僅到此，這兩種文化的媒介方式更使意義形態在現在和未來的交往中面臨著前所未有的窘困。迄今為止，知識分子的精神生產主要是通過文字完成的，因而，「文字」乃是意義形態最基本的媒介方式。大眾文化不然，它的生產運作，主要不是文字而是「意象」，亦即圖像。所謂意象形態本來就是大眾文化的圖像生產，所以「意象」作為它最得力的媒介也是它在技術上遠遠優越於文字的地方。當然，這份優越是因為它擁有高科技的優勢，憑藉這種優勢。意象形態甚至有能力重新倒轉人類已經形成的認知歷史，即「從圖像到文字」回到「從文字到圖像」。這一歷史的倒轉，依然是從美國開始的，更具體地說，是從 70 年代以來美國西

部新興的娛樂文化對東部依然帶有歐洲傳統的精英文化的取代開始
的。這是一次「成功」的文化中心的轉移，其結果，是西部用自己
的無線電和電視戰勝了東部文化的最大堡壘——圖書出版業。這是
一個令人沮喪或者令人興奮的信號，至少它讓當時「好來塢的明星
們和企業家們相信，80年代的美國，書面語言已經失去了很大的力
量，而電子圖像已經成為一種力量」（一美國學者之語）。不幸這種
力量並非僅僅是一個美國問題，現在全世界的知識分子都面臨著這
個普遍的麻煩。米蘭‧昆德拉一面以大手筆推出了他的「意象形態」
的概念，一面又不得不面對知識分子的文字文化發出深沉的喟歎。
在「71個詞」中，他把「字」列作一個詞條並指出「出版書所用的
字越來越小。我想像到文字的末日：字逐漸地縮小到讓人根本看不
清楚，然而人們卻一點不察覺。」文字的末日，不過是昆德拉的危
言。但不管怎樣，「文字」作為意義形態的媒介方式在「意象」的強
勁挑戰下已經面臨危機，這是不容置疑的事實。而這一事實勢必反
過來對意義形態本身產生極為不利的影響。

　　這裏，無論文字還是意象都不僅僅是符號媒介的問題，同樣也
不單純是技術的問題，它更為深刻地涉及到了意義形態和意象形態
在交往中的「文化資本」的較量和「文化權力」的重構。以「寫作」
為主的意義形態所體現的當然是一種十分古老的「文字文化」，而以
「意象」生產為主的大眾文化則屬於新興的「電子文化」。因此，文
字是知識分子賴以存在的文化資本，電子則是大眾文化生產者的資
本依憑。就前者而言，這個資本的歷史淵源久矣，它至少可以追溯
到遠古的王官文化。由於當時的知識階層就是統治階層，因而，文
字最初的產生在某種意義上就是出於統治階層的需要。許慎就把文
字看成是「經藝之本，王政之始」。當代有學者甚至認為中國文字所
以走上表意而非表音的複雜化道路，正是要讓這一媒介（那時是人
神溝通的媒介）控制在少數人手裏。這樣，對文字而言，既形成了
自上而下的壟斷，又形成了自下而上的崇拜。於是，文字的產生被

神話了，所謂「昔者倉頡作書而天雨粟，鬼夜哭」。文字的功能也被神話了，「一橫」作為筆劃不僅僅是筆劃，而是「一劃開天」（它的反題則是對不識字人的極度蔑視：連扁擔倒下來是個「一」都不認得）。甚至因字及紙，字紙也成了聖物，寫過字的紙不能他用，只能火焚，叫做「敬惜字紙」。由此可見，文字已經不僅僅是文字，它同時更是一種具有象徵意味的權力資本。這一資本在自身增進的歷史中，不斷遭遇技術力量的挑戰。首先是活字印刷的產生——在中國是畢升，在歐洲是古騰堡，作為一種以文字反文字的方式，它在使文字走向更大普及的同時，也使文字的權力資本遭到貶值。當時歐洲就有人一面痛責印刷術散佈不道德的思想和異端的文本，一面警告說，知識階層的擴大會改變權力的意義和分配。然而，技術挑戰文字的野心就是要重新分配既往的文化權力。幾百年後的今天，科技的高度發展已經不是用文字反文字了，而是用電子反文字。電子媒體向文字扔出了決鬥的「白手套」，它用精彩的電子圖像剝奪了文字的剩餘資本，讓文字成為自己的附庸。隨著文化資本的重組和文化權力的轉移，文字潰敗的時代終於到來了，這時，「以筆為旗」的知識分子意欲與高科技武裝起來的電子文化抗衡，真正是有一種「抵抗投降」的悲壯意味了。

四　交往中的「文化滲透」

那麼，在這樣一種極為不利的時代條件下，意義形態和意象形態是否還存在交往的可能？

在未來相當長的一段歷史中，意義形態的文化弱勢是不以知識分子的意志為轉移的。這不僅因為它的媒介方式不如意象形態那麼先進，而且由兩種媒介所生產的各自不同的文化內容也決定了意象形態比意義形態更能贏得大眾。意義形態生產的是人的精神，大眾文化生產的則是人的娛樂。娛樂到感官為止，所以和「意象」構成

對應的是「視聽」。而精神則要昇華到感官之上的大腦，於是和「文字」構成對應的則是「閱讀」，閱讀作為「沉思」的境界，是因為文字雖然「視而可識」，但必須通過細緻的體味才能「察而見意」。儘管文字的「閱讀」優勢為「視聽」所不及，但它的長處恰恰就是它的短處——大眾俱為不動腦筋的視聽裏挾而去。這一點，昆德拉在論述小說「具有永久意義的沉思」時就已指出：這種沉思「在 20 世紀是違背其時代精神的」，因為「這個時代的精神不喜歡思考任何東西」。

明白了意義形態的客觀不利，再來談交往，這樣可能更實際。它至少可以避免文化啟蒙時代知識分子捨我其誰、目空一切的盲目心態，這樣，在彼此的交往中，意義形態就不是以「君臨」的姿態支配意象形態，就像在以往的文化關係中，雅總是支配俗一樣。而是以「弱水洩地」的方式，與其向意象形態，毋寧是向整個世俗時代進行自己的「文化滲透」。按照辯證邏輯的觀點，當意義形態的長處就是它的短處時，反過來，它的弱勢在某種意義上，也正是它的優勢。當媒體一旦開放，真正進入市場運作時，激烈的競爭機制未必不導致它對精神的關注，即使就一個世俗社會而言，精神也是人類頭上的自由空氣。因此，電子文化為自身的文化市場故，也不能無視於人的精神領地。而意義形態正是在這時表現出了自身的文化魅力。事實上，電子媒體的讀書專欄已經成為它不可或缺的保留節目，法國電視一台的新聞主播比沃，從 1975 年開始主持一個名為「猛浪談」的讀書節目，每週一個多小時，居然堅持了十五年而從不間斷（90 年代以來，這個節目在比沃卸任後又繼續得到了恢復，它早已成為一個具有國際影響的書評節目了）。1987 年，比沃甚至邀請五位知名作家在電視上公開批判大眾文化。儘管這類專欄如果從意象形態的角度來看，不過是為電視上的「脫口秀」（talk show）開闢了一個新向度，但就意義形態而言，這正是它對電子文化的一種滲

透。可見電視作為一個開放的公共空間，意義形態和意象形態可以在同一個節目上各有所需，此則未必不是交往的一種可能的形式。

如果說「猛浪談」這樣的節目畢竟還是為了推銷書籍，因而具有一定的商業氣味。那麼，同樣是 1975 年開始編排錄製、1978 年在英國廣播公司播放的十五集電視系列節目「思想家」，就更是意義形態向電子文化的一次極為成功的滲透了。「思想家」已經濾去了所有的商業氣息，甚至是逆商業思維而行動。因為思想是最無法訴諸視聽影像的，可這個節目偏偏邀約十多位當代英語世界的哲學巨擘——如伯林、馬爾庫塞、喬姆斯基等，在電視上以對話形式公開談論或介紹本世紀的哲學主流。這個節目播出後，美國的《時代》週刊指出「在嚴肅性和影響範圍方面，以往所有普通電視臺的工作都不能與它相比」。而在讀者來信中，亦不乏「終於有了一個成熟的節目」、「這個電視節目恢復了我的信念」之類的讚辭。主持人 B・麥基由此對電視本身進行了發人深省的反思，他認為，電視過去漠視「嚴肅的」節目，害怕抽象的題目，排斥「作報告的頭像」，這在電視形成的初期，是可以理解的，「但就電視的合理發展而言，這都是很不利的。當電視這種傳播媒介逐步走向成熟的時候，不再需要這種態度了。」麥基的反思不是為思想而是為電視，他是想擴大電視的表現空間。但，電視的這種需要也正是意義形態的需要，後者亦不妨通過電視來傳播自己的思想。儘管思想本身只能產生於書齋而不能形成於銀光幕，但無疑交往卻可以借助銀光幕來進行。

在以上有關交往與比較的描述中，知識分子的批判話語似未得到持續的貫徹，這和它與意識形態的交往恰恰構成一個對照。這個對照是必要的，因為當下三種文化形態之間的力量對比畢竟不同。知識分子反對任何體制形式的文化，哪怕是自身所形成的學院體制，也是知識「分子」的批判對象。因而，它更無法容忍意識形態僅僅從政治體制的角度為它精神立法。而它現在之所以「有保留」地對意象形態批判，是因為後者雖然氣候大盛，但它尚未在自身「形

態」上真正獨立起來。這顯然是出於策略上的考慮，它無改於意義形態所慣有的批判形象。事實上，意象形態一旦在「形態」上獨立出來，它自身也就成為一種文化體制了，這種文化體制與意義形態所構成的文化對抗，恐怕並不亞於意識形態。面對這樣一種趨勢——由大眾文化所形成的一種世界性的「文化帝國主義」的趨勢，知識分子當然不能放鬆批判的警惕。這是一個基本的立場。

因此，「批判／滲透」便構成了意義形態與意象形態交往研究的兩個方面。批判是為了形成自己的知識話語，滲透則是在一個日益走向世俗化的時代中構建自己的存在空間，它們具有互補性。在這裏，批判是首要的，這不僅因為批判是意義形態的存在前提，而且它也是世俗化進程中的緩衝力量。一個沒有精神形而上的、純粹世俗的時代無疑是有巨大缺陷的，意象形態以它極強的吞噬能力正在迅速推進這一時代。因此，來自意義形態的批判，不妨看作是這一世界性潮流的必要反彈。但這裏必須明晰批判的界線。意義形態對意象形態的批判決不是一種「取代性」的批判，後者無疑有它自身的合理性，而它的不合理則在於，它以自身的合理性構成了對意義形態合理性的侵略，因此，意義形態的批判乃是以自身的合理性批判對方的不合理性。這就是批判的邊界。由於意象形態本來就屬於「俗」的文化範疇，俗也正是它的文化創造力所在，因此，它有它自己的運作方式和價值尺度。這時，知識分子的文化批判就不能用意義形態的標準去衡量它。它們是兩個不同的文化空間，各自遵循各自的「遊戲規則」。設若一味以知識分子文化的精神高度作為對大眾文化的要求，不但會導致文化空間的萎縮，而且也同時傷害了兩種文化本身。形而上就是形而上，形而下就是形而下，換言之，大腦就是大腦，感官就是感官。兩者的不同是必然的，並且批判也不是為了求同。這裏既反對意義形態以雅代俗的「化大眾」，亦反對意象形態以俗代雅的「大眾化」——這原本是一種「文化權力」的爭奪，也是典型的二元對立思維。而以上無論哪一種「化」獲得成功，

都將造成文化生態的破壞。由此可見，意義形態的批判話語對抵制普世性的「大眾化」傾向是合理的，但這種批判一旦以「化大眾」作為自己的最終旨歸，就從一個極端走向另一個極端了。就意義形態而言，它的存在就是從智慧上顯示人類的精神高度，這個高度對一般大眾來說是無法企及的，它也沒必要以此去「化大眾」。這就像一個打破世界跳高記錄的運動員，他的高度就是人類體能的高度，並不需要也不可能人人都達到這個高度。正是在這個意義上，也就不難理解以上的比較中，為什麼把意義形態作為一種「個體性」的文化來闡釋，它委實不可以像意象形態那樣，使自己成為一種具有「群體性」的為大眾所「共用的文化」。

第十五章　數字化背景中的「第三種批評」
——意義形態與「個人話語」

「第三種批評」是近兩年從文學批評界誕生而出的一種新的批評話語，但它的意義並不僅在批評本身，就整個人文學科而言，它都具有積極的建設性。因而不妨既視它為一種文學批評，亦同時視其為文化批評。從文學到文化，正是目下人文批評的一種走勢。它要在以批評之言路催生其彼此互異的「個體性」知識話語，從而在作為知識分子文化的「意義形態」內形成真正的「多元化」格局。

一、釋「三」：走向多元性

應該說「第三種批評」是一個具有某種「不確定性」的開放的語義空間，它的開放性在於對它的解釋不必持有完全一致的理解，或曰這個話語對不同的批評者具有不同的「再解釋性」。筆者作為「第三種批評」的贊助者之一，初聞其話語，便產生了與其倡導者和其他贊助者也許不盡吻合的闡釋意念，儘管彼此在精神上有著內在的溝通。這便說明該話語的張力作用十分明顯，它可以為各種不同的解釋提供相當豐富的可能性。

在最初的意義上，「第三種批評」的鋒芒所指乃是一切既定的知識話語，它的基本原則：在對既定話語的否定和批判中誕生自己。那麼，既定話語的所指又是什麼呢？有感於 90 年代以來知識界流行的「國學」傾向（如重建「新儒學」）和「西學」傾向（如引進「後現代」），「第三種批評」便自覺地從整體上把西方話語和傳統話語作

為自己雙重超越的對象，並以這種姿態試圖在知識的形成上走出具有「我」性特徵的第三條道路。

明悉「第三種批評」的思路和策略之後，真正能對它進行個體性解釋的就是「三」這個概念了。「三」在此意味著什麼？在該話語中，它首先是一個序數詞，並且是取代作為西方話語之一元和傳統話語之一元的一個新的一元。這當然是對「第三種批評」一種表面的理解，或者說是一種可能的誤障。因為序數作為一個系列，只能是線性的延伸，它或者停滯於舊的一元而不前，或者以新的一元完成對舊的一元的取代從而獲得某種發展。但，無論前後兩種情況有何差異，有一點它們是共同的，即由它們所構成的文化格局無不具有知識上的一元性。以一元取代一元顯然不應該成為「第三種批評」的文化努力，毋寧說它所以反對西學話語和國學話語，倒並不在這兩種話語本身，而正在有人意欲使其成為具有現實支配意義的一元性話語。因此，有必要小心釐清「第三種批評」之「三」的真正含義。在筆者看來，它的真正含義不在數學而在哲學。這可能需要經過某種轉換，如果不妨將「三」從以時間性為主的序數詞轉換為以空間性為主的基數詞，那麼，作為一個基數，它的哲學含義就不是實數之「三」，而是虛數之「多」了。因而，「第三種批評」的「三」並非是第三個具有某種總體性的「一元」，相反，它的存在則表現為一種共時意義上的「三元」或「多元」。

既不在作為一元性的西學話語和國學話語的二元對立中進行話語選擇，又並非以己為一元從整體上對上述兩種話語取而代之，而是力圖在文化格局的建構上形成三元性或多元性的話語空間，那麼，在這一元二元和三元之間，或者在數字一二三之間，它們的哲學差異是什麼？這也許是個有趣的問題。

數字一二三絕非簡單的遞增或遞減的關係，在哲學上它們之間具有本質性的差別。一為數位之始，至小卻又至大，至小者，它僅僅是個一，至大者，它又無所不包。《說文》釋一曰：「惟初太始，

道立於一，造分天地，化成萬物」。在這裏，一作為「道」已經具有宇宙本體論的意味。它不僅是數字之始，而且是萬物之始。因而一與萬物的關係就是本原與派生的關係，所謂「一元」，其本義也就是萬物原（元）於一。對一做類似的哲學闡釋，在古代典籍中，可謂比比皆是，與其說這種闡釋是出於古人的神秘認識論，毋寧說在其中起更重要作用的則是「知識社會學」。賦予一以「統一」萬物的權力，實際上也就授予了自己「一統」天下知識的權力，因為自己是「一」這個天下之「道」（真理）的發現者，道之在身，當然「一言以為天下法」。這樣的「一言」也就成了支配天下萬言的「一元」，它從宇宙本體論相應地轉化為一種以話語形式出現的知識本體論，所有的知識話語都出自於它，並最後又都歸結於它。由此可見，知識上的一元論者，大凡都具有「以同斥異」的專制主義傾向。

二是一的倍加，一如果是一種文化專制，那麼，二的出現是否能使這樣的格局發生改觀？答案是否定的。二非但不能改變一，它本身就是作為一的需要而出現。張載曰「不有兩，則無一」。如果沒有二，一的存在毫無意義。在知識社會學的語境內，對一的闡釋本來就是出於文化權力的需要，那麼，在一誕生之後，卻沒有一個對象可以支配，這一豈不等於虛設。所以，朱熹說「凡天下事，一不能化，惟兩而後能化」。此化首先就是化一為二，《黃帝內經》中那個古老的哲學命題可以與此相參「一分為二，謂天地也」。至此，一不再是自我托大的了，它有了二這樣一個為己所控的對象。在一和二之間是沒有平等可言的，就像天地之間，天總是支配地一樣。這樣一種關係模式，在哲學上就叫「形而上學」。形而上學從它形成的第一天起，就充滿了赤裸裸的權力意味，形而上是道、是體、是第一哲學，形而下是器、是用、是第二哲學。天是統馭萬物的「道」，地就是承載萬物的「器」。因而，二既可以表現為一個對象（即地），亦可以是由此化開來的眾多對象（即地所承載的一切）。把所有的對象作為一個形而下的整體來支配，這個形而上的一與其眾多對象的

關係，也就是朱熹所謂的「月映萬川」。它的權力意味，不妨反過來看，即，萬川唯有一個月。

問題到此結束了嗎？二不僅未能改變一的文化專制，反而成為它的具體表徵，甚至，它的出現是一種強化，使一元論的歷史局面越演越烈，周而復始。由一分為二所造成的二元對立格局，在結構上是一個「中心／等級」的關係構成，它實際上是形而上學的另一種表現。按照某種既成的理論，二元對立中的一元，佔據著矛盾的主要地位，它支配和制約矛盾另一方的存在和發展。顯然，在這個對立結構中，前者的位置是中心的，它有效地使整個矛盾運動朝著有利於自己的方向而轉化。但，同樣根據這種理論，物極必反，對立的二元在其矛盾運動中實際上是各自向著自己對立的方向轉化。於是，在這個結構中，便發生中心易位，等級顛倒，權力更主。接著就是新一輪的二元對立運動以其不變的模態再度開始……以此推演，竟致無窮。由是可見，對一元文化格局來說，二元的出現不是趨向多元，而是互爭一元。正如明代方以智謂「交也者，合二而一也」。一才是二元對立的雙方所力爭的目標，它們以對立的方式彼此相交，並把對方視為異己、視為對敵、視為可以由己合而為一的對象。因此，說到底，二的本質就是一，一是二的落腳點。二元對立的歷史不過是你取代我、我取代你的一元化格局的交替迴圈，

一而二，二而一，當它形成了類似軍營課操「一二一」的固定程式時。那麼，真正能夠打破它並使問題性質發生根本變化的就是數位三了。三者，參也。它並不僅僅是在一字上多兩劃，二字上多一劃，並且，這一劃之多也並非僅僅多出了個一，它的出現，或者說它的參與，其意義在於一舉改變了合二而一的一元化格局。換言之，一而二，尚是一種量變構成的話，那麼，二而三，質變就發生了。它的張力勢無可挽地使一元論和二元對立的形而上學走向平面化的三元或多元。在郭沫若看來，數字一二三不過是初民們計數時手指的象形。按照這種說法，如果當你伸出食指與中指時呈剪刀狀

時，分明能夠感到兩指間有一種合一的力量，並且，它們事實上合起來也非常容易。但，如果伸出的是三個手指，情況就不一樣了，這時要合攏就會感到很困難。為什麼？因為那種合二而一的慣性被第三個手指修改了。作為一元化和二元對立的離心因素，三的使命就是要成為一種消解中心的多元化力量。因此，在比較的意義上，如果說數位一可以顯示一種「無限大」的話，數位三則顯示的是「無限多」，這可以老子的「三生萬物」為參證。所以，司馬遷的《史記》認為「數始於一」，又「成於三」。這實際上是從一元到三元的發展。也是從極大值到極多值的轉換。

在以上數字化背景下浮現而出的「第三種批評」，它的任務首先就是反對文化上的一元論，因為在中國文化語境下，文化本身的發展歷來總是被鎖定在某種一元化的知識格局內，它極大地扼制了文化自身本有的生命力。文化一元論本質上就是文化專制論，它總是試圖使天下話語毫無例外地「定於一」。這個一是典型的具有意識形態性質的「經學話語」。話語一旦為經就被神聖化了，所謂「經天緯地」，這時，它與其他話語就形成了「經」與「傳」的關係。然而，這是話語之間最大的不平等，它們壓根就不在一個知識平面上。經乃傳之本，傳以經為限，傳只能在經的既定範圍內進行知識運作，甚至還「不能改經天之義」。這樣的話語已然喪失了精神上的原創性，並成為經的附庸。因此，面對迄今為止依然是經字當頭又經傳一統的文化格局，「第三種批評」當然要毫不客氣地對其解構。

反對二元論，反對二元對立思維，這是「第三種批評」的又一任務。從邏輯上說，反二元論就是反一元論，因為，二元論不過是非此即彼的一元論。這一點比較明顯。但，由它所形成的二元對立思維卻是一種強大的歷史慣性，它或許已經根深蒂固地潛伏於人的意識之深。近百年來，不難習見這樣一種文化現象，不是用西學話語批判傳統話語，或者就是相反。這種批判儘管有時必要，但它畢竟是二元對立思維的產物。「第三種批評」既不站在一個統一的西學

立場批判國學，也不以一個統一的國學標準否定西學。它是分別把
西學與國學作為自己雙重超越的對象。當然，超越在這裏絕不表明
所有的西學話語和國學話語都已喪失其價值，需要被取代；更不意
味著自己的話語比對方高超，從而去取代。如果它居然把西學與國
學作為一個統一的排斥對象，並竟然把自己同時作為全面排斥的另
一方，那麼，這無異於重演新一輪的二元對立。因此，「第三種批評」
只是致力於把時間邏輯轉化為空間邏輯，致力於以話語多元終結話
語取代。它與西學和國學之間並不表現為時間性的序數關係，而是
空間性上的差異關係。概其言，「第三種批評」僅僅是這樣一種姿態：
即在以上二者既定的知識之外，努力開拓不同的話語可能。

二、意義形態：精神的個體性

當青年馬克思還是一個批判型知識分子時，他在那篇抨擊普魯
士書報檢查令的著名檄文中，曾這樣聲稱「真理佔有我，而不是我
佔有真理。我只有構成我的精神個體性的形式。」這，不妨可以看
做是意義形態的文化宣言。

意義形態和「第三種批評」在本質上是同構的，它們都追求文
化形態上的多元性，都反對一元論的文化格局和二元對立思維。具
體而言，「第三種批評」如果是一種批評的抑或文化的建構方式的
話，那麼，意義形態則是由其所呈現的文化狀態。兩者既以「多元」
為指歸，落實到具體的批評運作上，「精神的個體性」則必然成為批
評者各自的批評追求。

什麼是批評、什麼是意義形態？意義形態首先是一種人文形
態，它由一系列有關人類精神及其發展的知識話語為其學術構成。
在這裏，人文與精神同義。所謂「觀乎天文，以察時變。觀乎人文，
以化成天下。」則可見「人文」與「天文」相反，一是向外伸展以
成科學，一是向內開拓以成教化。在傳統文化的語境中，教化主要

是一個德性的問題，它經由詩書禮樂而完成。然則在意義形態的語境中，教化問題則轉化為精神問題，相應地，德性也將轉化為智性。正像「第三種批評」力主對傳統文化作出自己的超越一樣，落實在這裏，意義形態便是用智性超越德性。用德性塑造一種倫理主體，是中國傳統文化經久不息的努力，它甚至成功地完成了使國家倫理化和歷史倫理化的任務。在這樣一個天然具有強大保守勢力的文化慣性面前，意義形態在人類文化心理結構的德性之外，試圖擴展其智性的精神空間，當然也就具備了它的合理性。智性對精神而言，精神則對大腦而言，因而，意義形態的文化特徵主要是一種與腦智有關的精神形而上，而它的人文性則在於以生產意義的方式開拓並豐富這種形而上。

　　那麼批評呢？80 年代的批評界曾對批評的屬性進行過討論。當時有許多人認為批評是科學。這一看法在今天看來，無疑大有問題。80 年代對中國來說是本世紀的第二次文化啟蒙，它的兩大主題「科學與民主」在知識界產生了重大的影響。尤其是「科學」，在知識的形成上、或者在學科的完善上，更是表現出一種高不可攀的「君臨」姿態。就是說，任何一門知識或學科如果不能與「科學」掛靠的話，它就是等而下之的，甚至其存在也被打上了可疑的問號。這種「唯科學」的現象依然需要從「知識社會學」的角度去索解。應該說，是近現代以來以「理性」為標誌的歐洲啟蒙運動把科學推到了知識「元敘述」的高度。二百多年來，科學業已成為一切知識存在的尺度，同樣也成為一切知識不存在的尺度。在知識領域內，科學理所當然地「帝國主義化」了。因此，在這樣一種近現代西方啟蒙知識的背景下，把批評推崇為科學，也就不難理解其中所內蘊的「科學認同」上的學科焦慮了。但正是在這裏，按照「第三種批評」的文化邏輯，以理性為其內核的科學，恰恰可以成為它的超越對象，至少在批評這門學科中，以精神的智性回避那種具有「算計」特徵的科學理性，似乎更加符合批評本身的旨趣。因此，以意義形態的觀

點來看，批評與其是什麼科學，毋寧說是一門藝術，是「繆斯第十」。後者當然是修辭性的表述，如果稍加準確的話，那麼，批評作為一門學科，應該是人文學科，它的任務就是詮釋對象的意義。

「意義」成為批評的工作對象，適足以說明批評本身就是意義形態的一種運作。那麼，什麼是意義呢？意義不是客體固有的，也不是主體自足的，它是主體和客體相遇時，主體對客體的詮釋。應該說，詮釋意義的過程，也就是所謂意義的生產。因為沒有詮釋，也就沒有意義。意義在詮釋之前並不存在，它的誕生乃與詮釋同步。詮釋和詮釋學作為一門古老的人文學科，最初所要解決的就是如何傳達「上帝之言」的問題。自狄爾泰以來，尤其是經過伽達默爾等人的努力，這一概念已經成為索解人類精神創造物、並進而探討整個「精神學科」的中樞和基礎。這是一個偉大的昇華，在詮釋學的歷史上，它完成了一次哥白尼式的挴轉，即意義從純粹客體向主體生成的挴轉。它的進步在於，「意義」從原來的「上帝之言」中解放出來，並進而成為詮釋者「我」的「精神個體性的形式」。

這樣一個轉變是如何發生的呢？當詮釋學長期停留於古典的「釋義學」階段時，它所做的一切努力就是索引上帝之言的原義，引伸開去即對原文本（最初是「聖經」）作準確無誤的理解，如果換成中國的解釋學術語則為「注經」。在這裏，「經」是重要的，它是絕對主體，相反，它的解釋者在它面前，反而成了被動的客體。所謂「我注六經」，即由我將潛伏在六經中的「微言大義」詮釋而出。由於「大義」先在於詮釋，所以詮釋只能是一種被動的尋找。事實上，這樣的詮釋並不存在，它必然或多或少表現為詮釋者對原文本的重構。比如《禮記‧大學篇》曰「致知在格物，物格而後知至」，這就是後來人言言殊的「格物致知」。朱熹認為，只有「窮究事物之理」才能獲知。王陽明則解釋為「格除物欲」方可獲致「良知」。而清代的顏元又把「格物」說成是「手犯」，即親手去做才能知至。以上三種大相徑庭的詮釋，到底誰完全符合經文中的原義呢？這本身

就是一個無從查考的問題。三種詮釋各有賦予，尤其是第三種，主體賦予的意味更明顯。這倒不是他們不肯老老實實地注經，而是以絕對客觀的原義作為詮釋的宗旨，原本就是一種不可能。

現代詮釋學敏銳地抓住了這種不可能，它乾脆放棄了對原義的追求，轉而探索詮釋如何生成意義。這樣，意義就不再是客體所有，而是詮釋主體與被詮釋客體交往的產物，並且詮釋主體的權重明顯大於其客體。一種比較極端的說法：文本不過是一次野餐，作者帶去語詞，而由讀者帶去意義。意義在這裏似乎偏鋒為僅僅是讀者的作業。儘管原文本的語詞邏輯不能忽視，但正如列寧稱謂：一個概念具有無限的含義（大義）。換言之，一個語詞就具有無限的解釋可能。因為詮釋意味著批評者和原來的語詞構成了新的語用關係，而意義恰恰就誕生於這種語用關係的再形成中。雖然，語詞還是那個語，比如上述的「格物」，但因為語用關係的不斷變化，其意義也就處在不斷的生成中，並且這種生成從未打上句號。否則，也就難以理解為什麼「有一千讀者就有一千個哈姆萊特」了。

馬克思所謂的「精神個體性」正是在這種意義的生成中顯示出來。非常有意思的是，意義好像是對文本對象的詮釋，但，實際上，它所詮釋的並不是對象，而是自己，自己的主體精神。或者說，詮釋就是主體以自己的精神行為去擴展和豐富對象的語義空間。而那語義空間的擴大，分明就是主體精神的擴大。後者既以前者作為自己本質力量的對象化，因而，它是從對象身上返觀並欣賞自己的成功。而其成功不過意味著，每一個意義的誕生無不是精神在自己的世界中完成了一次穿行、歷險和開拓。意義的豐富和精神的豐富是同步的，意義世界就是精神世界的存在表徵。人類精神世界從無到有，又從小到大，實際上就是人類對對象世界不斷詮釋的結果。因此，詮釋絕不僅僅是簡單的釋義問題，作為人文學科的一個關鍵字，它是理解人類精神產生和發展的樞紐。

　　個體作為精神發生的基礎，精神如果不是個體的，又是什麼？
這似乎是個不言而喻的問題。就是在那篇反檢查令的檄文中，馬克
思聲稱「我有權利表露自己的精神面貌，但首先應當給它一種指定
的表現方式！」這無疑是「把精神變為枯燥地記錄真理的檢查官」。
馬克思甚至對普魯士當局打了個比喻，你們既然不要求世界上所有
的花都散發同一種芳香，為什麼卻要求最具個體性的精神只能有一
種表現形式呢。精神形式的個體性在於，精神作為一種勞動成果是
可以群體共用的，但它作為勞動本身，即馬克思所謂的「精神生產」，
則必然是個體的承擔。並且，人類精神的總體發展，也只有來自個
體的獨特貢獻。當然，個體並不等於個體性。一味演繹別人，是個
體行為，但卻遮蔽了個體性。只有具備獨特的智性創造特徵，才是
真正的「精神個體性」。比如一位小女孩在「雪融化後是什麼」的問
題前，面對千篇一律「是水」的回答，她卻說「雪融化後是春天」。
這種獨闢蹊徑的詮釋是智慧的，也是詩的。它在它所形成的那個語
境中，不妨就是精神個體性的起碼表現。至於它的更高要求，則請
聽博爾赫斯老人的話「各人需要的科學、文學、藝術都得由自己創
造」，「每個人都必須成為他自己的蕭伯納、耶穌基督和阿基米德」
──這顯然是對「精神個體性」的最好詮釋。

　　精神、個體、創造，它們的連帶關係如此之緊密。意義形態以
意義的不斷生成追求精神個體的創造性，第三種批評力避一切既定
的知識話語，也同樣是為了突出精神的原創性。而詮釋，從古典到
現代，從為上帝之言釋義，到為精神自我立言，走的依然是一條推
陳出新的精神之路。然而，「精神的個體性」，說出來非常容易，做
起來卻又那麼困難。尤其在中國傳統文化的語境中，文化的倫理性，
倫理的斥異性，都使得中國知識分子在學術文化上難以呈現出屬於
他自己的「精神個體性」。以上曾述中國傳統文化的「經傳模式」，
這種模式註定了中國學術文化只能在「以經轄傳」的知識格局中延
伸著自己。在「傳」的層次上，不妨可以有學術的個體性，一經多

傳的情況並不少見。但，這僅僅是「殊途」，而「殊途」是為了「同歸」。「經」則正是它們的同歸之所。在「經」的層次上，就毫無學術個體性可言了。知識分子的任務不過是對「經」進行各自不同的演繹而已，他們是不可能越出「經」的雷池一步。問題是，在「經」的層次上一旦喪失了自我，或僅僅以「傳」作為對自己的知識定位，那麼，精神的原創性又在哪裡？然而，這樣一種弊病可謂積重難返，今天依然十分普遍。君不見，只要一個大人物說了一句話，哪怕是一句非常普通的話，馬上就會有眾多知識分子不厭其煩地為之論證。所以，一位英國學者在他的一本研究傅柯的著作的「序言」中，這樣評價中國知識分子「我相信，中國知識分子幾乎總是一股保守力量，一種神聖文本的詮釋者（共產主義革命並沒有改變中國知識分子的人格，而只是改變了被詮釋的文本）。」（《求真意志》p.3 阿蘭‧謝里登著　上海人民出版社 1997 年 1 月版）這位研究者分明帶有一種大西洋式的輕慢，但他所說難道不是真實的嗎？

三、個人話語：拒斥「總體性」

所以，「第三種批評」以精神的原創性作為自己的價值追求，它不是任何一種「神聖文本」的詮釋者，也不是「上帝之言」的代言人，它僅僅是一個「個人話語」的獨白者。無論「第三種批評」的多元性，還是意義形態的「精神個體性」，一旦落實到文本的層面上，只能是批評者秉異獨持的「個人話語」。反過來，個人話語不但是「精神個體性」的文本化，更是「多元性」的具體表現。如果沒有相異的個人作基礎，多元則類同於空中樓閣。

那麼，個人話語的具體含義是什麼呢？《墨子‧經上》曰「名，達、類、私。」就是說一個概念即「名」在外延上可以有三個不同的層次：達名、類名和私名。達名作為最廣泛的範疇，是一個普遍性的概念，比如「人」。類名小於達名，它是達名中的一個類別或部

分，其概念所示如「文人」。至於私名，外延最小，但內涵最富，它的所指就是具體的「個人」。所謂個人話語即指非達名和類名意義上的私名言說。私者，背公也。因而，私名言說與公理無關。換其言，個人話語既不以具有普世意義的公理作為自己的知識所有（亦即馬克思在那篇檄文中所說的「真理是普遍的，它不屬於我一個人」），同樣也不以公理的名義自居，動輒便以全人類的資格發言，以此去搶佔話語的制高點。它只是立足於一種個體本位，從「我」出發，而不是從公理出發，以詮釋的方式去探求人類精神世界的未知可能。

從達名話語到私名話語，或者從人類話語到個人話語，這其間的區別是明顯的。前一種話語顯示了它在知識總體性上的追求，其追求的認識論根據是，在紛繁萬物的對象世界之後，有一個作為「道」的普遍真理存在著，一旦以知識的方式把握這個「道」，那麼，整個世界也就一網打盡了。因此，知識的任務就是通過對「道」的發現，使其話語具有真理上的普世性。不難看出，這實際上就是以上「萬物歸於一」的一元論思想。一元論認為世界歸根到底是一元性質的，因而，當它訴諸於相應的知識形態時，其知識話語在本體論上，也是一元的。它的座右銘就是上面那個「一言以為天下法」。

轉從「知識社會學」的角度，達名話語對知識總體性的追求實質上就是對「知識權力」的追求。達名話語的對象外延是無邊的，所以，它的話語權力就是無限的。知識，無論是科學知識，還是人文知識，都無法擺脫權力因素的左右。尤其是人文這一塊，從它誕生的第一天起，就和權力結下了不解之緣。科學知識畢竟還受支配於客體對象，人文知識的純粹主體性本來就是由內而外的，它無需經由客觀對象的衡量和檢驗，這樣就更增加了其中的權力比重。儘管傅柯的「知識就是權力」已經成為知識界的金言，但真正對這句話作出詮釋的卻是知識分子自己的知識行為。當黑格爾聲稱理性就是世界的普遍規律時，知識分子對理性的追求很難說不是為了其中的理性權力。於是啟蒙運動的知識格局亦即「我啟你蒙」也就不難

理解了，在理性的權力面前，除了那些可以代表理性發言的人之外，他人不過是其話語上的受洗者。因此，對追求達名話語的知識分子來說，「一身而為百世師」，無疑是他們的潛在願望。

與之相反，對作為「第三種批評」的個人話語來說，「總體性」非但不是知識上的追求，而且恰恰是它需要拒斥的對象。它之所以對西方話語和傳統話語採取雙重超越的姿態，蓋在一定程度上，是因為這兩種話語各自都體現出一種「總體性」的知識內傾。傳統話語在它的發展初期，雖然表面上呈現出所謂「百家爭鳴」的氣象，但，百家爭鳴實際上是百家爭「霸」，誰都想獲得一種「總體性」的話語支配權。迄自儒家佔據知識的統治地位之後，中國學術文化的發展再也沒有超越出以「道德倫理」為其總體性的知識格局。同樣，西方話語在歷時性的發展中雖然面目多異，但，它們的知識範式卻表現出強烈的共時特徵。從古希臘到現代，以「邏格斯」為中心的知識格局一天也不曾改變過。所謂「邏格斯」，《簡明不列顛百科全書》的解釋是「指蘊藏在宇宙之中、支配宇宙並使宇宙具有形式和意義的絕對神聖之理」。作為西方知識話語中的一個經典概念，「邏格斯」的「總體性」在於，儘管它的能指不斷變化──如在柏拉圖那裏是「理念」，中世紀是「神」，黑格爾那裏是「絕對觀念」，啟蒙以來是「理性」；但，它的所指卻像「看不見的手」一樣，以一種不在場的方式牢牢地支配著所有的在場物。並且，這種狀況已經歷沿兩千年之久。由此可見，「第三種批評」對西方話語和傳統話語的拒斥，在這裏就邏輯地轉化為對「總體性」的拒斥。更具體地說，它所拒斥的與其是這兩種話語，毋寧是它們在知識上所蘊藏著的「總體性」的訴求。相反，無論西方話語還是傳統話語，如果僅僅在知識資源的意義上，則不妨可以成為「第三種批評」的話語借鑒。

個人話語所以拒斥「總體性」的知識話語，在認識論的層面上，是緣於它對「總體性」的本能的懷疑。在它看來，世界的多元構成並非僅僅就其現象而言，即使從本體論上來說，世界也只能是多元

的。這就是說，在紛繁各異的世界表像之後，並不存在什麼既可以誕生一切又可以統攝一切的「道」或「邏格斯」，兩者完全是人文虛構的產物。虛構所以發生，除其認識論的偏差外，又與權力不無關聯，甚至越往後則越發成為純粹的權力話語。所以，「第三種批評」自覺地回避那種大包大攬的總體性知識，它堅持認為，這個世界即使有真理存在的話，也只是定位於或立足於某一角度的，不可能有什麼全方位的和普世的真理存在。因此，任何人、任何一種話語，對真理的言說總是有限的。尤其是在與自然科學和社會科學不同的人文學科內，真理已經不是出於認知，而是一種智性的言說。因而，「普遍性真理」云云除了具有權力的意義外，沒有其他任何價值。鑒此，個人話語就不再以個人的名義來宣喻普世的真理、體現總體性的知識；而是在它們之外，尋找新的角度、發現新的問題、研究新的可能、力求新的建構。這裏必須強調的是，個人話語對達名話語的反對是先在的，否則它無從誕生自己。但，當它的話語誕生之後，則應當警惕，不要把自己的話語擴張為一種新的知識總體性——這已經成為知識產生中的一種習而不察的權力慣性。「第三種批評」必須自覺抵制這種慣性，不然，以自己的「總體性」代替他人的「總體性」，不啻是使作為個體的自己變成一種「普遍主體」，而此舉恰恰是對多元個體的取消。因為「總體性」與「一元論」在知識邏輯上是一致的。

就個人話語的「知識社會學」而言，它實際上並不對權力持完全排斥的態度。「知識就是權力」首先是一個事實判斷，而非含有貶義的價值判斷。並且這個判斷無疑具有一定的合理性。知識為什麼不可以成為一種權力？無論在知識的追求上，還是在它的運用上，權力之於知識都是必要的。個人話語只是反對「有限的知識，無限的權力」，相反，在「無限的權力」面前，它對每個人所應有的話語權則格外注重。這裏有兩種類型的知識分子值得注意，一是傳統意義上的知識分子，作為「神聖文本」的詮釋者，由於他們把自己整

個融化在神聖文本中，因此已經喪失了知識上的自我。另一則是現代意義上的知識分子，他們常常是「上帝（理性）之言」的代言人，說話就是宣喻真理，且動輒帶有道德上的裁決性，這是一種公理化身的形象。對個人話語來說，上述兩種知識分子都是它所難以認同的，前者「無我」，後者「超我」，雙方無不是對「自我」的背離。因此，個人話語乃是這樣理解「知識就是權力」，對「無我」來說，它是爭取自我的權力，而對「超我」來說，則又應轉化為恪守自我的警惕。對此，明張岱《夜航船・序》中那個「一士一僧」的學術幽默倒是頗能說明問題的：「昔有一僧人與一士人同宿夜航船，士子高談闊論，僧畏懾卷足而寢。」這情景分明是「知識即權力」的形象註腳。那個高談闊論的士人給人的感覺，是無所不知，這不妨是一個具有知識總體性的形象。而僧為其氣勢所懾，故連腳都不敢伸直。在知識的權力面前，他處於沈默的「無我」狀態。但，「僧聽其語有破綻，乃曰『請問相公澹台滅明是一個人，是兩個人？』士子曰『是兩個人。』僧曰『這等，堯舜是一個人，兩個人？』士子曰『自然是一個人。』」僧之所遇，顯然是一個粗疏又荒唐的陋儒，此處亦不妨看作是知識總體性的破產。好為人師者終於被人捉住了「阿克琉斯之踵」。於是，「僧人乃笑曰『這一說起來，且待小僧伸伸腳』。」知識即權力，到這裏，就是小僧伸伸腳的權力。他終於從「無我」狀態中走了出來，獲得了「自我」應有的空間。然而，故事結束了，意思卻未盡然。從個人話語的價值立場來看，那位僧人在獲得伸腳的權力後，是不必讓士人「卷足」的。誰都不應成為總體性空間的獨霸者，或者說，誰都有擁有一定空間的權利。因此，個人話語在「神聖文本」面前力爭個人的「話語權利」，但卻反對把自己的話語權利變成像「上帝之言」那樣的「權力話語」。

由於在「第三種批評」的個人話語之間，既沒有統一的本體論，也沒有一致的方法論，因而它的主張不免遭到一些問難，比如筆者的「個人話語」就面對過這樣的詰問「學術話語怎麼可能是個人性

的呢？個人性又如何交流呢？」（參見《文論報》1997 年 8 月 1 日
陳曉明文）前一問自不成問題。學術雖為天下之公器，但學術話語
在其產生之初，如果不是個人性的，又是誰的，這正如「理念」之
於柏拉圖、「此在」之於海德格爾。那麼，個人話語能否進行交流呢，
這倒是一個真正的問題：即知識話語之間如何交往。筆者堅持認為，
交往只有發生在個人話語之間，才是真正的交往；否則是「偽交往」。
交往的形成是「共識」，但，共識形成有兩種情況，一種是對話式的，
它的基礎是平等，正如責問者自己所說「學術話語總是在多方爭論、
商談、流通過程中才得以展布傳播」。另一種共識則無平等可言，它
固定表現為一方言說，一方聆聽。這是一種灌輸式的共識。針對後
一種狀況，利奧塔德指出「共識是一種社會系統的構成要素，它操
縱社會並維持和增強其操作效果。」因而，「共識的唯一作用，是成
為一種用於實現真實目標的手段，所謂真實的目標就是能使體系合
法化的力量──也就是權力。」（《後現代狀況》p.178 湖南美術出版
社 1996 年版）這樣兩種共識，「第三種批評」的選擇無疑是前者，
但它如果沒有個人話語的介入，交往則無以展開。所以，話語的個
人性是學術交往的必要條件。不然它就是第二種共識了。第二種共
識是排斥個人性的，它是出於權力的需要，其任務則是統一思想。
因此，這樣的交往，實質上是「偽交往」和「反交往」──當然，
如果認為交往的前提是平等的話。

第十六章　天之下、地之上、神之前

——意義形態與形而上學

一、「天地神人」的四維空間

　　不妨再次重複我自己不止一次說過的比喻。就一個社會有機體而言，如果大眾是社會的「感官」，知識分子就是它的「大腦」。就感官所形成的文化即大眾文化當然是消費性的，筆者借用昆德拉的概念稱其為「意象形態」，茲不再表。然就大腦所形成的文化則是所謂的人文了。感官是器，形而下者之謂器，那麼，作為這個有機體的大腦，它的知識運作就不是形而下，而是形而上。因此，和大眾文化對應的知識分子文化是一種形而上學，筆者姑以名為「意義形態」。換言之，意義形態也就是形而上的人文形態。這個形態的知識內容，主要涉及哲學文學美學宗教學等人文學科。

　　在「人文」、「意義形態」、「形而上學」之間，人文即人的精神之文，它是對意義的有關闡釋，因此，意義形態和人文在概念上是互通的；但它又如何達之於形而上學，就並非以上一個「腦」的比喻所能解決。它還需要一系列的知識上的闡釋。這樣的闡釋，不妨從海德格爾構成世界之四元的「天地神人」談起。海德格爾認為：人居住在世界之中，構成這世界的不僅是人，而且還有天、地、神。它們作為「四元」，即是對峙的，又是統一的。用他自己的語言：「大地和天空、神聖者和短暫者同時居住在一起。這四者在一起，由於它們自身屬於一起。先於現身的萬物，它們進入了單一的四元。」（《詩 語言 思》，下引同此書）至於這四元，海德格爾又這樣描述：

「大地是承擔者，開花結果，伸展成石頭和水，產生了植物和動物」。「天空是太陽的天穹軌道，是月亮變化的道途，有星星漫遊閃爍，一年四季更替」。「神聖者是神性召喚的信使。在神性的神聖統治之外，神在他現身時出現或在隱蔽時隱去」。「短暫者就是人類存在。他們稱為短暫者是因為他們會死。去死意味著能夠作為死亡而死亡」。

可以看出，海氏對「四元」的闡釋充滿了詩意，它不是「論」而是「思」。思之後，海氏又這樣做了概括：「這種大地和天空、神聖者和短暫者的純然一元的轉讓的反射活動，我們稱之為世界。」因此所謂世界也即天地神人的「純然一元」。它們的彼此物化正是世界的有機構成。顯然，人在四元中的地位舉足輕重，它位於「天之下」、「地之上」、「神之前」。作為一個短暫者，它雖是四元之一，但卻是其中唯一能夠體現「存在」意義的「此在」。海德格爾哲學大要便是「此在」在四元之中「詩意地棲住」。那麼，如何達於「詩意」，這不妨看作意義形態和形而上學之間的一個問題。

不妨告別海德格爾的論述，轉從有關這四元的「知識學」角度重新打量天地神人的關係。它以人為其本位，試圖通過知識學科上的對照，從而給出意義形態的形而上定位（此其一）；然後在定位的基礎上再行深入，揭示意義形態作為形而上的詩性性質（此其二）。

二、意義形態與形而上學

人在世界中所對應的是天地神，那麼圍繞人所形成的知識大抵也是在人與天地神的相互對待中產生。天地神雖然是一個「三元」的存在，但卻可以從中劃分出兩個知識系統。當人頂戴著天的時候，又必定踐履著地。所謂天乾地坤、天圓地方、天覆地載、天玄地黃之類，適足以說明當天地自成對應時可以是兩回事，而當它們與人形成對應時又是一回事。並且無論天與地，俱可以視為自然實體，

它是一種可以證實的客觀存在。仰觀天象，俯察地形，由此形成相
關於天地之際的知識，即自然知識。神則不然，它之並列於天地但
又不廁身於天地，乃在它壓根就不是可證實的存在，而是人類信仰
中一種隱密的力量。因此，從實然存在的意義上，神的存在是一種
虛無。關於它的知識乃是非實在意義上的信仰的知識。如果我們把
地涵容於天，把天地之際的自然知識稱其為「天文」，那麼有關神之
信仰的知識則是「神文」。相對此二者並與其鼎足而三的，就是人關
於其自身精神上的知識，可以稱之為「人文」。由此可見，天地神人
的四元空間在知識劃分的意義上，已經三維化了，它存在著彼此對
待的三個知識系統，並且各自存在著不同的知識屬性。「神文」的問
題且待下一步展開，這裏，需要把握的則是「人文」與「天文」的
相互對待。

　　《易‧賁》曰「觀乎天文以察時變，觀乎人文以化成天下」。這
裏的天文即「天象」，通過對它觀察可以瞭解天時的變化，有關天的
知識逐漸在感知中形成，其系統化的結果就是作為知識形態的「天
文」。此「天文」非彼「天文」。一則為知識之結晶，一則為自然之
現象。由於知識結晶正是從自然現象中析出，因此有關「天文」的
知識是「科學」。「人文」不然，它是一種精神現象。當「天文」作
為「自然之鏡」，它則表現為「精神之燈」。因而它的知識不是反映
性的，而是照亮性的。它照射著幽深玄遠的人性遂道，從而使其獲
得教化上的改觀。因此，所謂化成天下即指人文的功用，通過對它
觀察，則可知天下的化育程度如何。漢孔穎達疏《易‧賁》時對「人
文」的闡釋是「詩書禮樂之謂」，可見人的精神孕化和人性培養，乃
是通過詩書禮樂的潛移薰陶。這樣一種知識，其所指不是自然外物，
而是人的精神與人性，故「人文」在此區別於「天文」。它不表現為
「科學」，而是一種「玄學」。何謂玄學？在知識的形成上，正如現
代大儒張君勱說：「玄學之名，本作為超物理界超官覺解釋。惟其有
此解釋，於是凡屬覺官以上者，概以歸之玄學。」（《精神自由與民

族文化》編序）玄學的要秘在於它的超覺官性和超經驗性，其知識
生產無需經由經驗歸納，而更多以思辯的方式完成。因此，思辯作
為它的知識特性，玄學等於形而上學。

形而上學，一個危險的哲學詞。它在本世紀蒙塵已久，聲譽不
佳（儘管有過昔日的輝煌）。從哲學的驕子幾乎變成哲學的棄兒，它
可曾對自己作過必要的反思？此刻當筆者把意義形態定位為一種形
而上學時，富有反諷意味的是，工作卻需要從反形而上學開始。

什麼是「形而上學」？這本來是個十分地道的中國詞，但總給
人來自古希臘的錯覺。錯就錯在它的語文理解，當然，這是一個「精
彩的錯誤」。有「百科全書」之盛稱的亞里斯多德寫下了大量有關自
然科學和哲學的著作，鑒於當時學科尚未分化的狀況，亞氏自己稱
研究自然界中可感實體運動變化的科學即「在」的科學為「物理學」，
又稱「第二哲學」。而把那些研究「作為在的在」的科學即研究實體
運動變化之原因的科學稱之為「第一哲學」。亞氏死後，西元前一世
紀的安德尼祿柯把亞氏自稱為「第一哲學」的著作編輯起來，書名
為「ta meta ta physica」，意即「物理學之後」。應該說這樣的書名只
具書目編排順序的意義。然而我們卻撇開它的直接語義，偏偏從古
老的《周易》裏用出一個「形而上學」來意譯它。其翻譯命名與安
德尼祿柯的編輯命名之不合，是顯而易見的，所以這是一個錯誤。
但它的精彩在於，任何翻譯本質上都是一種闡釋，而這種闡釋雖然
在語文上不符安德尼祿柯，但在義理上或理解上更契合亞里斯多
德。「物理學」和「物理學之後」僅僅是一個編排順序的問題？是否
可以覺知隱藏在這個順序之中的知識上的不平等？很清楚，亞氏自
己把那些有關「在」的科學稱為「二哲」，但卻把研究「在之在」的
科學置於它之上，使之成為支配性的「一哲」，因此這第一與第二不
僅是自然的順序，更是一種知識上的位別了。地位的差別是因為二
哲只研究具體的「在」，而「在」又為什麼「在」，它卻回答不出，
只有轉身去求助一哲；而後者又當仁不讓地大包大攬了「在之所以

在」這樣有關終極根據之類的問題，它以解決萬物始原或世界本體為己任。因此，在對世界認識的「知識譜系」中，它是一種最高級的知識和絕對知識，只有在它的基礎上才能解決二哲中具體知識的問題。面對這樣一種知識霸權（或領導權），「形而上學」的對譯不僅聰明，而且準確。你無法在浩如煙海的漢語辭彙中找出更合適的詞來取代它。《易‧繫辭上》曰：「形而上者謂之道，形而下者謂之器」。這既是一種關於對象世界的劃分，也是有關對象世界不同知識構成的區別。世界在此一分為二，當它現出自己的身形時即為器，即為萬物。但萬物不是自因的，在器之後或形之上還有使物所以為物或形所以為形的「道」。道與器不但兩開構成了物和物的終極根據，而且也相應形成了兩套不同的知識系統：器的知識與道的知識。可見，所謂形上與形下的關係分明就是亞氏的第一與第二，用古漢語的「形而上學」來對譯古希臘的「第一哲學」，的確是精彩。

　　然而，精彩的錯誤終究是錯誤，對譯得越是神似，越足以說明它們的「錯」──這是中西哲學共同的或曰同步的並且是歷時已久的錯。首先是知識命名上的錯亂。有關「在」的知識分明是科學，但又被說成是「第二哲學」；「在之在」的知識固屬哲學，卻被尊為「科學的科學」。此種反串如果僅僅反映了當時學科之不分，尚可諒解；不可原諒的則是作為「第二哲學」的科學與作為「科學之科學」的第一哲學在知識譜系上的不平等。哲學憑什麼超乎科學之上？形而上又何以支配形而下？形而上學自恃它是關於世界本體的知識，這是一種「大全」的知識。但問題在於，如果世界並沒有什麼本體存在，也沒有什麼形而上，那麼，形而上學豈不成了大而無當？正是在這裏，不難看到形而上學在知識內容上的錯亂。當它越是把本體之類的知識闡釋得那麼煞有介事，則越現其哲學本身的天真、幼稚與譫妄。事實恰恰如此，天真幼稚不僅構成了哲學發展的第一波即它的「本體論」階段，並且更由於它的譫妄──試圖以一種整體的普遍的知識來解說世界，從而極大地阻礙了自然科學的發展。例

如，中國的形而下學的持續落後，就與它所深受形而上學（當然，東方的形而上在知識內容上不同於西方）的壓迫不無關係。

哪裡有壓迫，哪裡就有反抗。「反形而上學」，終於逐漸成為近代以來的哲學主潮，同時也成為意義形態在進入形而上學時所率先表明的態度。意義形態並不急於奔赴世界本體、終極之類的制高點，它在力攀人類自身精神所能達到的高度的同時，自覺地對那制高點持有本能的懷疑。另外，意義形態作為人類在精神上的自我言說，它很清楚自己的工作範圍，並且謹慎地恪守自己的有效邊界。它從不企圖像傳統的形而上學那樣認為自己能夠建立一種絕對的普遍有效的知識，從而把整個對象世界一網打盡。因此，在自己成為一種形而上學之前，意義形態和那種反形而上學的哲學思潮暫時成了「同路人」。不妨讓它們彼此走一段試試吧。

近代以來，由於數學與經驗主義的聯姻使自然科學獲得了長足的發展，它從一開始就撼動了形而上學的存在根基。可以說自然科學每前進一步，形而上學就相應地退後一步，經過幾百年的滄桑變化，可以看到的是，二十世紀的知識譜系在整體框架上幾乎翻了個。作為科學之科學的形而上學不僅從知識霸主的地位上一落千丈，而且差點被吊銷自己的存在權力。相反，一直蒙受壓迫的科學終於徹底翻身，它成功地顛覆了形而上學的權威，並且從容自得地取而代之，以至形成一種同樣充斥著知識霸權意味的「科學主義」。在這個「主義」的威懾下，幾乎所有的知識都力圖頂戴科學的冠名，彷彿不如此則不足以證明自己的存在合法性。甚至就連無法科學的「人文」為爭得一張「科學」的「綠卡」也不得不低下高貴的頭，所謂「人文科學」從稱謂到論證無不表徵了這一點。然而，從古典時代的「形而上學」到近代以下的「科學主義」，儘管就其實質，乃是一種知識上的不平等轉化為另一種形式的不平等，但後一個不平等既屬「造反有理」，又確實抓到了形而上學那致命的「阿喀琉斯之踵」。作為反形而上學的重要理論支撐，從孔德、羅素、維特根斯坦一直

到維也納學派的石里克等人，他們持續地對形而上學進行實證性的批判，「拒斥形而上學」幾乎成為他們的共同的座右銘。在他們看來，形而上學所以必須拒斥，倒不在於它的命題正確與否，而是因為它的「無意義」。這等於說形而上學不是「不對」，而是連犯錯誤的資格都沒有。它根本就不是可用「是」與「非」來判斷的問題，而是十足的「偽問題」。一個「偽」字，倒也蛇打七寸。試想，世界如果壓根就沒有「本體」的話，你又如何判斷定有關它的命題是對與錯？所以你只能從根本上拒斥這個問題。這裏，駁方運用的乃是科學主義的「證實原則」，當形而上學不能夠像科學那樣在命題上被證實時，它立刻就被證偽了。對於不能談論的事情，我們應該保持沈默：維特根斯坦的這句話幾乎成為形而上學的死亡判決書。

但，事情正在起變化。當科學一變而為「科學主義」時，它就把事情做過了頭，它可以「斥」形而上學，但卻不應「拒」形而上學，因為它沒有權力剝奪一門知識學科的存在資格。意義形態在反形而上的問題上雖然充當了一個「同路人」，但在同步了這一段路程之後卻發現了科學主義的問題。是到了分道揚鑣的時候了。可以這樣表達意義形態的當下姿態：伸出自己的右手，反「形而上學」，再伸出自己的左手，反「反形而上學」。它試圖在這雙重之反中逼出屬於自己的形而上學。科學主義和形而上學犯了一個共同的錯誤：都試圖以自己的知識及其準則無條件地支配對方。意義形態既反對形而上學用「終極」之類的知識來壓制具體的科學知識（因為終極並不存在），也同樣反對科學以「證實原則」來否定形而上學的存在意義（因為證實並非知識的普世原則）。然而當形而上學被科學擊潰之後，意義形態又並不是盲目地「拯救形而上學」，而是要「重建形而上學」。重建的可能性在於人類本來就存在著一種形而上的衝動。這是《聖經》的記載：古老的猶太人，亞當夏娃的後代，挪亞的子孫，他們在漫長的遷徙中來到了兩河流域的示那平原，那坦蕩如砥的大地使他們萌生了一個偉大的願望：造一座通天之塔。於是他們彼此

呼喚:「來吧,我們要建造一座城和一座塔,塔頂通天,為要傳揚我們的名,免得我們分散全地上。」這就是著名的創世典故之一「巴別塔」,塔的本身便是人類形而上衝動的外化與象徵。然而這樣一種形而上的神話卻一再地被後人誤讀。明明是人類主體行為和精神追求的形而上,但它長期以來卻被認為是隱藏在世界之後的某種東西。該死的哲學!世界根本沒有形而上,它也不需要形而上。形而上自來便屬於人,只有人才需要形而上,因為人不願像動物一樣俯伏在地。所以形而上學的重建,首先就是形而上之根基的重建,它必須讓形而上的基礎從客體世界重返主體自身,這是形而上學內部的一場「哥白尼革命」。那麼,意義形態由主體指向所構成的形而上學就迥異於以往客體指向的形而上學,後者力圖尋求世界之後的所謂本體,前者卻專就人類精神在智慧上攀高。因此,意義形態並不希冀對世界作出終極性的權威的闡釋,它務在以精神的言說形成其所謂「人文」,從而使人類的精神世界在「巴別塔」的高度上不斷攀升。

「總把新桃換舊符」,當意義形態完成了形而上學的內部轉換之後,以一種自新的面貌出現在科學面前,但它依然難以獲得科學主義的認同。科學主義完全可以認為形而上學的內部革命是換湯不換藥,因為意義形態的知識對象同樣是無從證實的,由此也可以推定,它的知識沒有「意義」。意義在這裏不幸成了「實用」的代名。因此,正是以「意義」自許的意義形態在反形而上學之後又必須代表形而上學迎接來自科學的挑戰。這樣的挑戰其實是由來已久的「天文」與「人文」的對立關係在新的歷史條件下的繼續。在上述天地神人的四維空間中,天地一體,構成人的認識對象,叫做「自然」。因此,「天文」知識是自然知識,又叫「科學」。人文知識是一種精神的言說和現形,它不以認識對象為己任,所以不是科學。但在哲學的「本體論階段」,人文錯為客體形而上學對「天文」形成了壓抑。於是,在哲學的第二波即「認識論階段」,隨其科學自身的成熟,「天文」

又狠狠地報復了「人文」，甚至要把它逐出知識的伊甸園。然而，正如霍克海默對形而上學和科學主義所作的批評：「形而上學向人類提供不能用科學手段證實的存在並借此而用希望餵養人類，這的確是錯誤的；但當科學自以為是唯一的知識和理論、當它甚而至於蔑視哲學即蔑視一切對待科學的批判態度時，它也的確變成了素樸的形而上學。」（《批判理論》p.176）「素樸的形而上學」即指哲學早期階段的形而上學，它表現為一種知識霸權。儘管科學在炮打形而上學時可謂中其要害，但卻是「歪打正著」，其「歪打」在於，以「證實原則」來質詢形而上並以此作為一切知識的衡量，這本身就是一種強權邏輯。因此，意義形態反「形而上學」，要在反對那種一仍舊貫的強權邏輯（其實，這個邏輯的立足點並不穩固，科學的證實性本身還有待證實）。當科學試圖用「證實」作為對人文知識的要求時，便混淆了不同知識之間的不同的「遊戲規則」。而遊戲規則之間的不可通約性又常為人們所忽視。作為兩種不同的知識系統，撮要而言，「天文」的知識對象是外在的、既定的；「人文」的知識對象則相反，它是由人的精神自主地構造出來的。「天文」之類的知識具有認識性，它的存在是為了認識自然；人文知識則並非為了認識什麼精神，而是體現精神、甚至生產精神。在比較的意義上，「天文」作為科學知識與其對象是兩分的、對立的；「人文」與其作為對象的精神原本是一體的、互文的，它本身就是精神的表徵。「天文」是人對茫茫宇宙的認識追蹤，「人文」則是人在意識荒原上的開拓。「天文」所要改變的是客觀體自然，「人文」改變的則是自然主體。「天文」的能動性在於主體根據經驗歸納從而形成知識，「人文」的能動性則是主體以其精神智慧直接創造知識。因此，當「天文」必須遵循外界自然的因果律時，「人文」則服從的是內在精神的外化需要。「天文」重在自然的認識程度，「人文」追求的是人性的化育程度。相對而言，「天文」的知識是「理解型」的，即循對象之「理」（規律）而析解，「人文」的知識則是「詮釋型」的，它緣精神之思而獨白。因此「天

文」是一種科學，而「人文」則是非科學意義上的學科。依其上，當「人文」與「天文」存在著如此之多、如此之大又如此之複雜的差異時，這次第，又怎一個「證實」了得。科學主義的證實原則即使是真理，但它一旦僭越界限而企圖放之四海，就暴露了它的偏見與盲視。

在以上「人文」與「天文」的不同對待中，意義形態的輪廓也見其大端。那麼是否可以根據它們之間亦即意義形態與科學之間的關係、從而明確意義形態的知識定位呢？概其言，它們之間的關係乃是「形而上」和「形而下」的關係。科學知識雖關「天文」，但正如尼采所言：「科學──為了支配自然而改造自然的概念──屬於『手段』這一部類。」（《權力意志》p.138）所謂手段乃就實用需要而言，即科學的存在本身和發展是服務於人的「身」的需要，因此，它不妨是形而下的。「人文」作為精神的外顯，因其精神本有的「巴別塔」衝動即「向上的趨求」，這種趨求非關人之「身」而系於人之「心」，此它是形而上的。這裏，形上與形下主要是依據人的身心關係作劃分，劃分的結果僅僅表示知識方位上的區別，而絕不意味著知識地位上的等第。知識無等第，正如身心無等第。誰都無法斷言「天文」知識和「人文」知識哪一個對人更重要。當科學通過認識滿足人類物質發展的無限需要，意義形態卻通過意義的言說顯示人類精神發展的無限可能。因此作為形而下的「工具理性」和作為形而上的「價值理性」亦即「意義理性」只能是平等的對待。當工具理性一旦排擠和壓倒意義理性時，或者相反，它們之間的平衡就被打破，社會就偏向「單向度的發展」。比如當下，正是一個工具理性幾欲支配一切的時代。面對這個時代，意義形態以「人文」的身份重返形而上，它試圖以一種自新的面貌再造人類精神的「巴別塔」。

三、形而上學：神性與詩性

意義形態在人的身心關係中定位為形而上，只是問題的第一步。形而上是無限廣闊的空間，人類精神在其中朝不同的方向發展，也就產生了不同的形而上學，甚至每一個人都可以產生自己的形而上學。但如果從知識分類的意義上說，自哲學有史以來，形而上學大抵只有兩種：神的、或非神的。此即「神文」與「人文」之區分。在以上海德格爾的「天地神人」的四元中，本文已經闡述「人文」與「天文」的對待關係，現在不妨邁出第二步，再行討論「人文」與「神文」的對舉。如果說，「人文」與「天文」是形而上和形而下的區異，那麼「人文」與「神文」則是形而上之間的差別。質其言，神文也是一種人文和形而上，但卻是需要本文加以拒斥的形而上，因為它以其異化了的神性遮蔽了精神的詩性。所以，意義形態在這裏的問題已經是：需要一個什麼樣的形而上。

在〈意義形態〉一文的結尾，曾約略這樣說過：意義形態追求人類精神的向上發展，但向上不是皈依上帝，因為人文的追求是精神的詩性而非神性。然而，當本文試圖繼續申述這一問題時，卻不能不面對著人類形而上世界幾乎為神性所壟的基本事實。這一事實，由來已久，不僅橫跨一個漫長的中世紀，而且可以上溯中世紀之前而直指古希臘，又向後歷延其久甚至直下本土剛落幕的人文討論。就形而上學本身言，由於它一開始就把世界分成上下兩個層面即現象層面和本體層面，並且又把本體說成是現象得以產生的原因，於是本體實際上就在扮演一個神的角色了。因為神才具有派生一切的本原性。形而上學最初形成於柏拉圖，不但他自己認為形而上學向神學發展是一種必然，而且他的「理念說」實際上就相當於希臘神話的創世說。希臘神話包括創世神話是希臘哲學的精神母體，混沌的創世之神在神話的表像中逐漸被提升為哲學上的「本體」。這種本體在最早哲學家泰勒斯那裏是「水」，在阿拉克西曼德

那裏卻又變成了無以名之的「元質」。前者是具象的，後者是抽象的。在以後諸多有關世界本源的描述中，本體一直在具象與抽象之間變換自己的身份，但抽象逐漸占了上風。一直到柏拉圖的「理念」問世，也就形成了抽象本體與具體現象之二分的形而上學。雖然柏氏的「理念」不以神的名字命名，但它卻具備了神的功能。複雜在於，形而上學雖然內含著神的影子，但它恰恰又是人的理性成熟的表徵。從神話表像到事物具象又上升到一般的抽象，正是理性本身的形成與發展。因此辯證地說，古希臘形而上學在建構上是理性的，而非神性的；但在終極指向上，它又是神性的、而非理性的。或者理性在此等於神性（作為西方哲學基石的「邏格斯」同時意味著神，理性、說話）。為何出現這樣的悖反？這是因為形而上學的立足點搞錯了。當它的立足點不是人、人的主體自身而是物的客體世界，並企圖為這個世界找到那本不存在的終極原因時，理性走向神性就是它的宿命。事實正是如此，中世紀的神性形而上——如果撤去外在的社會歷史因素而專就其知識理路言——正是以柏拉圖的哲學並經由新柏拉圖主義的衍化為其遠因的。新柏拉圖主義融匯了柏拉圖、畢達哥拉斯、斯多噶學派的一些因素，並使其神密化。它的代表人物普羅提諾「改寫」了柏拉圖的理念說，認為從一種精神性的「太一」那裏流出理性，然後又流出靈魂，最後流出世界。這種源自柏拉圖的「流溢說」後來成為基督教中聖父聖子聖靈「三位一體」理論的胚胎。所以奧古斯汀認為古希臘哲學中沒有比包括柏拉圖在內的新柏拉圖主義更接近基督信仰的了。

　　以上大略是中世紀神性形而上學往前溯的情形。掠過眾所周知的神學形而上占統治地位的中世紀，在神學本身受到顛覆性的打擊之後，形而上學的命運又如何呢？首先是理性獲得了極大的權威，它取代了上帝成為萬事萬物的仲裁，任何事物都必須在理性的法庭上為自己的存在作出辯護或者放棄存在的權力。如果說古希臘哲學經由理性走向神性，那麼近代以來，哲學發展雖以「認識論」為主，

但正是過份強調理性對世界的認識能力，從而使理性自己又走向一種形而上學並變相為神性。當然這是就「唯理主義」一路而言，至於近代哲學的又一脈「經驗主義」無疑是反形而上學的，它為日後的孔德等人對形而上學的攻擊預先埋下伏筆。因此形而上學的命運在近代以來實在判如兩途，一邊是拉入谷底，另一邊則是推向頂峰。前者在以上科學主義向形而上學發難的描述已經看到，不再詳表。後者即唯理主義一途堅信用理性演繹法能夠建立關於世界之本質的絕對知識，這種「巨無霸」式的認識其實已經先在地本體論化了。因為絕對知識建立的前提乃是所謂世界本質之類的東西必須存在，然而，與其說它是實存，不如說它是以一種「本體論證明」的方式而存在。亦即，與其說理性能夠認識世界的本體，不如說它以理性論證的方式構造了這種本體。理性既然有如此的偉力，它與上帝也就沒有什麼區別了。因此，面對「所有這些思想家都同樣強調理性的卓越之處」時，羅素很清醒地指出：「法國大革命廢除了占統治地位的宗教之後，又創造出一個上帝和專門為它設置的節目」（《西方的智慧》p.317），這個上帝就是理性。理性的神明化到了黑格爾那裏發展到極致，它搖身一變為「絕對精神」。這時，哲學乃在更高的層次上重複了柏拉圖，除了論證上的擁有更精緻更周密的邏輯思辯外，「絕對精神」與「理念」如出一轍，而這個「轍」所追蹤的正是「神」的腳印。黑格爾對此並不諱言，他認為哲學除去上帝之外沒有別的對象，因為哲學本質上就是「唯理的神學」。在此，理性已經徹底地神性化了。作為理性形而上學神性化的一個反證則是尼采，他的「上帝死了」的宣言既指基督的上帝，亦指近代以來分明上帝化了的理性。在他那裏，神性形而上和理性形而上簡直就是一個東西，兩者都是需要革命的對象。作為理性形而上神性化的另一個側證則可以不久前的人文討論為例，只要注意到討論越到後來神學辭彙越風靡就可以了然這一點。諸如「信仰」「終極關懷」「彼岸」「拯救」「救贖」之類的辭彙人們已經耳熟能詳，如果一旦失去這些辭彙，

那麼，「人文」在表達自己時就顯得力不從心。事實上不僅人文討論，長期以來人文辭彙都有一種泛宗教化的傾向。這並不僅僅是一個辭彙的問題，神文辭彙充斥於人文知識譜系，適足以說明人文的神性化程度。

拒絕神性：意義形態的基本立場。雖然神性的存在對於西方文化傳統來說自有它的合理性，但意義形態卻不想就此將人文與神文相淆。因為意義形態的使命是追求精神上的「智慧」而不是「信仰」。儘管信仰對當下這個技術發達、消費盛行的物化時代具有一定的療治作用，即用「神性」引渡「物性」；但在意義形態看來，神性的信仰和物性的沉淪都是「存在的歧途」。沉淪於物性自然遮蔽了精神，信仰一旦把精神引向了神，那麼神也就成了精神的遮蔽。在神的絕對權威面前，精神只能是一個盲從的婢女。信仰固然能給人帶來神聖感，意義形態卻又不需要任何意義上的神聖。神聖的作用就是讓人感到自己有原罪，從而永世地向神俯伏。事實上，真正有原罪的不是人，而是神，它才是個十足的犯罪者。一部《創世紀》就是它對人所犯下的罪行錄：逐亞當夏娃於伊甸園，降天上洪水企圖滅絕人類乃至一切生靈，變亂人類的語言，對男子施行割禮。「巴別塔」的典故以上只是說了一半，面對著人類形而上的衝動，神終於感到了恐怖，他明白通天塔一旦通天，那就觸犯了自己的至尊。這是他的自白：「看哪，他們成為一樣的人民，都是一樣的言語，如今既作起這事來，以後他們所要作的事就沒有不成就的了。」正是出於懼怕，他才對人類下了毒手。於是「巴別塔」作為人類的「空想的計畫」也就「變成了未能實現的工程」。但神在壓制人類精神的向上衝動之後並不滿足，它還要通過更殘忍的割禮儀式與人立約，讓人尊奉自己為「全能的神」。作為交換，它則賜人以「流奶與蜜之地」並「永以為業」。就是這樣一個劊子手兼無賴，人卻用自己的精神把他形塑為「救世主」、「全能的神」。這只能是人類精神衰弱的證明。意義形態所追求的正好是神性的反面，它之在精神的無限可能的維度

上付出自己的努力，也正是為了強化人的精神之體。因此，在形而上的無限空間裏，上帝、還是精神，這是一種排中的選擇。

　　抵抗上帝的神性，還必須警惕另外一種神性形式，即康德的「道德形而上學」（或曰宋學中朱熹等人的「天理式的形而上學」）。在哲學史上，康德雖然率先把形而上學的問題變成一個有關主體自身的問題，但在營構一個什麼樣的形而上的問題上，卻又把形而上學引向了道德神學。究其根，他還是依從柏拉圖「本體／現象」這樣一種形而上與形而下的世界劃分，只不過他把本體界這個神的位置讓給了道德。而道德一旦進駐於此，也就不可避免地神化了。那麼道德本體化的問題是如何發生的呢？在康得看來，人類的認知能力合有三個層次：感性、知性和理性。由於從感性到知性所認識的只是世界的現象而非本體，因此，形而上學作為科學是不可能的。認識本體只能依靠高於知性的理性。但理性在認識本體時同樣發生困難，因為它陷入了一系列自相矛盾的二律背反。這樣，本體作為一種「物自體」或「彼岸」就不是一個認識的對象，而是信仰的對象。認識既然對本體無能為力，那麼和本體構成對應的理性就不是認知意義上的思辨理性而是一種意志性的「實踐理性」了。它表現為一種純粹的不依賴於任何經驗內容的道德意識，即「絕對命令」。康得永恆敬畏的兩個對象，一是頭上的星空，二是心中的道德律令。後者作為「善的意志」具有脫離人類經驗的絕對性、無上性和無待性，因此它已經成為神的同格。正如康得自己說：「我們一懸設了最高派生的善（極善世界）的可能性，同時也就懸設了一個最高原始的善（即神的存在）的現實性。」（《實踐理性批判》p.128）可見，「善的意志」不是來自神的存在，就是通過它顯示了神的存在。神的存在是實踐理性的必要「懸設」。可以說，90 年代以來本土所興起的「道德理想主義」與康得的道德形而上學是血脈相通的，它同樣試圖把人和人的精神引向「聖化」。這條道路好像是使你怎樣「成人」，但實際上是在引你「成聖」。因此，它在人的「德性」上而非「智性」

上吸斂了精神的全部能量。這正是意義形態無法容忍之處。雖然「道德理想主義」並不尊奉外在的神，但道德本身一旦理想化甚至主義化也就使自己獲得了神的位格。在神聖的道德律面前，作為形而下的人只能無條件地接受或自覺地尊奉其絕對命令，從而使自己的精神在道德的「巴別塔」上作永恆的攀登——這無異於是精神的又一歧途。因此，對意義形態而言，傳統的形而上學盡在自己的反對之列，無論對方是一種神學的形而上，還是內含著神性化傾向的形而上（包括唯理主義的形而上學和實踐理性的形而上學）。只有在形而上的領空中諸神離去，意義形態才能描繪出自己的精神彩虹。亦即，神性的蹤跡一旦消失，詩性就浮上了遠方的地平線。也許不能埋怨詩性如此姍姍來遲，其實在人類對神性的抵抗中，詩性已經悄悄出場。因為面對形而上，詩性與神性既然是排中的，那麼，所有關於神性揭露的文字，都不妨看作是詩性的別樣表達。然而，本文在這裏似乎碰上了難題，因為它分明又一次而且是更遠地背離了海德格爾。詩性與神性在他那裏也是純然的一元，在諸神紛紛離去的貧乏時代，詩人何為？即呼喚神性。他是這樣告知我們：「什麼是作為『詩意的尺度』？是神性」。（《詩 語言 思》p.196）「人將幸福地用神性度量自身，……它本是人的尺度，」而「人，他被稱為神性的形象」（同上 P.191）。在這裏，詩性之於神性，正所謂相同。以神性來安頓人性，從而讓人詩意地棲息在大地上，這是海德格爾的一貫的思想。如果能夠理解宗教傳統對西方文化歷史的深厚影響，也就不難理解西哲們為什麼總離不開對神的言說。哪怕就是發明了萬有引力定律的牛頓都情不自禁地把世界第一推動力歸之於神。這就是西方文化的特質。然而，中國文化是世界古老文明形態中最缺乏宗教因數的文化，我們作為這種文化的承載者，身上所積澱的宗教成份自然也是稀薄不形的。所謂「祭神如神在」，本身就是對神的不恭。哪怕就是目前文化討論中「終極」之類的辭彙頻頻出鏡，也只能理解為人文辭彙的貧乏，以至不得不用神學或准神學的語言說話，大可

不必相信說話者真的皈依了什麼神。作為一個無神論者——在尼采之後，做無神論者是一種幸福，筆者也就用不著跟在海德格爾的身後鸚鵡學舌。讓海德格爾和諸神一道離開吧。現在，意義形態的建構已經不是背離海德格爾了，它甚至需要改變一下海德格爾的「四元」的構成。既然在「天地神人」的世界中諸神已經缺席，那麼這個空缺應當留給誰呢？

「道」。道的出場便把「天地神人」的四元格局一更而為「天地人道」。這個「道」不妨源於老子。他把由道所構成的世界叫作「四大」。請看老子自己的描述——這也是一種詩意地言說：「有物混成／先天地生／寂兮寥兮／獨立不改／周行而不殆／可以為天下母／吾不知其名／字之曰道。」命名之後，老子開始推出了「四大」，所謂「道大／天大／地大／人亦大／域中有此四大／而人居其一焉。」既然如此，那麼它們之間的關係是什麼呢？所謂「人法地／地法天／天法道／道法自然。」這就是《老子・二十五章》的主要內容，思焉、詩焉？二者混化為一，只有字之為「哲」。哲者，愛智也。老子不愧是華夏以來前無古人、後無比肩的智慧鉅子。他的文字是真正的思、也是真正的詩。所謂中國最早的詩歌，諸如「擊壤」之類，其實不是詩，只是謠。詩是對智慧而言的，智慧即詩。意義形態所以是詩性的，正在它能夠從智性上敞開精神的無限可能。但，這裏的智慧不是認識論意義上的，認識論上的智慧只是對智性的運用，而意義形態上的智慧乃是對智性的培養或開拓。故此，這裏乃是在存在論的意義上談論智慧。這種智慧在其表現上不是就對象進行認識，而是就對象進行意義構成。「世界是物質的」，這個命題不是智慧，而是一種素樸的認識。「世界充滿意義」，這個命題就不是認識論而是智慧論，因為意義之所誕生，正是智性的洞見。在比較上，前一個命題具有科學性，後一個命題即具有豐富的詩性。其詩性就在於人以自身的精神對本來沒有任何意義的世界進行了意義的多重賦予。

以老子的「道」作為詩性智慧的表述，妙就妙在世界本無其道，這正如同世界原沒有意義一樣。如果這裏把道當作世界的意義來闡釋，這雖然必要，但又不是沒有問題。這個問題在於老子。老子既把道當作世界的本體，又把道作為用世的大則。這兩點今天看來都大有問題。筆者以為，世界是否有道並不要緊，要緊的是道乃出於人自身對世界闡釋的需要。老子其實未必不是這樣，和古希臘米利都學派不同，後者關於世界本體的看法主要源於觀察上的經驗，而且外加一種推測。而老子的道作為本體純然是一種超驗的體悟。前者是「認」，後者是「思」。思，又不是為了「認世」而是「用世」。故道是一種用世的智慧：既然人法地、地法天、天法道，因而人也法道。而道法自然，那麼人法自然就是象自然那樣無為又無不為。正是面對這樣的大智慧，意義形態卻需要對它作一番內部手術：一是進行本體論意義上的抽空，使道不再作為世界的本體；另則是進行目的論意義上的抽空，使道不再為了用世。經過二度抽空之後的「道」，作為對世界的額外的意義賦予，同時也作為純然的詩思化一，它才屬於意義形態。在此意義上，不妨可以說，如果沒有「道」（意義），那麼就要創造一個出來。並且，如果只有一個「道」，那麼就要創造另一個、甚至無限個。每一個道（意義）的延生，都是精神無限可能的一次新的實現。意義形態正是在這不斷實現的過程中亦即「人與道」和「道與言」的周流迴圈中不斷地完型自己。

像上帝創造世界一樣，意義形態創造世界的意義。「巴別塔」的故事依然沒有結束。當人的前肢脫離了地面，可以站的時候，它就產生了無可抑止的向上的衝動。但對人而言，「身」與「形」的向上畢竟有限，超越此有限的便是「心」與「靈」的向上。所以人類才有建造巴別塔的壯舉。這是人類第一次集體性的行為藝術，這一行為本身就棄滿了詩意。只是它不幸被神扼殺了，神成功地劫持了人的精神走向，並把它引向了自己。因此，精神的詩性便向神性轉化。在西方文化傳統中，甚至詩性竟或就是神性。然而，神以終極自居，

也就阻塞了精神的無限去路，從而使它踏上了「信仰」一途。所以，神的存在，是精神的異化與不幸，是精神創造力的詩性消解。只有打破神性的壟斷、戳穿神性的真相，精神才能呈現自我的澄明，才能無遮地敞開潛藏的可能。因此，意義形態需要的是重新喚回先民們建造「巴別塔」的衝動，並在逐神的前提下，再度開始它的進程。這既是一項「空想的計畫」——並非因為神不讓它兌現，也是一項永遠「未能實現的工程」——也並非神的橫加阻撓。因為，神在，終極在；神不在，終極也就變成了沒有終極。所以「巴別塔」作為意義形態的一種象徵，它喻示了精神在智性趨求上的無限性。需要說明的一點是，精神，雖然排斥神，但在神的缺席之後它並不象近代理性那樣自尊為神。精神以其言說的詩性自覺地回避了神性的全能與無限。它分明知道自己的能力和限度，儘管它並不放鬆自己對無限的追求。而追求這一行為也恰恰可以證明它並非萬能，因為它並不先在地知道自己可以轉化為現實的那種潛在的可能究有多少。因此，意義形態不過是本著一種詩性的衝動，讓精神的觸角在形而上的無限空間中不斷地伸展、並不斷地結出屬於自己的智慧果。

這當然也是一種形而上學，是顯示智性和表達意義的形而上學。意義形態作為這種性質的形而上，不妨請看霍克海默「對形而上學的最新攻擊」進行回擊時的表述：「只要形而上學不是徹頭徹尾的胡謅，它就屬於詩。」（《批判理論》p.134）

因此，這是一種「詩性形而上」，它的名字就叫「意義形態」。

知識分子與人文

結語 跨世紀的文化選擇
——籲請「子學時代」

　　1990 年代是本世紀最後一個文化選擇的時代,「後現代」、「後
殖民」、「新國學」、「新理性」、「中華性」以及「人文精神」討論等,
幾乎每一種產生影響的文化主張,都可視為不同的知識分子所做出
的不同的文化選擇。這是一道眩目的文化風景,它和 80 年代人文學
科熱衷於選擇各種新方法論不同,而是把選擇的層次轉移到知識構
成的本體論上。能夠和這一次文化選擇構成對應的或許是世紀之初
的五四了,那更是一次眼花繚亂的文化選擇。作為本世紀最早的、
也是規模最大的一次,由它所體現的知識分子的選擇心態、選擇方
式和選擇目標無不對以後的文化選擇產生重大影響,甚至起到一種
模式的作用。不難看到,90 年代以來所呈現的各種文化選擇,在其
精神脈象上,大都為五四的承傳。這未必不是一個問題。「人不能兩
次踏進同一條河流」,更何況隔著一個漫長的文化世紀。因此,儘管
我們身處一個十分活躍的文化選擇的時代,但卻有必要對選擇本身
(包括五四時的新文化選擇)進行學理上的思考(反思)。

一、「子學時代」和「經學時代」

　　文化選擇的對象當然是人類文化之本身,不過這裏的文化主要
是就它的知識形態和學術形態而言。它可能是既成的對象,比如什
麼新國學、後現代等,也可能是需要形成的東西,比如所謂新理性
和中華性。幾乎任何一種文化選擇,在它自身所構成的知識語境內,

都可以是自洽的、圓融的，言之成理的。但不同的文化選擇之間，卻又往往是矛盾的、衝突的、互相齟齬的。究其因，這是每一種文化選擇都想使自己能夠成為一種代表性的「時代文化」。在這裏，時代這一因素非常重要。因為迄今為止知識分子所謂的文化選擇實際上就是在選擇一種「時代文化」，亦即選擇一種知識形態作為這個時代的文化主流。這就要求被選擇的知識形態能夠和它所處的那個時代構成最大程度的知識對應，或者說，它能夠對那個時代作出最有說服力的知識闡釋。這是一個必要的條件。但問題是，任何一個時代都是由無數異質因素構成的彼此矛盾的總體，而任何一種知識形態由於為其理論出發點所限以及邏輯概括上的不可避免的抽象性，又總是使得它和那個時代構成的知識對應只能是局部的、某一點或某幾點的，而不可能是整體的和全方位的。這樣，和時代構成不同對應面的知識形態之間，它們的衝突也就勢在必然了，因為，誰都認為只有自己的選擇更切合時代，因而也更應該成為這個時代的文化主流或代表。

當知識分子競相作著各自不同的文化選擇時，這其中有一個很重要的問題往往被忽略了。由於人人都希望在文化選擇上能夠獲得選擇本身的自由，而未必每一個時代都能保證這種自由——在一個意識形態成為支配力量的時代裏，難道會有文化選擇上的自由嗎？文化總是被指定的。因此，作為一個前提條件，知識分子在選擇所謂的「時代文化」時，是否應該率先在態度上作一次反過來的選擇，即選擇能夠誕生「時代文化」的那個「文化時代」。在這裏，「文化時代」不是指一個時代中的具體知識形態的構成，如果從知識形態的角度，那麼，先秦則可稱「子學」的文化時代，兩漢又是「經學」的文化時代。相推下去，魏晉的「玄學」、隋唐的「佛學」、兩宋的「理學」、明代的「心學」和清代的「樸學」都可以構成相應的文化時代。但這樣的「文化時代」突出的是某一時代在知識上的主導形態，它的重心實際上是在時代的「文化」上，而非文化所在的「時

代」上。並且，對知識分子來說，這樣的文化時代只有遭遇而無從選擇。因此，本文語境中的「文化時代」，作為一個權宜性的概念，在排除具體的知識形態之後，強調的是文化在這個時代中從整體上所呈現出來的存在狀態，也可以說是知識在其中得以生長的文化生態。由它所顯示出的「文化時代」才是這裏的選擇對象。也就是說，在當下和未來，我們的文化時代需要一種什麼樣的存在狀態，反之，什麼樣的知識生態才能適合我們這個文化時代的需要。本文以為，只有先行解決這個前提性的問題，方才宜於過渡到具體的文化形態上的選擇。

鑒往可以察今，我們今天需要一個什麼樣的文化時代，不妨回過頭去，看看我們曾經經歷過一些什麼樣的文化時代。從先秦至今，中國文化（知識形態意義上）的歷史已經兩千多年了，其發展形態亦隨其朝代的推演而歷經迭變，如欲寫出一部豐贍而堂皇的文化學術史，至少在材料上並非難事。馮友蘭先生在三十年代出版的《中國哲學史》，就是從先秦一路下來，一直到康有為為止，五十多萬言，洋洋灑灑，浩浩湯湯。陳寅恪先生贊之為「取材精審，持論正確」，「實近年吾國思想史之有數著作」。（見該書下冊附錄「審查報告」一與三，中華書局 1961 年版）這當然是肯綮之言。不過本書還有一獨到之處，似未能引起人們的注意，那就是它的編排體例。全書上下兩冊，除序與有關附錄外，其內容分第一篇（上冊）和第二篇（下冊），作者以這兩大板塊將整個中國哲學史剖分為兩個時代，即「子學時代」和「經學時代」。在馮友蘭看來，中國的學術文化雖然時間漫長，但一經歸納，只有兩個時代。一個是從春秋時期的孔子到西漢淮南子的「子學時代」，一個則是從西漢的董仲舒到清末康有為為止的「經學時代」。這兩個時代，即本文所謂的「文化時代」，它同時也是我們今天的選擇指向。

在以上對中國文化所作的跳躍性的歷時描述中，子學和經學不過是先秦和兩漢時期的具體的知識形態而已，由於它們在各自的時

代佔據文化上的主導地位，因而也可以說它們是足以代表其時代，亦即作為「時代文化」而出現的知識形態。但馮友蘭先生的劃分，業已使它們超越了具體的歷史時代而成為一個更廣闊的「文化時代」的代名，這樣，它們就由具體的文化形態一轉而為知識分佈上的文化狀態了。從文化狀態的角度把中國學術史如此一分為二，這在中國哲學史的編撰體例中也是獨一無二的。那麼，「子學時代」和「經學時代」，這是兩種什麼樣的文化狀態呢？它們之間的區別又在哪裡？二者於今天，我們又將作出什麼樣的選擇、抑或什麼樣的價值認同？

應該指出，在「子學時代」以前，還有一個「官學」時代，它雖具文化研究意義，但卻不具學術史的意義。用章學誠的話來說，這是一個「官師治教合」的時代。在其《文史通義‧詩教上》中，章氏曰「古未嘗有著述之事也，官師守其典章，史臣錄其職載。文字之道，百官以之治，而萬民以之察，而其用已備矣。是故聖王書同文以平天下，未有不用之於政教典章，而以文字為一人之著述者也。」古代所以沒有私人著述之事，是因為那些典章知識全都掌握在作為貴族統治者的官亦即師的手中，而其典章本身同時又是一種政治制度，需要的是操作，而不是討研，因此根本沒有私人著述的必要。所謂「學在官府」，亦即官府對學的壟斷，既如此，學亦不成其為學本身。並且，當時的典章法度更多是一些貴族官員的專業事務，它還沒有上升到觀念化和系統化的學術知識的層次。所以，馮友蘭的哲學史筆觸雖然伸及孔丘以前，但，「子學時代」卻以孔丘為其肇始。孔丘以前在他那裏便成了命名上的空白。

為之補白的是侯外廬先生。西周之學，固以政治實其質，更以事務為其體，本無學之本色，它可以不進入專門的學術發展史，但作為文化研究的對象，亦不妨就其實而按其名。因此，侯外廬在他40年代出版的《中國古代思想學說史》中逕自指出「西周官府之學

究竟是什麼呢？這正是中國幾千年來官司沒有打得清白的『經學』」。（見該書 PP.3-4，遼寧教育出版社 1998 年版）。從西周經學到春秋子學，其標誌是私人講學和著述的開始，這實際上也是學術之為學術的開始。馮先生認為「哲學為哲學家之有系統的思想，須於私人著述中表現之」。（按馮氏前書上冊 P.29）私人著述的發生，與當時「禮崩樂壞」的社會形勢分不開，《左傳》有言「天子失官，學在四夷」。學下民間而諸子勃起，這是一個因果。它所帶來的變化，首先就是文化狀態上的變化。不但學一離官，即賴師教而存，唯此時，學方才始為學矣；並且官失其學，學即由以前在官時的「一家之學」發變而為民間的「百家之學」。子學之初的孔丘雖然一心一意欲繼三代之絕學，但他的身份是師而非官，他已經沒有權力也沒有能力把天下之學集於一身了。墨學首先出來和它叫板，儘管儒墨兩家有不少相同之處，但針鋒相對地以著述形式爭其不同，這在西周官學時代是絕對不可想像的。儒墨之後的戰國，更是我們所熟知的「百家爭鳴」的時代。諸子蜂起，處士橫議，文字不僅為私家之言，議論亦不為典章政教所限。只要持之有故，言之成理，恣肆其說，即為「一家之言」。學術的自由必然導致思想的豐富，儒墨、老莊、陰陽、名法、道德、縱橫、小說、外加雜與農，道不同，各不相為謀。雖然它們彼此爭執不息，但各自卻又以不受限制的學術能量極大地豐富了當時的思想文化空間。所以，作為中國學術史開端的「子學時代」，因其文化狀態上的多元並存、不主一宗，且諸子之間的各種知識形態地位平等、無有上下，兼及它們各以論辯見長，又以競爭取勝，後人便慣以為這是中國文化上的「黃金時代」。

然而，這樣一個所謂的「黃金時代」在歷史上只有四百餘年的時間。自董仲舒「廢黜百家，獨尊儒術」以來，漫長的「經學時代」居然長達兩千年之久。這是一個鮮明的對比，僅就時間一維，兩個時代的文化狀態，至少在其現象上，也表現出是那樣的判然兩途。馮友蘭先生對比道「蓋上古子學時代之思想以橫的發展為比較顯

著，中古近古經學時代之思想以縱的發展為比較顯著。」（按馮氏前書下冊 P.459）橫的發展即指謂文化空間的擴大，不言而喻，這是子學時代在其文化狀態上最顯著的特色。但經學時代相反，它純然以時間的優勢遮蔽了自己在文化空間上的萎縮。這是必然的，「經」之為經，其代價便是「子」的犧牲。經由子出，經成子覆。儒學在先秦是子學中的一脈，可是當它變為經學之後，子學便不復存在了。如果說先秦諸子乃是「自以其說相經緯爾」（章學誠語），經學時代學子們只能以孔丘學說為其經緯。過去諸子們的知識形態共同構成了先秦這一時代的文化代表，但現在儒學卻獨自成為代表和主流的「時代文化」，墨名之流湮沒了、道家成為它的互補了、法家也被它吸納了。隨著它自身成為文化上的「大一統」，子學時代知識形態上的共時性一去不返，經學時代儒門一宗的歷時性又格外久長，由此則構成中國文化發展史時間與空間上巨大而又畸形的反比。

從知識社會學的角度，「經學時代」並非是文化自身的選擇，而是一種社會政治的選擇。儒學得以為經，出自漢武帝的欽定，他顯然是為了統一思想、一律輿論的需要，而非文化自身發展的需要。實際上，經學時代在某種意義上又回復到了春秋以前的「學在官府」的時代，只不過西周時官學不分，而西漢後世則是官學兩分之後又走向新的層次的合一。然而，學一入於官即為「官學」，因此，所謂經學亦即國家意識形態。經學的時代也就是意識形態的時代。意識形態從來就是統一意識的知識形態，與之相反，子學形態作為不同知識形態的綜合必然是意識的反統一。它們既不兩立，又非共存。所以，經學一旦形成，中國文化的學術結構就由平面化的「子學一體」轉而為立體化的「經傳一體」了。而傳實為子言，子不得為子，則降而為傳。一子升上去，百子降下來。一位西方學者這樣感歎，中國知識分子總是「一種神聖文本的詮釋者」。他所指的正是經學時代學子們只能通過「以傳釋經」的途徑來綿延知識的文化狀況。因此，在知識社會學的眼中，傳之為傳，就不僅僅是經的解釋形態了，

它與經的差別要在表現為存在論意義上的知識地位的不平等。傳不可能獲得知識上的原創性，它註定是派生的、演繹的、依附的，既無法與經平列，也無法在經之外別立新宗。經傳之不平等，正如章學誠的比喻「則因傳而有經名，猶之因數而立父之號矣。」（見《文史通義‧經解上》）由此可見，作為文化性狀上的「子學時代」和「經學時代」，它們的區別幾同涇渭。子學是私學，屬個人話語，經學是國學，屬意識形態話語。子學在思想上可以殊途「殊」歸，而殊途「同」歸乃是經學文化的必然要求。因而子學時代是一個文化多元的時代，經學時代只能是文化一元的時代。相應的，子學時代呈現出思想解放和思想自由的氣象，而思想保守乃至思想僵化則是經學時代的文化症侯。

　　對中國文化史上僅有的這樣兩個時代，不言而喻，90 年代的文化選擇，至少在「文化時代」的選擇上，當不會出現什麼分歧。「子學時代」而非「經學時代」一般將成為知識分子較為一致的價值認同。

二、「子學意識」和「經學情結」

　　但問題又並非這麼簡單。如果我們不是僅僅停留於現象層面上的「子學時代」與「經學時代」，而是把目光透視到這兩個時代之後，從知識分子文化心態的角度，看看這兩個時代之所由形成，也許不難發現，恰恰正是知識分子本身，在其心理意識的層面上，知識分子似乎本能地具有「經學」上的知識內傾，儘管他們在口頭上可以歡迎「子學時代」。這是一種頗有意味的矛盾。對這種矛盾的觀察不妨就是來自 90 年代，90 年代的文化選擇雖然紛繁多異，但在做出不同選擇的知識分子身上，似乎普遍缺少一種文化心態上的「子學意識」，而更多依襲了帶有文化權力意味的「經學情結」。

　　逕自說，中國文化發展史——如果著眼於知識分子的文化心態
而不僅僅是外在的現象形態——迄今為止也只有一個時代，並不曾
存在過兩個時代，那就是「經學時代」。經學時代的形成既有外在社
會政治體制的選擇，也有知識分子出於自我需要的選擇，而且首先
就是知識分子自己的選擇。相反，子學時代倒不是出於知識分子的
自覺，而是時代所趨。因此，說子學時代是中國文化發展史的「黃
金時代」，那也是相對後來的經學時代而言。若就其自身來說，它卻
是一個反子學的時代。諸子本來就出於王官，雖然有胡適的否證，
但卻無法否定諸子之學與王官之學的淵源。這就先在地註定了子學
必趨經學的命運。整個子學時代，百家爭鳴實際上是「百家爭霸」。
諸子們誰都不喜歡這個「天下大亂，賢聖不明，道德不一」的時代，
後人如此響往的百家爭鳴在當時的諸子看來只是勢不得已。所以，
誰都想獲得經的地位，誰都想以自己的知識形態作為當時的指導思
想，不但用以統一天下人的知識、學問和意識，而且儘快結束這個
讓人不安的分崩離析的時代。故，從「子學時代」到「經學時代」
原本就是知識分子的內趨（這裏姑且剝離其他因素），而春秋「子學」
也不過是西周以前和西漢以後兩種「經學」之間的過渡。

　　不妨具體看看當時諸子們的文化態度吧。章學誠認為「六經皆
先王之政典也」（《文史通義‧易教上》）。而「諸子之為書，必有得
於道體之一端」，「所謂一端者，無非六藝之所該」（按前書「詩教上」）
但，諸子們誰都以為六經之本，盡在己也，儘管他們實際上只是也
只能是得於道體之「一端」。這就免不了所謂的「爭鳴」。但這樣的
爭鳴與其出自學理上的動機，毋寧是在爭一種如《呂氏春秋》所說
的「教導天下」的文化權力。早在子學之初，正如韓非所說「孔墨
俱道堯舜，而取捨不同，皆自謂真堯舜」（《韓非子‧顯學》）。這是
一個開頭。所以，孔墨之後，儒一分為八，墨一分為三。他們的後
學效法先師，於孔墨亦「取捨相反不同，而皆謂真孔墨」（引同前）。
同樣，孔墨之外的諸子們，於六經也無不自謂「真道體」。這種獨己

為「真」的文化態度，始終是子學時代的內在隱患。爭鳴的各方都容不得對方，都視對方為異端。豈不知，恰恰是「異」（而不是「真」）造成了學術和文化的繁榮。但墨子卻這樣描述上古時的文化狀態：「蓋其語，人異義。是以一人則一義，二人則二義，十人則十義。其人茲眾，其所謂義者亦茲眾。是以人是其義，以非人之義，故交相非也。」（《墨子‧尚同上》）應該說這段話所勾勒的乃是一種正常的文化狀態，可是在墨子那裏卻一變為價值上的貶義。他非難這種「人異義」局面，追求的則是如文題所示的「尚同」。（可以追問的是，同於誰？或者，誰又有這個同的權力？）墨子雖然說的是上古，但也不妨視為他對現世的態度。持這種態度的並非墨子一人，韓非對百家爭鳴的否定也是那麼不加掩飾：「海內之士，言無定術，行無常議。夫冰炭之不同器而久，寒暑之不兼時而至，雜反之學不兩立而治。今兼聽雜學繆行同異之辭，安得無亂乎。」（《韓非子‧顯學》）同則治，異則亂。韓非固不純是就學術而言，而是針對天下大勢。但他分明主張對思想之異，除惡務盡。這樣就不難看到，結束百家爭鳴，促進文化思想趨於一統的恰恰不是別人，就是知識分子，即「子」們。（當然他們需要假政治體制之手）焚書的主張出自李斯，然而，在當時，他就是一個知識分子。禁絕私學、立儒為宗的是董仲舒，同樣，他也是一個知識分子。這兩件事，無疑是中國文化史上具有轉折意義的大事，它們相反相成，對「經學時代」的到來，何止起到推波助瀾的作用。侯外廬先生這樣評價道，秦燔詩書與漢定一宗「相為反對，一則燒經，一則宗經，但專制主義則是一脈相承。中國古代思想之花的凋謝，因於秦者十之一，因於漢者十之九，世只知秦始皇之焚書坑儒，而不知漢武帝之罷黜百家尤甚。」（按侯氏前書 PP.19-20）這是對的。但為什麼不同時可以說，世只知秦始皇之焚書坑儒，而不知實李斯之為之；世只知漢武帝之罷黜百家，而不知實董仲舒之為之。若非二子，至少它們將會以另樣的形式出現。

　　這裏並非是把「經學時代」的賬一股腦算到知識分子身上，但知識分子絕非是「經學時代」無辜的被動者，他們很容易對「經學時代」形成向心的慣性，但卻很不容易對「子學時代」產生喜愛。究其就文化心態言，知識分子在其潛意識深處，似乎對多元存在著本能的恐懼，至少是不習慣，他們從骨子裏希望整齊劃一、以同轄異。所謂「經學情結」，從知識論的角度看就是一元論的情結，與之相應，「子學意識」也就是多元化的意識。然而，正像榮格的集體無意識理論，盤據在先秦諸子身上的「經學情結」，歷代遞沿，以迄於今。90 年代的知識分子完全可以操持白話說出和先秦諸子類似的語言。

　　這不妨是一個例子，中國社會科學院文學研究所最近召開了一個座談會，在所談論的幾個問題中，有一個話題就是文藝學的多元化。可以說中國向來沒有一個真正的「子學時代」，但多元居然已經引起了一些與會者的擔憂，座談會上，一位教授僅用一句話概括了多元化的正面效應後，著重描述了它的負面性，他認為多元化的「負面是多元形成不同理論的對立，進一步分化，出現偏狹、混亂的情況。各說各的話，把自己的理論體系封閉起來，誇大自己這一元的價值。」（見《文藝爭鳴》1998 年 4 期「新時期文藝學二十年」文，下引同）這段話無論就其語氣還是內容，與上面墨子的表達，都有類同之處，至少兩者的心態是相通的。「蓋其語，人異義」，故「交相非」。該教授所描述的多元的負面性實際上是學術格局所應呈的正常性，其中只有「誇大自己這一元的價值」需要引起學人自警。但，該教授把「混亂」當成了多元的表徵，這不奇怪，只要人異義，則勢必義不一，用韓非的話就是「安得無亂乎」。只要站在「尚同」的立場，就必然會把多元說成混亂，因此，解決問題的唯一辦法就是取消多元。這位教授接著提出了自己的主張「從文學理論上看，當這種混亂充分表現出來時，就客觀上要求一種從多元分化走向共同發展目標的系統整合。」其實這裏並沒有什麼客觀可言，它完全是

作者的主觀，是作者自己所披露出來的一種文化願望。然而，需要指出的是，作者「從多元走向整合」的願望，實質上就是「範天下之不一而歸之於一」。「整合」云云，不過是「一元」的躲躲閃閃的表述。多元的標誌就是不合，就是不尚同而尚異，一旦以某種「整」的方式使之「合」在一起，多元則不復存在。這位教授在下提出了三種整合的可能，然而，不管實現其中哪一種，都擺脫不了一元的局面。當然，如果這位教授是在個人研究的意義上談整合，那是很正常的，而且這正是所謂子學研究的表現。每人都有自己從事整合的立足點，每人也都需要找到自己賴以整合的「元敘述」，但人與人之間的整合之「元」是不必一樣也不能一樣的，否則多元何在。可是，這位教授並不僅僅是在替自己選擇，而是通過自己在替整個文藝學選擇。這無疑是把自己的選擇變為別人的選擇，亦即讓別人的選擇統一於自己的「元」。作者剛才所責備的「誇大自己這一元的價值」，現在正落在他自己的身上，而子學就是通過這樣的誇大變成了經學。（當然它的外部條件是獲得體制的支持）

　　「經學情結」在知識社會學上又是一種權力情結，因此，不妨再看看這種情結在緊接著的另一位教授發言中的表現。該教授自問「文藝學到底是幹什麼的？是求真，還是求善，求美？」結果他認為是求真，因為「一味求善，求美，就成了無序的多元」。（依然是對多元的憂慮）那麼為什麼求真就不會出現無序的狀況呢，因為「真理只有一個」，而且還是「不以時間、不以國度為轉移的」。（一元論的訴求於此可見）可是問題是，世界上果真會有一種超越時空的「絕對真理」麼？（90年代「獨斷論」的知識背景）另外，在一個本來就是由多元所構成的對象世界中，到底憑什麼說「真理只有一個」？（由此轉化為「獨斷論」的知識勇氣）既然只有一個真理，那麼「關鍵是誰發現它」。不言而喻，誰發現了這個（絕對的）真理，誰也就獲得了（絕對的）權力，因為它可以把所有的人都集合在這唯一的真理下。在這裏，求真意志實際上是權力意志，以真理的名義往往

是以權力的名義。以上孔墨俱爭「真」堯舜，而他們的弟子又俱爭「真」孔墨，其他諸子亦俱爭所謂「真」道體。所為者何？為的正是藏在「真」之後的權力。知識就是權力，真理更是權力。如果真理是多元的，權力也是多元的，而真理如果是絕對的、一元的，那麼，權力也就是一元的和絕對的。這才是「真理只有一個」的個中三昧。該教授在真理問題上所出現的一系列知識論上的偏差，其原因倒不完全是知識論的，其中含帶一些應由知識社會學才能有所解釋的因素。但該教授對此分明無所覺解，他甚至以教學為由聲稱「我是一個教員，一定要寫個教材。我可以告訴學生十個關於文學本質的見解，但學生總要問哪一個更正確。」如果有十個不同的見解，這正是研究視角的多元化。為什麼要在其中欽定出一個「更正確」的呢？有沒有這樣一個「更正確」？如果找出這十個當中的一個作為「更正確」用以囊括其他九個「不更正確」——而其他九個本來就是出自不同的知識背景——這豈不是又把多元整合為一元嗎。而況像文藝理論這樣有關人類精神現象的知識學科，到底有沒有一個處於人類精神之外的「真」？因此它很可能就不是向外求真的問題，而是需要使真不斷地由人類精神而獲得新的生成。這樣，當學生提出問題時，也許就不急於告訴學生那十個中哪一個更正確，而是引導學生在這既定的十個之外，去做另外的思考，亦即去探索有關真的第十一種可能（這種可能是無限的，因為真理不止一個）。反之，如果像這位教授所說，只是在既定的知識中尋找那只有一個的「真理」，知識的發展又從何談起。學生一旦得到那唯一的真理，即不思進取，只是用它來整合本學科領域中的其他知識話語，它本身因其經學化也就封閉化了。尤其是，學生既受之以魚，又受之以漁，在漸次學會以「更」為知識選擇的同時，經學意識（即真理上的「更」和「唯一」之類的意識）在不期然中也就漸次形成了。是否可以說，中國知識分子固有的「經學情結」正是通過類似的教學模式而代以成襲。

　　由此可見，無論先秦諸子，還是 90 年代的知識分子，在其文化心態上，都是濃於「經學情結」而薄於「子學意識」。這樣一種文化態度，不能不是中國文化只有「經學時代」而沒有「子學時代」的一個極為重要的內在因緣。

三、「子學時代」的籲請

　　90 年代的文化選擇，落實在具體的知識形態上，應當奉守的「遊戲規則」是，要「子學」不要「經學」。正如本文在第一部分所述，90 年代可供選擇的知識形態如中華性、新國學等，名目繁多，非止一途。這其間勢必發生話語上的摩擦與衝突。在現象層面上看，這當然是正常的，甚至是必要的。可是一旦著眼於知識分子在進行文化選擇時的知識定位，問題就出現了。似乎每一種知識形態都企圖超越其他知識話語從而使自己成為知識上的「元話語」，不但以此為當下文化時代做出一種「總體性」的知識選擇，並進而使自己成為這個時代的文化主流。

　　「子學時代」的文化選擇是個人性的，而且只能是個人性的。個人既是這種選擇的出發點，也是選擇的終端。如果一種知識形態超越了個人學術需要的層次，或者說原本就不是出自個人的需要，而是直接訴諸「為時代立命」之類的宏偉敘述，那麼，經學形態就已經具備了產生它的土壤。從這個角度看，90 年代以來知識分子中的一些文化主張，如「弘揚國學」「從現代性到中華性」等，包括不絕於耳的建設具有「中國特色××學」之類的口號，其選擇的立足點不是作為知識分子的個人，而是遠遠大於個人的「時代」與「國家」。從正面來說，這些主張或口號反映了知識分子可貴的責任感和使命感，就本世紀而言，這無疑是五四以來所形成的知識分子的優良傳統。但它的弊端卻也顯而易見，既然一種文化選擇是大於個人的，因而也是排斥個人的。在一個共時性的學術空間內，本來人人

都有自由選擇的一塊，可是當有人要「弘揚」自己所主張的知識形態時，「弘」者，大也，它就要越位，去侵佔他人所擁有的空間。因此，任何一種知識形態的擴大，都是以其他知識形態的萎縮作為付出的代價。子學話語本質上是一種「個人話語」，個人話語之間的差異再大、矛盾再多，由於它的知識訴求只是止於個人，因而它們在一個知識平面上是可以共存的。但個人話語一旦以國家或時代的名義，亦即子學一旦變為經學，情況就不同了。由於它的知識訴求不是止於個人而是要囊括所有的個人，那麼這種已經升值的個人話語和未曾升值的個人話語就出現了分裂。在「弘揚國學」的文化主流面前，非弘揚國學的知識形態能和它共用平等的學術空間嗎？「從現代性到中華性」亦即以中華性取代現代性，那麼，這兩種知識形態能具有對等的學術地位嗎？然而，對個人而言，如果我的學術專長是西學，又為什麼要弘揚國學？同樣，現代性研究是他之所好，又為什麼要轉向中華性？反之，如果上述所有的文化主張都是立足於個人，是個人的選擇，而不是趨向於時代的選擇；那麼，國學也好，西學也罷，抑或無論什麼中華性，還是現代性，都是合理的、正常的、也是一個良好的文化生態所必須的。

　　二十年代中期，新文化運動之末，面對當時學界泛起的「整理國故」的文化思潮，魯迅說過這樣一段話「就現狀而言，做事本來還隨各人的自便，老先生要整理國故，當然不妨去埋在南窗下讀死書。至於青年卻自有他們的活學問和新藝術，各幹各事，也還沒有大妨礙的，但若拿了這面旗子來號召，那就是要中國永遠與世界隔絕了。」（《墳·未有天才之前》）各幹各事，就是子學的選擇；但一旦把自己的事變成「一面旗子」來號召，經學意識就發作了。當然在那個時代，魯迅還是有自己的傾向的。今天面對這段話，更需要採取一種「價值中立」的立場，不但「國故」不能成為一面旗子，而且所謂的「新藝術」也不能成為一面旗子。否則就不平等。但，知識分子的「旗子意識」是根深蒂固的，這種意識從根子上說，就

是一種「意識形態動機」，在這種動機所產生的內在衝動面前，以上的闡述很容易招致駁詰：因為我們並非是純粹地選擇一種知識形態，而是在選擇一種時代所需要的思想文化。是的，問題就是在這裏。90年代的文化選擇，從根本上說，與其是一種文化形態的選擇，毋寧是在選擇一種意識形態。幾乎每一種時行的文化主張都內顯著不同的意識形態傾向。仍以上述的「弘揚國學」為例，國學本來是學術研究的對象，不是什麼弘揚的對象，一至弘揚，就已超出研究的範圍，而摻雜著學術以外的意識形態動機了。這裏無意談論體制對意識形態的選擇，而是試圖剖開知識分子身上那種一拍即合的潛意識形態心理。問題其實很簡單，一種知識形態一旦成功地訴諸於意識形態，或成為一種主流性的學術體制，那麼它就獲得了高於和大於其他知識形態的權力。王小波生前對弘揚國學的認識非常到位，說得也很精彩，原話的大意是：國學最可怕之處就在那個「國」字，而它的誘人之處也在那個「國」字，因為這是一個制高點，誰搶到那個制高點，就可以壓制一切不同的意見．

可以進一步指出的是，90年代的文化選擇與本世紀之初的五四新文化有著許多相似之處。90年代的文化選擇如果有上述問題的話，放在本世紀的時間視野裏，它就不是孤立的，至少它可以在五四那裏找到自己的遠因。面對這種情況，從五四到90年代，就需要作一個連貫的思考（反思），否則，僅僅就90年代而90年代，並不能觸到問題的根子。

五四時期如果接著馮友蘭先生的哲學史往下講的話，那就是「經學時代」結束之後的一個新的「子學時代」了。清王朝的崩潰，也終結了儒學意識形態作為官方思想的統治地位。這時，整個社會出現了一段「意識形態的真空」。由於新文化運動正是在這樣一個時代背景下發生，因此就註定了這場運動的前景，即選擇一種新的知識形態用以填充業成真空的意識形態。中國知識分子向來不習慣於生活在一種子學形態的文化氛圍中，他們認為那將會使整個社會無所

適從。因此，他們的任何一次文化選擇都不可能是個人的選擇，而必然立足於整個社會、整個時代和整個天下。這一風習，由先秦諸子開其例，五四知識分子並未例其外。當他們在進行新文化選擇的同時，被選擇的對象也就意識形態化了。很明顯，構成五四傳統的「民主與科學」就不可能是什麼知識形態，而是意識形態，如果離開了意識形態的角度它們反而說不通。也許有人認為這兩者是一回事，但它們恰恰就不應該是一回事。因為文化的選擇本來是自由的，而它一旦成就了一種意識形態，這種自由就消失了。當時陳獨秀聲稱「要擁護賽先生，便不得不反對舊藝術、舊宗教」（〈本志罪案之答辯書〉）如果是在純粹知識形態的選擇上，陳獨秀犯不著這麼決絕。他的話顯然是超越知識形態之上的意識形態表達。且不說科學與舊藝術舊宗教並非兩立，但在這種強硬的語言面前，人們也就沒有選擇舊藝術舊宗教的自由了。然而這種自由在子學時代的文化邏輯中絕不應該被剝奪，哪怕是在它們的確構成對立的情況下。陳獨秀本人並非沒有意識到這其中的尷尬，他積極地將胡適的「文學改良」推進為「文學革命」，其意已不在革命文學，而在以文學為意識形態來革命社會了。儘管他也曾這樣自省：文學在「狀物達意之外，倘加以他種作用，附以別項條件，則文學之為物，其自身獨立存在之價值，不已破壞無餘乎？（載《新青年》第3卷第2號，1917年4月）但，他的使命感使他不可能就文學而文學，他只能破壞文學的獨立存在價值，而讓它去行使意識形態的使命。在這裏，新文學的命運無疑是有代表性的，幾乎所有新知識的選擇，都和文學一樣，自身並不是目的，重要的倒是它所可能發揮的意識形態作用。因而，像先秦子學過渡到兩漢經學一樣，五四子學過渡到另外一種形式的經學，其他因素暫不論，至少從知識分子自身的文化態度來講，也就沒有什麼好奇怪的了。

從五四到90年代，知識分子在文化選擇上的態度和方式乃是一貫的。昨天的問題就是今天的問題，今天的問題也是昨天的問題。

問題就在於，為什麼知識分子在文化問題上具有如此強烈的意識形態動機？如果不排除知識社會學上的諸多因素，如環境的促使、權力的求取、學術體制的構成以及責任感和使命感等，那麼，是否還有「認識論」上更深刻的原因。顯然，新文化運動立意不在文化，而在借文化以解決社會問題。這一思路，固然是借鑒了以前的歷史教訓，比如，洋務運動企圖借「器物層面」上的革新解決社會問題，失敗了，而戊戌知識分子通過「制度層面」上的變法以救治社會危機，也失敗了。因此，新文化知識分子便把眼睛轉移到了「文化層面」上，試圖以文化思想上的革新，一舉改變整個社會與時代。然而，文化一旦承擔了這個它本不能承擔的重任之後，它就必然要趨赴意識形態，使自己成為一種威權性的力量，以便強力推行。對於這樣一個誤區，即五四知識分子為什麼一意要走文化解決問題的道路，如果放在「認識論」的解釋框架內，這就是一個「總體性思維」的問題。以上所謂「真理只有一個」就是一種典型的總體性思維。以為所有的知識都是一個總體，這裏只有一個真理，只要通過它，就能解決一切問題。五四知識分子的總體性思維顯然不局限於知識本身，它更把社會、政治、文化等所有不同的異質系統都看作一個總體，並且是由思想文化這一元就可以解決問題的總體。「總體主義」在邏輯上必然導致「通約主義」──只要解決了思想文化問題，也就一攬子解決了所有的社會政治問題。它的推理是，構成總體的每一部分本來就可以「通分」，所以，自然可以用思想文化去「約分」。通約邏輯的危害及其深厚的傳統文化根源因篇幅所限不作展開，但，需要指出的是，這種思維傾向並非與 90 年代無緣。90 年代以來，無論是具體學科研究中的「整合」意識，還是知識形態選擇上的「主流」意識，都可以內窺到那種思維傾向的影子。不過在表現上，沒有五四那麼峻急而已。但這個問題並不能忽視，因為這種思維所導致的知識分子在文化意識上的「意識形態動機」，正是「經學時代」不斷得以形成的內在根據。

子學不興，良有以也，故 90 年代的文化選擇，在知識形態上不妨反其道而行之，即，從以往所習慣的「國家本位」還原到「個人本位」。而以上所謂「國學」、「中華性」以及「中國特色」之類的訴求，在知識定位上就不是個人的而是國家的（抑或時代的）。所以，與其「國學」，孰若「子學」。聲張「中華性」不如堅持「個人性」。而「中國特色」亦應變格為「個人特色」。（因為站在子學文化的立場，可以質問：誰代表中國？）這樣一種知識追求，即它做「小」不做「大」的價值取向，很難讓「家事、國事、天下事，事事關心」的知識分子感到習慣。文章乃「經國之大業」，且「立德、立功、立言」之類的箴言，已經成為知識分子作為一個群體的座右銘，但知識分子應該明白知識的限度，知識僅僅是知識，它無法讓家事、國事、天下事，事事通約。而且，就是在知識領域內，不同的知識之間，一如人之耳目，雖各有所明，亦未必相通。既如此，每一種知識形態都是不可代替的，也是不必通約的。這就決定了它們在互為意義上的「子學性」。是的，在文化時代的選擇上，還有什麼比「子學時代」更好的呢。不妨參看福科的一種描述「人們有時抱怨法國不再有主流的哲學了。那可就太好了！不再有統治地位的哲學了，確實是這樣，只有許多的哲學活動。一種運動，通過這種運動，經過努力，不確定性、夢想和幻象，我們從以往被認為是真理的東西中分離出來，追尋其他的規則」。（《權力的眼睛》P.108，上海人民出版社 1997 年版）這無疑是一個誘人的文化圖景。但，只有走出哲學的抑或文化的主流之後，才會呈現出這種平等自由的子學狀態，也只有在這樣的狀態中，文化才會顯示出生長的活力。為了這種活力，本文謹以以上內容，做出「子學時代」的籲請。

後記

　　和在秀威出的前一本書《胡適與魯迅：20世紀的兩個知識分子》一樣，這也是歷久而未能在大陸出版的一本。它在時間上寫於胡魯之前。那是 1990 年代後半段的事，大概是 96 年間吧，開始此書的寫作，慢慢就聚成了這樣一本書。此書完成後，便由知識分子的一般研究轉入個案研究，於是就有了 20 世紀思想史框架中的胡魯比較。這個比較 2005 年 3 月完成。兩本書各自寫了四至五年，合起來就是八、九年的時間。回過頭來，不禁慨歎，人的一生能有幾個八、九年呢，就這樣交待給兩本書了，思之凜然。

　　更凜然的是，書寫出之後，無處出版。甚至這本書有人贊助經費，出版社都不願意接。我很理解出版社，它們有它們的難處。說是「文責自負」，但一旦有事，文責是自負不起來的，而是由出版方代負。於是出版方就不僅是出版方，同時還是檢查官。儘管如此，我還是能充分理解。我甚至擔心，別讓自己的書（或文章）給人家帶來麻煩。人家好不容易熬到主編、總編的位子（這也決定了他們相當自律），何必把人家的事給攪了。其實，我的文字從來都限定在學術的框架裏，但就是有那麼多明裏暗裏的條條槓槓框著你，也框著出版社。這是讓人很無奈的事，好在這麼多年下來，不習慣也習慣了。

　　就書本身，我沒有什麼可說。一本書拖到現在，心理上也早已束之高閣了。好在該書中的每一單篇，都在大陸這邊的雜誌上發表過，庶幾沒白寫。儘管大陸版還不知何時能出，但秀威先行，也是讓我高興的事。寫到這裏，當然要感謝蔡登山先生！沒有蔡兄和他

的工作，此書就不可能出來。何況在審稿中，蔡兄還給此書以很好
的評價。不過我有自知之明，權當是學兄對學弟的一次鼓勵了。

再次感謝登山兄！

邵建

國家圖書館出版品預行編目

知識分子與人文 / 邵建著. -- 一版. -- 臺北
　市：秀威資訊科技, 2008.01
　　　面；　公分. -- (語言文學；AG0080)
　　ISBN 978-986-6732-64-5(平裝)

　　1. 知識分子　　2. 人文

546.1135　　　　　　　　　　　　97000027

 語言文學類　AG0080

知識分子與人文

作　　者 / 邵建
發 行 人 / 宋政坤
主　　編 / 蔡登山
執行編輯 / 賴敬暉
圖文排版 / 林欣儀
封面設計 / 莊芯媚
數位轉譯 / 徐真玉　沈裕閔
圖書銷售 / 林怡君
法律顧問 / 毛國樑　律師
出版印製 / 秀威資訊科技股份有限公司
　　　　　　台北市內湖區瑞光路 583 巷 25 號 1 樓
　　　　　　電話：02-2657-9211　　　傳真：02-2657-9106
　　　　　　E-mail：service@showwe.com.tw
經 銷 商 / 紅螞蟻圖書有限公司
　　　　　　台北市內湖區舊宗路二段 121 巷 28、32 號 4 樓
　　　　　　電話：02-2795-3656　　　傳真：02-2795-4100
　　　　　　http://www.e-redant.com

2008 年 1 月　BOD 一版
定價：400 元

讀　者　回　函　卡

感謝您購買本書，為提升服務品質，煩請填寫以下問卷，收到您的寶貴意見後，我們會仔細收藏記錄並回贈紀念品，謝謝！

1. 您購買的書名：＿＿＿＿＿＿＿＿＿＿＿＿＿＿＿

2. 您從何得知本書的消息？

　□網路書店　　□部落格　　□資料庫搜尋　　□書訊　□電子報　□書店
　□平面媒體　□　朋友推薦　　□網站推薦　□其他＿＿＿＿＿＿＿

3. 您對本書的評價：(請填代號　1.非常滿意 2.滿意 3.尚可 4.再改進)

　封面設計＿＿　版面編排＿＿　內容＿＿　文/譯筆＿＿　價格＿＿

4. 讀完書後您覺得：

　□很有收獲　　□有收獲　　□收獲不多　　□沒收獲

5. 您會推薦本書給朋友嗎？

　□會　□不會，為什麼？＿＿＿＿＿＿＿＿＿＿＿＿＿＿＿＿

6. 其他寶貴的意見：＿＿＿＿＿＿＿＿＿＿＿＿＿＿＿＿＿
　＿＿＿＿＿＿＿＿＿＿＿＿＿＿＿＿＿＿＿＿＿＿＿＿＿＿＿
　＿＿＿＿＿＿＿＿＿＿＿＿＿＿＿＿＿＿＿＿＿＿＿＿＿＿＿
　＿＿＿＿＿＿＿＿＿＿＿＿＿＿＿＿＿＿＿＿＿＿＿＿＿＿＿

讀者基本資料

姓名：＿＿＿＿＿＿＿＿＿＿　年齡：＿＿＿＿　性別：□女 □男

聯絡電話：＿＿＿＿＿＿＿＿　E-mail：＿＿＿＿＿＿＿＿＿＿

地址：＿＿＿＿＿＿＿＿＿＿＿＿＿＿＿＿＿＿＿＿＿＿＿＿

學歷：□高中(含)以下　　□高中　　□專科學校　　□大學
　　　□研究所(含)以上 □其他＿＿＿＿＿＿＿＿

職業：□製造業 □金融業 □資訊業 □軍警 □傳播業 □自由業
　　　□服務業 □公務員 □教職　□學生 □其他＿＿＿＿＿

To：114

台北市內湖區瑞光路 583 巷 25 號 1 樓

秀威資訊科技股份有限公司　　　收

寄件人姓名：

寄件人地址：□□□

- -

(請沿線對摺寄回,謝謝!)

秀威與 BOD

BOD（Books On Demand）是數位出版的大趨勢，秀威資訊率先運用 POD 數位印刷設備來生產書籍，並提供作者全程數位出版服務，致使書籍產銷零庫存，知識傳承不絕版，目前已開闢以下書系：

一、BOD 學術著作—專業論述的閱讀延伸
二、BOD 個人著作—分享生命的心路歷程
三、BOD 旅遊著作—個人深度旅遊文學創作
四、BOD 大陸學者—大陸專業學者學術出版
五、POD 獨家經銷—數位產製的代發行書籍

BOD 秀威網路書店：www.showwe.com.tw
政府出版品網路書店：www.govbooks.com.tw

永不絕版的故事·自己寫·永不休止的音符·自己唱